DIEDERICHS
GELBE REIHE

HANS FINDEISEN
HEINO GEHRTS

Die Schamanen

JAGDHELFER UND RATGEBER,
SEELENFAHRER, KÜNDER
UND HEILER

EUGEN DIEDERICHS VERLAG

Mit 23 Abbildungen im Text
Das Frontispiz zeigt einen Schamanen der tungusischen Golden,
Ende des 19. Jahrhunderts

CIP-Kurztitelaufnahme der Deutschen Bibliothek
Findeisen, Hans:
Die Schamanen: Jagdhelfer u. Ratgeber, Seelenfahrer, Künder u. Heiler
Hans Findeisen; Heino Gehrts.
1. Aufl. – Köln: Diederichs, 1983.
(Diederichs Gelbe Reihe; 47: Sibirien)
ISBN 3-424-00747-1
NE: Gehrts, Heino [Bearb.]; GT

Erste Auflage 1983
© 1983 by Eugen Diederichs Verlag GmbH & Co. KG, Köln
Umschlaggestaltung: Eberhart May, Bergisch Gladbach
Satz: Lichtsatz Heinrich Fanslau, Düsseldorf
Druck und Bindung: Friedrich Pustet, Regensburg
ISBN 3-424-00747-1

INHALT

Einleitung · Der Verfasser und sein Ziel 7

Erster Teil · Darstellung

Schamanen in Nordeurasien 20
Schamanentum und altmenschlich-jägerisches
Tiererlebnis 26
Wie man in Nordasien Schamane wird 46
Initiatische Erkrankung und Zerstückelung
des Schamanen 60
Tod der Verwandten bei der Einsetzung
ihres Schamanen 74
Schamanische Weihen 82
Wesen und Herkunft der Schamanentracht 88
Skelett und Knochen auf der Schamanentracht ... 98
Der große und heilige Schamanenbaum 112
Die Schamanentrommel 126
Mediumismus und schamanischer Kulturstil 137

Zweiter Teil · Dokumente

1. Séance am Felsenkap 154
2. Die Schwanfrau als Stammutter
   der burjatischen Schamanen 170
3. Der Adler bringt Lebenskraft
   und Allweisheit auf die Erde 174
4. Der Sohn des Armen und die Tochter der Sonne .. 177
5. Wiedergeburt aus dem Schamanenbaum 205
6. Der tote Schamane hilft den lebenden Gesippen .. 211
7. Das Geburtsgeheimnis des Schamanen 215

8. Der Schamanenbaum des Fuchses 220
9. Die Heimholung des entrückten Kindes 222
10. Der Kampf des Schamanen
    mit einem kälteverursachenden Stern 224
11. Die wundersame Erzählung vom Erdensohn
    und seiner Frau der Himmelstochter 226
12. Erzählungen vom Urschamanen Doch 244

Anhang
Literatur 248, Zur Transskription 252, Anmerkungen 253

EINLEITUNG

DER VERFASSER UND SEIN ZIEL

Hans Findeisen, der Autor des Buches, dessen wesentliche Teile hier zum zweitenmal erscheinen, vermehrt um zwölf, zum Teil umfangreichere Textdokumente aus seiner eigenen Sammlung oder in seiner Übertragung, wurde am 28. Februar 1903 in Berlin geboren. Wissenschaftliche Zielsetzungen wurden schon früh in ihm lebendig. Von der Tertia an lernte er, unter dem Einfluß eines Lehrers, Russisch, und schon dem Schüler fielen die Eigentümlichkeiten des Berliner Volkslebens auf, also jener eigenständigen Kulturschicht, die sich deutlich von dem Kulturbesitz der Oberschicht unterschied und die ihn dazu reizte, diesbezügliche Beobachtungen zu sammeln. Seit 1919 Mitglied des Vereins für Volkskunde, wurde er frühzeitig mit bedeutenden Wissenschaftlern bekannt. Die erste systematische Arbeit leistete er von 1919 an auf der Insel Hiddensee, indem er ihre mündlichen Überlieferungen sammelte, die sein bekannterer Vorgänger auf Rügen, Alfred Haas, noch nicht berücksichtigt hatte. Im Jahre 1925 erschienen in Stettin Findeisens »Sagen, Märchen und Schwänke von der Insel Hiddensee«. Mit den beiden Ansätzen, der Kenntnis der russischen Sprache und dem entwickelten Sinn für das Volksleben, war die Studienrichtung für den jungen Findeisen gegeben: die Völkerkunde der von den Russen kolonisierten Nationalitäten.

Als Ideal und Leitbild schwebte ihm damals der Begründer der Völkerkunde Rußlands, der pommersche Arzt und Reisende Johann Gottlieb Georgi vor (1729–1802). Mit neunzehn Jahren, 1922, wurde er Volontär-Assistent am Berliner Museum für Völkerkunde und begründete in den folgenden Jahren dessen Eurasiatische Abteilung, die freilich nur bis 1934 bestand. 1926 schloß er seine Promotionsschrift ab: »Die Fischerei im Leben der altsibirischen Völkerstämme«. Danach begegnete er dem Leben der Sibirier selbst, auf einer Reise zu dem kleinen Volk der Jenissejer, das so nach dem mächtigen Strom genannt wird, an dem es lebt, das sich selbst aber Keten nennt.

Völkerkundlich ist dieser Stamm auch deswegen anziehend, weil seine Sprachverwandten weit im Südosten leben; man hat ihn mit tibeto-burmesischen, ja mit indochinesischen Sprachgruppen zusammengebracht. Irgendwann einmal hat also das Geschick sie weit in den sibirischen Norden verschlagen, und im Lebensgefüge, in den Glaubensvorstellungen, in Schamanentum und Wirtschaftsweise zeigen die Keten die typisch sibirischen Züge, die all jene zahlreichen Völkerschaften des gewaltigen Landes, mögen sie in Rasse und Sprache noch so verschieden sein, nach einem Bilde prägen – freilich in zahllosen charakteristischen Varianten. Fischfang und Jagd spielen für die meisten, so auch für die Keten, eine wichtige Rolle, ferner das Ren als Herdentier oder als Wild; doch haben einzelne auch aus dem Süden die Rinder- und Pferdezucht mitgebracht; im Norden und Osten, am Eismeer und am Stillen Ozean kommen die Jagd auf Meeressäuger und der Fang von Seefischen hinzu. Den Lebensstil aber finden wir überall geprägt von dem eigenartigen sibirischen Element. Freilich war dies seit Jahrhunderten einem Zwang zur Uniformierung ausgesetzt –, schon zur Zarenzeit durch eine teilweise gewaltsame Missionierung, in der Folgezeit um so mehr durch die Bedrängnisse seitens der bolschewistischen Machthaber. Damals und bei den Jenissejern war indes vielerlei Ursprüngli-

ches noch erhalten; Christentum und Schamanentum waren längst eine synkretistische Symbiose eingegangen, und lastete darauf nun auch der Druck atheistischer Umerzieher, so hatte die neue Macht bis dahin doch kaum eine Wandlung durchgesetzt. Zu dem Volk der Keten also reiste 1927 Hans Findeisen, und es ist bemerkenswert, wie damals, zehn Jahre nach der Begründung des Sowjetsystems, eine solche Reise noch verlaufen konnte. Offenbar bestanden gute Beziehungen zur Universität von Leningrad, zur Akademie der Wissenschaften der UdSSR und zu deren Nördlichem Komitee, ward doch zu der Zeit das Bild noch überwiegend durch die in der Zarenzeit ausgebildeten Wissenschaftler bestimmt, unter ihnen von einem Altmeister der sibirischen Völkerkunde, W. G. Bogoras, dessen Hilfe unserem Forscher offenbar vor allem zugute kam.
Findeisen fuhr mit der transsibirischen Bahn bis Krasnojarsk und dann zu Schiff den Jenissej abwärts bis Podkamennaja Tunguska, der Ortschaft an der Einmündung der Steinigen Tunguska. In dieser Gegend blieb er ein volles Jahr, nahm an dem harten Daseinskampf des kleinen, nur wenig über tausend Köpfe zählenden Volkes teil, fotografierte, damals noch auf Glasplatten, nahm Sprachproben und Melodien auf, damals noch auf den Walzen des Phonographen, und ließ sich erzählen aus der mündlichen Überlieferung, Sagen, Märchen, Schamanengesänge. Hier erlebte er nun, gestimmt und vorbestimmt, wie er war, auch jene Art von Einweihung, wie sie dem Völkerforscher, über den bloßen Wissenserwerb hinaus und die bloße Wissenschaft in der Tiefe unterfangend, zuteil wird. Einweihung, Initiation ist lebendige Umstimmung, Einstimmung auf Gehalte, Wesen, Numina, die durch bloße Kenntnisnahme zwar in begriffenen Besitz übergehen können, die aber wirklich zu eigen werden allein durch ein die Lebendigkeit zutiefst umbildendes Erlebnis; mit ihm gehen sie in die Gestaltung von Seele und Welt ein und werden fraglos-eigener Sinn. Mit ihrer unumstößlichen Existenz im Hintergrunde argumen-

tiert fortan der Initiierte auch als Wissenschaftler. Hans Findeisen ward diese Einweihung zuteil durch die Schamanen, eine Menschengruppe und eine Art von Kulturträgern, die den Erlebnisfähigen mit einem besonders hohen Gewicht an Zeugniskraft und zeugender Kraft durchdringt: Ich habe es selbst gesehen! Ich habe des Daseins Sinn an mir selbst in Tod und Wiedergeburt erfahren. – Auch führte ein Schamane an Findeisen selbst als Patienten eine Séance durch, und man kann sich denken, daß eine solche Ummantelung durch eine Kur des Unbewußten selbst schon mit initiatischer Kraft auf die erlebende Seele wirkt. Im Sommer nahm der Forscher am Fischfang im großen Strome teil, im Herbst an der Rückfahrt zu den Wohnstätten an den Nebenflüssen, an der Steinigen Tunguska zumal, dem »wunderbar schönen Strom«, wie er ihn nennt, im Winter an der Jagd in den Urwäldern. An materiellem Kulturgut sammelte er nicht nur das der Keten, sondern auch tungusisches, dolganisches, jurakisches, und er brachte am Ende fast einen Waggon voll nach Leningrad. Hier mußte zwar alles noch einmal ausgepackt werden, alle fotografischen Platten wurden von der Staatspolizei besichtigt; doch mit Hilfe der schon genannten Institutionen wurden die Schwierigkeiten überwunden, und schließlich kam alles unbeschädigt in Berlin an. Auch die Museen in Dresden, Leipzig und Hamburg erhielten ihren Anteil an Findeisens Sammlungen.
1929 folgte eine Reise ins finnische Lappland, die indes rasch ein Ende fand, weil Findeisen für einen Kunsthistoriker auf der Krim als Sprachhelfer benötigt wurde. Dadurch eröffnete sich ihm die Möglichkeit, Forschungen unter den Krimtataren durchzuführen, und er brachte von dort abermals eine umfangreiche Sammlung mit, deren Wert sich inzwischen noch dadurch erhöht hat, daß die Sowjets die dortige Bevölkerung wegen ihrer Deutschfreundlichkeit ausgesiedelt haben. 1934 erschien aus Findeisens Feder ein reichbebildertes, großformatiges Werk, mit einem Geleitwort

von Sven Hedin. Es war betitelt: »Menschen in der Welt« und handelte vom »Lebenskampf der Völker in der Alten und Neuen Welt, im Polarland, in Steppe und Tropenwald«. Eben dieses Jahr brachte aber auch eine schlimme Wende in der Laufbahn des jungen Gelehrten: er wurde vom Museum entlassen – mit der schriftlichen Begründung, daß der geringe Umfang der Eurasischen Abteilung keine eigene Assistentenstelle rechtfertige, mit dem mündlich ausgesprochenen Vorwurf, daß er probolschewistisch eingestellt sei – wozu Hans Findeisen in seinem Lebensbericht sieben Ausrufungszeichen setzt. Denn in der Tat, niemand konnte weniger vom sowjetischen System eingenommen sein als er, der sich sein Leben lang als Anwalt der von dieser Art Kolonialismus unterdrückten und abgewürgten Kulturen gefühlt und betätigt hat. Es handelte sich offensichtlich um eine Intrige, die in einem totalitären Staat allerdings eine gefährliche Folge hatte, nämlich eine Beurteilung in der Personalakte beim Staatssicherheitsdienst, die später der Wiener Völkerkundler Bernatzik, der darin Einblick erhielt, in einem Brief an Findeisen »katastrophal« nannte.

Die äußere »Karriere« des jungen Wissenschaftlers, die so verheißungsvoll begonnen hatte, war damit abgeschnitten. Eine Habilitation, zu der die Schrift von der Münchener Universität bereits angenommen worden war, kam nicht zustande, weil die Wehrmachtsdienststelle, bei der Findeisen 1944 tätig war, den dazu notwendigen Urlaub nicht bewilligte. Seitdem war der Forscher ganz in sein eigenes Können und Gestalten entlassen, ganz aus ihm selbst ergab sich nun seine »Laufbahn«. Nach dem Kriege gründete er in Augsburg ein eigenes »Institut für Menschen und Menschheitskunde«, in dem bis 1960 von ihm und anderen 55 Abhandlungen und Aufsätze erschienen. Sein Hauptarbeitsgebiet blieb immer das Leben der Völker im großrussischen Herrschaftsbereich, ihre großartige Schöpfung, das Schamanentum, und die Bedrohung ihrer echten Kulturwerte durch das nivellierende System der Sowjetmacht. Aus seinen späteren Veröffentlichungen sei zumal der diesbezügliche Beitrag zu dem im Oldenbourg-Verlag erschienenen »Abriß der Weltgeschichte« genannt (1964), der auf 80 Seiten eine ausgezeichnete Übersicht zur Geschichte der zentralasiatischen Turkvölker und der Tadžiken und zur Kultur der nordasiatischen Stämme bietet, zu ihren religiösen Vorstellungen, zu einzelnen Zeremonien, wie dem Bärenkult, zu Gestalt und Gehalt des Schamanentums. – Mit Recht beruft sich Hans Findeisen, kurz vor seinem Tode im Jahre 1968, auf sein »trotz oft sehr widriger äußerer Umstände und entsprechender Schicksalsschläge – unbeirrtes Festhalten an einer einmal gewählten Aufgabe!«

1945 war unser Forscher als Soldat in Deutschland in amerikanische Kriegsgefangenschaft geraten, und er sagt dazu in sehr herber Ausdrucksweise, daß er sie zu überstehen vermochte, weil er seinen Mantel gerettet hatte. Zu jener Zeit begann er, eine Erzählung zu entwerfen, deren Mittelpunktfigur der ketische Schamane Kinggät ist, und diesem Werk hat er später ein »absichtsvolles Nachwort« angehängt. Aus ihm geht in aller Kürze hervor, wie sich die Wertmaßstäbe für ihn am Erleben des Schamanentums verdeutlicht und gefestigt hatten. Jene Begegnung mit einer im Schamanischen wurzelnden Kultur hatte zur Folge, daß er die europäische Zivilisation um so kritischer betrachtete und daß er für seine Kritik einen Standpunkt außerhalb der heimischen Zivilisation einnehmen konnte. In seiner Dissertation hatte er einen Wirtschaftszweig der sibirischen Stämme dargestellt, und er hatte auch an der Tunguska eingehende wirtschaftswissenschaftliche Beobachtungen gemacht. Andererseits lag es zutage, daß für die Keten nicht darin die Herzmitte ihres Daseins pulste, sondern in dessen schamanistischer Sinngebung. Die Jenissejer lieferten, als Vertreter der sibirischen Völkerschaften, dem Forscher das entschiedene »Beispiel für ein sinnhaftes Dasein, das aus einer uralten, seelisch bis an den Rand mit Erleben angefüllten *Inspirationskultur* gespeist wird.« Man lebt in der Spannung einer in der Séance sich immer wieder erneuernden »Seelen- und Weltallsdichtung, wie sie vielleicht bereits vor Jahrtausenden in Nordasien gestaltet worden ist –, so wie in der Verehrung vor den schöpferisch-irrationalen Seelen ihrer großen Priester, bei denen die Berufung zu ihrem schweren Führergeschick immer eine Entscheidung auf Leben und Tod bedeutet, nicht wie bei uns, wo Religion ›gelernt‹ werden kann.« – »Bei ihnen wird Religion immer wieder neu geboren, bei jeder schamanistischen Séance . . .«

An dieser Stelle legt Findeisen das Wort Séance in einer besonderen, bedeutsamen Weise aus und spricht von einer In-die-Welt-Setzung, womit wohl zweierlei gemeint sein möchte: einerseits, daß der Schamane den göttlich-seelischen Sinn mitten in die Welt versetzt, andererseits, daß auch der Anteilnehmende aus der Kluft seiner Besonderheit dadurch mitten in dieser sinnhaften Welt niedergesetzt wird –, womit auch der tiefste Grund schamanistischer Heilungen ausgesprochen wäre. Der Autor fährt fort, daß »die Ausrichtung aller dieser die Seele ungeheuer beanspruchenden In-die-Welt-Setzungen ausgesprochen caritativ und sozial-ethisch ist. Und da im Norden der Alten Welt die Mehrzahl der Völker noch in der gleichen Ehrfurcht vor dem Eruptiv-Schaffenden der menschlichen Seele lebt, halte ich es für notwendig, daß wir Armseligen, die wir fast immer einen so gedeckten Tisch nur von ferne anschauen dürfen, das Beispiel des Schamanen und der gleich ihm Ergriffenen und Besessenen mit allem Ernst, zu dem wir überhaupt fähig sind, studieren und uns zum inneren Eigentum machen.« – »Denn wenn wir in unserem modernen Aberglauben verharren, der in dem Allmachtswahn des Intellektualismus besteht, und wenn wir die hunderttausend fürchterlichen Einzelfolgen dieses Wahns nicht einmal *erkennen*, dann ist kein Verbrechen entsetzlich genug, als daß es nicht systematisch-wissenschaftlich und kühl-objektiv durch die kommende Politik der ›Herrscher dieser Welt‹ zur Wirklichkeit werden wird.«

Es hat wohl kaum vor Hans Findeisen einen Forscher gegeben, der mit solcher Hochachtung vom Schamanen und der Vorbildlichkeit seiner Lebensart gesprochen und gerade im Zusammenhang mit dieser Einsicht den Grundfehler unseres eigenen Systems mit solcher Schärfe bezeichnet hat. In der älteren Zeit war der Schamane im allgemeinen als täuschender und selbst getäuschter Heide angesehen worden und in späteren Zeitläufen als Epileptiker oder Hysteriker, und damit hatte man sich auch seiner inneren Bedeutung entledigt. Noch Diószegi, ein junger Ungar, der nach dem letzten Kriege in Zentralasien die letzten Schamanen und Schamanenerinnerungen aufgespürt hat, einigte sich in Leningrad doch mit dem russischen Forscher Potapov darauf, daß die Erblichkeit des Schamanentums in bestimmten Familien zusammenhänge mit einer neurotischen Tendenz in ihnen. Allerdings komme bei dem Individuum, in dem sich das Schamanentum aktualisiert, immer noch ein Berufungserlebnis dazu und eine mehr oder weniger großartige Ausdrucks- und Darstellungskraft. Mit Mühe und Not hatte Diószegi einmal einen alten ehemaligen Schamanen, einen armseligen, gebrechlichen, blinden Zittergreis – mit ständig offenem Munde und heraushängender zuckender Zunge – dazu bewegt, seine Erinnerungen, sein Können für die Wissenschaft preiszugeben. »Niemand hätte angesichts dieser jammervollen Greisengestalt erwartet, welches außerordentliche Temperament er ins Spiel bringen würde, welche Anmut und Ausdruckskraft und wie er sich verjüngen würde während seiner Vorführung.« – Angesichts solcher Befähigungen, noch im Alter, sogar im Siechtum, selbst nach jahrzehntelanger erzwungener Pause, erscheint es ganz abwegig, bei einer Deutung der Erscheinung von solchen späteuropäisch zugeschnittenen Begriffen wie Neurose oder Hysterie auszugehen. Die Tendenz dazu liegt freilich in unserer Mentalität, sei es nun die bloße Vernunft-Aufklärung, die uns alle mitgeprägt hat, sei es eine solche, die noch durch politische Utopie überlagert ist. Diószegi preist daher an einer anderen Stelle die »große Volksbewegung der Soyoten« (eines Turkvolkes im Sajan-Gebirge); denn sie habe seit 1921 nicht nur zur Einrichtung von Kulturzentren, Krankenhäusern, Rundfunk und Nachrichtenmedien geführt, sondern habe auch gegen Aberglauben und Schamanentum gekämpft, gegen Rückständigkeit, den alten Glauben und die alten Bräuche.

»Dies ist so, wie es wirklich sein sollte. Es ist wichtig, daß das Schamanentum so bald wie möglich verschwindet; aber es ist ebenso wichtig«, so fährt europäisch-aufklärerische Geistigkeit fort, »daß dies nicht geschieht, ohne daß der schamanische Erscheinungsbereich wissenschaftlich festgehalten wird.« – Das leibhaftige Leben wird uniformiert, seine ursprünglich bunte Vielgestalt ertötet und dem Museum überwiesen.

Zwei junge europäische Forscher, Diószegi persönlich nicht weniger sympathisch als Findeisen –, doch wie verschieden die vitalitäts- und zivilisationsbedingte Weise des Erlebens und Urteilens! Der Ungar befangen in einer politisch motivierten Aufklärungs- und Fortschrittsethik, der Deutsche weit über sie hinaus vorstoßend in eine mögliche Regeneration des europäischen Geistes. Den Vorwurf des Aberglaubens richtet er gerade gegen den nun schon dreihundert Jahre alten Rationalitätsdünkel in unseren Breiten – und steht zugleich für eine Inspirationskultur ein, welche die Seele bis an den Rand mit Erleben füllt, für die Ehrfurcht vor den schöpferisch-irrationalen Seelen der wirklich Initiierten, für ein vom Sinn getragenes, sozial-ethisch inspiriertes Dasein, für eine *harmonische Kultur,* erklärt er ausdrücklich, »die sowohl der Ratio als auch den Künsten möglichst gleiche Entfaltungsmöglichkeiten zu bieten hätte.«

In dem Vierteljahrhundert seit dem Erscheinen des Buches hat sich die geistige Situation des Westens insofern verändert, als immer wieder einzelne und Gruppen für einen Wandel eingetreten sind, der dem von unserem Autor angeratenen verwandt ist. Bei der jungen Forschergeneration hat sich auch die Beurteilung des Schamanentums und unserer eigenen Schamaninnen, sprich Hexen, grundlegend verändert. Daß alle diejenigen, die den Wandel selbst zu verwirklichen suchen, aufs höchste gefährdet sind, liegt auf der Hand –, nicht nur dadurch, daß sie im Gegensatz zur rational-kompetitiven Gesellschaft stehen, sondern zumal deswegen, weil Schamanistisch-Rauschhaftes nicht passiv, sondern nur mit dem Einsatz und unter dem Zustrom höchster Gestaltungskräfte gelebt werden kann. Doch sind die Gescheiterten nicht nur als Warnung oder Gegenbeweis zu verstehen, sondern, sofern Hans Findeisens Forderung zu recht besteht, als Wegopfer und Ansporn.

Schamanisches zu verwirklichen heißt eben, zu verwirklichen wie der Schamane –, nämlich aus dem Vermögen, sich jederzeit als Handelnder in Weisung und Werkzeug der Schicksalsmächte umstimmen zu lassen. Dies ist der eigentliche Sinn der schamanischen Existenz, hierin erweist er sich als das passive Urgenie seiner Gemeinde, dem die in der jeweiligen Situation möglichst fruchtbare Form menschlichen Tuns entspringt. Aus diesem Grunde kann sich schamanische Hilfe auf schlechthin alles notwendig zu Betreibende erstrecken: er schaut den verlorenen Angelhaken im Schlamm des Flusses wie die höchste Gottheit im Zenith, je nachdem, wessen die Nachbarschaft bedarf. In seiner Vision erscheinen das Verlorene, der Verirrte, das Jagdtier, der Krankheits- und der Wetterdämon, der helfende Geist, die niederen und die höheren Wesenheiten, die Ahnenseele wie der Himmelsherr. Dies alles ist freilich höchst differenziert, je nach kultureller und geschichtlicher Situation der Gemeinde und nach des betreffenden Schamanen Charakter, Begabung und Weihe. Daher wird das Bild in wechselnder Weise bestimmt durch den jeweils bevorzugten Kreis von Betätigungen. Zumeist finden wir ihn als den *Heiler,* der vermöge seiner unmittelbaren Verbindung zu Seelen und Geistern von innen her, mit Macht, die Heilung herbeiführt. Auch treffen wir ihn als *Jagdhelfer* an, der die Jagd

von der Innenwelt her eröffnet, von der Seele des gejagten
Tieres aus oder von dessen Herrn oder Herrin her. Schließlich begegnet er uns, wichtig durch seine Vorschau und
Fernschau, auch als *Berater* des politischen oder kriegerischen Stammesführers, oder er erfüllt, überraschenderweise, diese Funktionen auch selbst.

Von diesem Wirkungsbereich aus läßt sich, so scheint es,
eine wichtige Entwicklungslinie ziehen, über mannigfaltige
Zwischenstufen charismatischer Häuptlingsfiguren hinweg, bis in das Herz der rituellen Kulturen, zum Heiligen
Königtum nämlich. Läßt es sich doch nachweisen, daß chinesisches, japanisches, mittelasiatisches Herrschertum mit
schamanischen Kräften begabt war oder daß in der Herrscherfamilie einzelne Angehörige, Frauen und Töchter zumal, zu einer derartigen Beratung des Königs, vom inneren
Quell her, befähigt waren. In diesem Zusammenhang ist
nicht zu übersehen, daß in wichtigen Typen unserer Märchen nur derjenige als Thronfolger rezipiert wird, ungeachtet seiner Abkunft, der sich in schamanischen Aufgaben
bewährt hat, zum Beispiel: die kosmischen Mächte aufzusuchen in ihrer Heimstatt, also Sonne, Mond und Winde;
niedere und hohe Hilfgeister zu erlangen (AT 502, 590);
Entrückte heimzuholen (AT 301); den Schlaf bis zur Vision
zu durchdringen (AT 300, 400 A); Dämonen zu besiegen;
Weltbaum und Weltenberg zu besteigen (AT 468, 530); die
Jenseitsbraut zu erringen (AT 400, 313, 531). Dabei sind
diese Herrscherproben nicht etwa Staatsprüfungen – mit einem glücklichen Sieger und wieder heimkehrenden Versagern, sondern Initiationen, die der eine, typisch für das
Schamanentum, stets vom Tode bedroht, durchsteht, die
anderen aber, die Scheiternden, mit dem Leben bezahlen,
ein Preis, der ihnen von Anfang an anschaulich vor Augen
gestellt wird, als Opfer, als Warnung, als Ansporn.

Der vorliegende Band umfaßt Wesentliches aus zwei Werken von Hans Findeisen: aus seiner ursprünglich »Schamanen« überschriebenen Darstellung »Schamanentum, dargestellt am Beispiel der Besessenheitspriester nordeurasiatischer Völker«, Stuttgart 1957, und aus der Textsammlung »Dokumente urtümlicher Weltanschauung der Völker Nordeurasiens«, Oosterhout – Niederlande 1970. Um dieser wichtigen und auch literarisch bedeutsamen Dokumente willen waren Kürzungen im Darstellungsteil und in den Anmerkungen unvermeidlich. Dabei erschien es nicht angängig, alle Kapitel zu bewahren, da dann in ihnen allen mehr oder weniger starke Eingriffe notwendig gewesen wären; bei einem Klassiker der Schamanenkunde verbot sich dies ohnehin. Deswegen haben wir uns entschlossen, die vier Kapitel über Schamanenbegräbnis, Wiederauferstehung, Arten und Tätigkeiten der Schamanen, Geschlechtswechsel in dieser Ausgabe zu tilgen. Der Verlust an thematischer Breite wird bei weitem aufgewogen durch die originalen und teilweise eben diese Themata aufgreifenden Textdokumente im zweiten Teil.

Knapper gefaßt wurden die Kapitel über schamanische Weihen, Psychologie, Medialität und Kulturstil. Findeisens Vorwort und Einführungskapitel sind um einige zeitbedingte Passagen gekürzt und in einer Einleitung zusammengefaßt. Das Kapitel über die Trommel, das sich als unkürzbar erwies, ersetzte der Herausgeber durch eine eigene, das Wesentliche zusammenfassende Darstellung. Etwas erweitert hat er das Kapitel über den Tod der Verwandten, um für dieses rätselvolle Phänomen einen Erklärungsversuch aus heutiger Übersicht beizusteuern.

Solch eine Ergänzung wie auch sonstige knappe Einschaltungen des Herausgebers, soweit es nicht bloße Paraphrasen oder nur wenige Wörter sind, stehen in eckigen Klammern [. . .]. Die in dieser Einführung gemachten Angaben stammen aus Hans Findeisens handschriftlichem Nachlaß. Für die Erlaubnis zu dessen Benutzung wie auch für die des Bildtafelwerks und ganz besonders für ihre Gastlichkeit sprechen der Wahrerin des Nachlasses, Frau Flita Findeisen, Verleger und Herausgeber ihren herzlichen Dank aus.

ERSTER TEIL

DARSTELLUNG

SCHAMANEN IN NORDEURASIEN

[Aus Hans Findeisens Studien und eigenen Forschungen, aus den geschilderten Erlebnissen und den in ihnen gründenden Überzeugungen erwuchs das vorliegende Buch. Sein Hauptanliegen ist daher die *geistige Wesenheit des Schamanentums,* und mit diesem Ziel vor Augen will es] den Leser in knappen Zügen mit den wichtigsten Tatsachen des nordeurasiatischen Schamanentums bekannt machen, also mit denjenigen Erscheinungen des religiösen Lebens und Denkens, in deren Mittelpunkt die Besessenheitspriester der Völker zwischen Lappland und der Tschuktschenhalbinsel stehen. Das Schamanentum dieses Weltbereiches darf als eine große Einheit betrachtet werden, so daß davon abgesehen werden konnte, das schamanische Erlebens- und Kulturgut der vielen Einzelvölker als solcher in das Zentrum der Darstellung zu rücken. Diese ist notgedrungen skizzenhaft und beschränkt sich auf das Berichten typischer Beispiele von schamanischen Verhaltensweisen und Traditionen.

Das dem Benutzer damit zur Beurteilung übergebene Material möchte zunächst der immer wieder auftretenden Legendenbildung, wir hätten es beim Schamanentum mit einer letztlich pathologischen Erscheinung zu tun, entgegentreten. Ferner wurde erstmalig die Geschichte des ja sehr komplexen Schamanentums der Nordeurasiaten da angeknüpft, wo seine ältesten Elemente (Tracht, Magie) zuverlässig beheimatet sind: im nordeurasiatischen Jungpaläolithikum, das von Spanien und Frankreich im Westen bis zum Oberlauf der Lena in Ostsibirien reicht. Diese Epoche umfaßt die Zeitspanne von etwa 60000 bis 10000 v. Chr. (Aurignacien, Solutréen, Magdalénien). Die Kultur der Höhle von Lascaux beispielsweise ist durch die Radiokarbonmethode auf zirka 14000, bzw. 12600 v. Chr. datiert worden. Wenn wir also vorsichtig nur das Spätmagdalénien als Quellschicht für die heutige nordasiatische Schamanentracht und die auch

Tanzender in Büffelmaske, Höhle Trois Frères (Jungpaläolithikum)

von den Schamanen noch immer geübte Jagdmagie gelten lassen wollten, so kämen wir immerhin doch noch auf ein Alter von rund 15 000 Jahren für die beiden genannten Kulturelemente. Da aber auch das Aurignacien in Sibirien festgestellt worden ist, haben wir allen Anlaß, mit noch größeren Zeiträumen für das Alter von schamanischer Tiertracht und durch die Schamanen ausgeübte jagdmagische Praxis zu rechnen. *Der Schamane ist also ein zum Besessenheitspriester gewordener jungpaläolithischer Magier.* Die jagdmagische Komponente im heutigen Schamanentum ist keine neue Zutat, sondern seine zäh tradierte älteste Aktionsschicht.

Wann und wo es nun dazu gekommen ist, daß das Element der spiritistischen Trance zum grundlegenden Faktor einer neuen Religion wurde, können wir leider noch nicht sagen. Es ist auch schwer auszumachen, ob wir hierfür etwa Einflüsse aus den südlichen Hochkulturen (Pflugbaugebiet) verantwortlich machen müssen. Ja, man könnte eventuell hypothetisch annehmen, daß einer Besessenheit, zumindest durch Tiergeister, selbst ein jungpaläolithisches Alter zugesprochen werden mag. Hier stehen der Forschung noch höchst bedeutsame Aufgaben bevor, die sowohl neue archäologische Funde als auch die bis ins Einzelne gehende Anwendung einer vergleichenden Analyse aller überhaupt zutagegetretenen Elemente des Schamanentums (in der Welt) erfordern. Die bisher in diesem Zusammenhang geäußerten Ideen tragen sämtlich einen noch stark vorläufigen Charakter.

Betrachten wir dagegen das Schamanentum psychologisch-phänomenologisch, so steht bereits fest, daß wir als seine konstituierende Grundlage die spiritistische Trance, bzw. die Ekstase anzunehmen haben. – Diese meine Betrachtungsweise [erklärt Hans Findeisen in seinem biographischen Rückblick] dürfte nicht wieder aus der Forschung verschwinden, denn sie rührt erstmalig wirklich an den Kern des schamanistischen Komplexes überhaupt. [Mit Entschiedenheit wendet er sich daher gegen die Vorstellung, die in der älteren Literatur, auch in verbreiteten Gesamtwerken der Völkerkunde vertreten wurde, daß der Schamane als eine Art Zauberer innerhalb der irregehenden Weltanschauung und Weltpraxis »primitiver« Völker anzusehen sei.] In Wirklichkeit sind die Schamanen keineswegs in erster Linie Zauberer, sondern priesterlich-väterliche Seelenführer, Heiler und Künstler, und all das auf Grund einer besonderen Veranlagung, die sie uns psychologisch als spiritistische Medien charakterisieren läßt.

Wie verknüpft sich nun aber der Begriff des besessenen Schamanen-Mediums mit dem eines Priesters? Sind die Schamanen denn überhaupt Exponenten einer religiös bestimmten Haltung? – Diese Frage ist keineswegs unberechtigt, da die nordsibirischen Jakuten sich bereits zur Zarenzeit gelegentlich an die russische Regierung gewandt hatten, um diese davor zu warnen, den Schamanismus mit einer Religion zu verwechseln.[1]

Nun erklärt aber beispielsweise der Basler protestantische Theologe Paul Wernle in seiner weitverbreiteten *Einführung in das theologische Studium,* daß Religion nirgends in dem Gedanken bestehe, daß es da und dort Geister und

Götter gebe, sondern in der Verehrung und Anrufung einzelner bestimmter Götter, und daß wir von Religion erst dann reden können, wenn wir Spuren eines Kultus fänden? – Auch so gesehen, bleibt nun dem Schamanentum tatsächlich sein Wesen als Religion gewahrt, wie unsere späteren Ausführungen mit aller Deutlichkeit erweisen werden.
Oder legen wir als Maßstab für das uns hier beschäftigende Problem die Ansichten des schwedischen Theologen Nathan Söderblom an, von denen er in seinem Werk *Vom Werden des Gottesglaubens* handelt. Seiner Auffassung nach wurzelt die Religion überhaupt nicht in Vorstellungen, sondern im Gefühl und Affekt des primitiven Menschen über eine ihm konkret begegnende »Macht« oder in den Worten, Gebärden und Handlungen, die das Staunen oder die Scheu vor dieser »Macht« in ihm erzeugt.[3]
Im schamanischen Bereich sind es die Besessenheitsgeister, die jene Söderblomsche »Macht« darstellen, und denen sich der werdende Schamane in ungeheuer aufreibenden inneren Kämpfen und Wandlungen schließlich unterwirft. Wie konkret diese Besessenheitsgeister erlebt werden, geht beispielsweise aus der Äußerung eines Schamanen der Alaren-Burjaten hervor, der einem russischen Forscher erklärte, daß sich ihm im Augenblick des Besessenwerdens die Haare sträubten und er das Gefühl hätte, hochgehoben zu werden. Er käme sich ferner so vor, als wäre er überhaupt größer geworden, und die Anwesenheit des Geistes spüre er unmißverständlich.[4]
Im Gegensatz zum indischen aktiv gemeisterten Yoga stellt das Schamanentum allerdings eine religiöse Provinz dar, die sich auf das ungemein stark wirkende Erleben des passiven Ausgeliefertseins den Besessenheitsgeistern gegenüber gründet, zumindest, was die allgemeine Typik betrifft, in der es uns heutzutage bei den Nordasiaten entgegentritt.
Das Schamanentum ist gegenwärtig ein äußerst vielfältiges Gebilde, das wohl doch Jahrtausende gebraucht haben dürfte, um die Fülle der Überlieferungen, über die es nun-

mehr gebietet, hervorzubringen bzw. sich anzueignen, auch wenn wir von offensichtlichen Einflüssen aus den südlicher gelegenen Gebieten der Landbaukulturen absehen. Der Reichtum an Schattierungen, die erschütternden Akte der schamanischen Selbstinitiation, die weitverbreiteten Weihen und ihr Symbolgehalt, der Charakter einer Erlösungsreligion, den es etwa gelegentlich bei den Burjaten angenommen hat, all das läßt nur den Schluß zu, daß das Schamanentum eine im menschheitlichen Rahmen wesentliche religiöse Erscheinung darstellt. Ihr muß, wie allen sonstigen religiösen Bildungen auf der Erde auch, eine bisher allerdings noch keineswegs immer deutlich durchschaubare lange geschichtliche Entwicklung zugeschrieben werden.
Wenn wir uns in dieser Schrift auf die alten Nordasiaten beschränken, d.h. also auf den Völkerkreis zwischen Lappland im Westen und der Tschuktschenhalbinsel im Osten, so liegt der Grund darin, daß es nirgendwo wieder auf der Erde ein zusammenhängendes Kulturgebiet dieses Ausmaßes gibt, in dem die meist durch eine besondere Tracht ausgezeichneten Medien nicht nur Priester, Propheten usw. sind, sondern auch nicht selten sogar die politischen Führer ihrer Sippenverbände stellen.
Das Schamanentum ist also eine alte spiritistische Religion, die in Nordasien alle anderen religiösen Bereiche, Anschauungen und Sitten weitgehend durchsetzt und sich angeglichen hat. Da sie eine Problematik enthält (das Fortleben unserer »Seele« nach dem Tode), die jeden Menschen zutiefst angeht, ist ihr Erfolg verständlich. Eine Beschäftigung aber mit dem Schamanentum läßt uns seine große prinzipielle Bedeutung für uralte Menschheitsfragen erkennen. Daß diese Fragen auch heute noch stark umstritten sind, trotz einer bereits ziemlich umfangreichen wissenschaftlichen Literatur, steht auf einem anderen Blatt. Da nun aber die alten Nordasiaten die gleiche Problematik gewiß bereits seit vielen Jahrhunderten, wahrscheinlich aber auch schon seit Jahrtausenden, immer wieder in Riten, Dichtungen, Tän-

Renbespannter Schlitten, westsibirische Keten

zen usw. lebendig erhalten haben und wohl auch jetzt noch gestalten, spricht dieses Faktum für die Stärke und Intensität ihrer altüberlieferten Geisteskultur. Vergessen wir vor allem nicht, daß die von uns im folgenden näher geschilderte spiritistisch-mediumistische Kultur der Nordasiaten von Stämmen entwickelt worden ist, deren technische Ausrüstung mit zu den einfachsten auf der Welt gehört, und die in ihren polaren und subpolaren Landschaften fast ständig von Schnee, Eis, grimmigster Kälte und von dem realsten Hunger bedroht waren, Umstände, die man nicht gerade gewohnt ist als kulturfördernd anzusehen. Daß diese Nordvölker aber trotz so zahlreicher, ihr Dasein ständig aufs ernsteste bedrohender Naturgegebenheiten ein fast unvorstellbar reichhaltiges Geistesleben geschaffen haben, in dessen Mittelpunkt ihre oft gewaltigen Priestermedien stehen, zwingt uns nicht nur zur Anerkennung, sondern geradezu zu Hochachtung und Bewunderung einem Menschentum gegenüber, das sein Heil nicht in der Technik, sondern in der Vielfalt von naturphilosophischen Mythen, Riten, Dichtungen und Gesängen gefunden hat.

SCHAMANENTUM UND
ALTMENSCHLICH-JÄGERISCHES TIERERLEBNIS

Die geistigen Wesenheiten aller Völker der Erde haben eine lange und verschlungene Geschichte hinter sich, die zu entwirren eine der Aufgaben der Völkerkunde oder der allgemeinen Kulturwissenschaft darstellt. Auch das, was wir heutzutage als kulturelle Struktur sogenannter »primitiver« oder archaischer Völkergruppen, bzw. ethnischer Gruppen, um ein neutraleres Wort zu gebrauchen, als ein aufeinander abgestimmtes Ganzes vor uns sehen, ist das Ergebnis langer historischer Prozesse. Die Wirtschaftsgeschichte hat uns bereits Einblick in eine Reihe gut begründeter Abläufe und Wandlungen nehmen lassen, von denen jene Tätigkeiten betroffen worden sind, deren Ziel der Erwerb der für die Aufrechterhaltung des menschlichen Daseins notwendigen materiellen Güter (Nahrungsmittel, Kleidung und Wohnung) ist.[1] Als älteste dieser Wirtschaftsstufen hat sich überall auf der Welt diejenige der Sammler, Jäger und Fischer feststellen lassen, die noch heute von der Arktis bis nach Australien und Feuerland verbreitet ist, bzw. noch kürzlich verbreitet war. Die Tätigkeit dieser Völker ist auch als »aneignende« Wirtschaft gegenüber der eigentlichen »Produktionswirtschaft« gekennzeichnet worden, bei der wir wieder einen tropischen Hackbaugürtel, den etwas problematischen »Gartenbau« und den mit Hilfe des Pfluges betriebenen Landbau, die »Pflugkultur«, unterscheiden. Am besten ist übrigens der Gartenbau als ein auch im Pflugbau weitergeführter alter Hackbau aufzufassen, der aber in die Nordgebiete der Erde erst zusammen mit dem Pflugbau eingeführt worden ist und letzterem hier niemals als Wirtschaftsstufe voranging. Während nun der einfache Landbau oder Hackbau nur kleine, zu Nahrungszwecken verwendete Haustiere kennt, gründet sich der Pflugbau auf die Arbeitsleistungen der großen Haustiere, wie Rind und Pferd, die das Hauptgerät dieser Wirtschaftsform, den Pflug, aber auch die Walze, die Egge, den Schlitten und den Wagen zu ziehen haben.² Daneben tritt dann noch – im geographischen Anschluß an den Pflugbau – der Hirtennomadismus auf, der, allem Anschein nach, aus dem Pflugbau (Almwirtschaft) hervorgegangen, die Übertragung der pflugbaulichen Großviehzucht auf Jägervölker darstellt.³

Die alteinheimischen Völker Nordasiens nun, mit denen sich diese Schrift beschäftigt, sind in erster Linie Jäger und Renntierzüchter, aber auch Rinder- und Pferdezüchter, wie etwa die Jakuten im Lenagebiet, d. h. sie haben sich wirtschaftlich teilweise weit von ihrer alten Jagdwirtschaft entfernt, ohne jedoch damit einen radikalen Bruch ihrer alten Geisteskultur erlebt zu haben, zumal die Jagd sich sowohl bei den Renntierzüchtern* als auch bei den Pferde-, Rinder-, Schaf- und Kamelzüchtern noch immer als wichtiger Wirtschaftsfaktor erhalten hat. Ferner sind die archaischen aus der Jägerkultur stammenden Anschauungen bezüglich Welt und Menschen zwar durch Elemente der südlichen Hochkulturen angereichert, aber nicht vernichtet worden.

Die Bedeutung des Jägertums bei den Völkern Nordasiens beschränkt sich nun keineswegs auf die rein wirtschaftlichen Belange, weshalb wir ja auch von einer »Jägerkultur« sprechen. Den Produktionsfaktor aber, der dieser Kultur zugrundeliegt, ableugnen zu wollen, geht auch nicht an, und die vollkommen berechtigte Begriffsprägung »Jägerkultur« zeigt uns so deutlich wie sonst kaum, daß der Geist jenes Wirtschaftens infolge seiner grundlegenden Bedeutung für das gesamte Dasein seiner Angehörigen es zuwege gebracht hat, eine auf die äußeren und inneren Bedingungen einer allgemeinen jägerischen Tätigkeit begründete Weltanschauung zu entwickeln.⁴ Diese Weltanschauung habe ich als »Tierschicht« bezeichnet. Die Berechtigung zu dieser Benennung sei im folgenden noch etwas näher begründet.

---

* Das Wort Renntier für Rentier war vor 50 Jahren ganz üblich, und daher schrieb man Renntier für Ren; das ist auch Findeisens Schreibweise

Der einfachen materiellen Ausrüstung der nordeurasiatischen Jägervölker steht nämlich ein vielseitiges und faszinierendes Geistesleben gegenüber, das man kaum in den Einöden der nördlichen Randgebiete der bewohnten Erde erwartet. Mit Jagd und Jagdtieren, Fischen und Fischfang sowie mit den Tieren überhaupt sind mannigfachste Vorstellungen verknüpft, die hier nur in einigen Beispielen behandelt werden können. Zunächst ist die Vorstellung von »Herren« der verschiedensten Naturbereiche fast durchweg anzutreffen, Anschauungen, die sich übrigens auch viel weiter westlich erhalten haben. Unser »Wassermann« dürfte wohl ursprünglich als ein solcher Beherrscher der Wasserwesen anzusprechen sein. Auch der permjakische Waldgeist Mitropan Mitropanowitsch ist eine derartige Gestalt.[5] In der nützlichen, 1946 in Frankfurt a. M. erschienenen und vom Frobenius-Institut herausgegebenen Ausstellungsschrift »Jägerkultur und Tierbild« wird solch »Herr der Tiere« als fast allen lebenden Altjägervölkern zugehörig erwähnt.[6] In Sibirien trägt er nach dieser Darstellung »neben der älteren Tiergestalt die jüngere eines weißhaarigen Greises, der auf einem Tiere durch die Taiga reitet«.
Es gibt nun eine ganze Hierarchie solcher Herrengeister. So kennen etwa die Jukagiren einen solchen der Erde neben den zwei anderen des Süßwassers und des Meeres, denen alle anderen Lokalgeister von Bergen, Wäldern, Tundren usw. untergeordnet sind. Dem Herrengeist der Gewässer unterstehen alle solche von Flüssen und Seen, und jeder einzelne Fluß, jeder See und jede sonstige Süßwasseransammlung besitzt wieder ihren eigenen derartigen Herrengeist. Daneben gibt es noch für jede Tierklasse einen eigenen Wächtergeist, der wiederum in Abhängigkeit von den drei erwähnten Hauptgeistern steht. So hat jede Fischart ihren eigenen Wächtergeist, der, falls es sich um einen Süßwasserfisch handelt, dem Herrengeist des Süßwassers zugeordnet erscheint usw. Jedes einzelne Jagdtier hat außerdem noch seinen besonderen Individualbeschützer.

Tanzende in Gamsmasken, altsteinzeitliche Knochengravierung, Teyjat, Dordogne

Die lokalen Herrengeister werden bei den Jukagiren allerdings bereits sämtlich anthropomorph vorgestellt. So ist der »Omulewkavater« der Herrengeist des Omulewkaflusses. Der Korkodon hat eine »Flußmutter«, der auch Opfer dargebracht werden. Jochelson, der sich besonders um die Erforschung der Jukagiren und Korjaken verdient gemacht hat, hatte am Korkodon einmal von den Tungusen ein Renntier gekauft, das zur Fleischgewinnung verwertet werden sollte. Nachdem das Tier von den Jukagiren geschlachtet worden war, nahmen diese mit einem Löffel etwas Blut aus der Unterleibshöhle, und einer von ihnen goß es in der Mitte des Flusses mit folgendem kurzen Gebet aus: »Flußmutter, hiermit bewirte ich dich mit Blut«. Wenn im Frühling das Eis bricht, werfen Frauen und Mädchen Glasperlen als Geschenk für die Kinder der Flußmutter ins Wasser. Bei einem solchen Opfer wurde das folgende Gebet gesprochen: »Wassermutter, gib uns in Zukunft Nahrung. Trage uns gut auf deiner Spitze (d. h. Oberfläche). Nimm das für deine Kinder als Spielzeug«.[7]

Bei den Korjaken an der pazifischen Küste ist die Meeresgottheit, die überhaupt als identisch mit dem Meer aufgefaßt wird, eine Krabbe. Bei den Kamtschadalen hatte der Herrengeist der Fische, dessen Obliegenheiten u. a. darin bestanden, die Fische aus dem Meer in die Ströme zu schicken,

ebenfalls Fischgestalt.⁸ Von den Oroken auf der Insel Sachalin wissen wir, daß bei ihnen die Jagdtiere, ebenso wie die Fische, aber auch Weichtiere und Insekten, ganz allgemein als übernatürliche Wesen aufgefaßt werden. Der Bär hat einen besonderen göttlichen Herrengeist, Dooto, der auch den goldischen und orotschischen diesbezüglichen Vorstellungen entspricht, aber nicht mit den giljakischen »Bergmenschen« identisch ist. Dooto spielt eine bedeutende Rolle im schamanischen Pantheon der Oroken. An zweiter Stelle steht bei den Oroken die Meeresgottheit Teomu, letztere anscheinend menschlich gedacht. Mit Teomu sind alle diejenigen Bräuche, die sich an das Verhalten bezüglich der Jagd und Behandlung des Seehundes geknüpft haben, verbunden. Für das Seehundsfleisch gibt es besondere Ritualgefäße. Der Kopf wird in zeremonieller Weise verzehrt, und der Schädel mit Ilau geschmückt, die wohl den Inau der Ainu, d. h. aufgespaltenen Holzstäben, die als fürsprechende Zungen aufgefaßt werden, entsprechen dürften. Die den Zahnwalen zuzurechnende Kassatka ist der Meeresherr und untersteht dem Teomu. Man erblickt in der Kassatka einen in einem Boot fahrenden Menschen, wobei das Boot als mit einem Messer versehen betrachtet wird. Hier verbirgt sich hinter der tierischen »Verkleidung« eine absolut menschlich aufgefaßte Wesenhaftigkeit.⁹
Den Giljaken sendet der »Herr des Waldes und der Berge« alle Jagdtiere, Pelztiere sowohl als auch Bären. Er heißt Palyzin. Seine Kinder sind die »Bergmenschen« (Pal nygyvyn), mit denen zusammen er in einem großen Hause lebt.¹⁰ Von den Golden berichtet Šimkevič, daß die Idole ihrer Hauptgeister (Burchane) den tierischen Schutzgeistern entsprächen, und zwar dem Panther, dem Tiger und dem Bären. Bei diesem Volk hat sich ein kompliziertes System solcher Darstellungen herausgebildet. So wird zur Gruppe der Bärenidole (Doonta) auch das Idol Mukka-chafoani gerechnet, das einen Fisch darstellt und zum erfolgreichen Fang gerade dieses bestimmten Fisches dient, wobei es stets

mit dem Idol des Toomudoonta kombiniert wird, das für sich allein sowohl bei langanhaltenden Krankheiten als auch zur Herbeiführung eines erfolgreichen Fanges des weißen Delphins angefertigt wird. – Als allgemeiner Herr von Jagd und Fischfang ist Siulan-doonta zu nennen, der gleich dem vorgenannten Toomu-doonta als mit Zweigen umhüllter sitzender Bär zur Darstellung kommt. – Glück und Erfolg auf der Jagd wird auch von einer Darstellung des Burchans Girki erwartet, der aus einem Holzplättchen mit neun menschlichen Köpfen des Burchans Nai sowie mit daran an einem Faden befestigten neun Girki (spitz zulaufenden Gestalten mit ebensolchem Kopf) gebildet wird. Letztere Figuren werden schachbrettartig bemalt. In dieser Form dient das Idol einer erfolgreichen Jagd überhaupt oder speziell der Zobeljagd. Es wird bei Ausbleiben von Beute von den Schamanen hergestellt und von dem Jäger während einer Rast im Walde aufgehängt. Bessern sich nun die Jagdergebnisse, so stellt der Jäger eine Zeichnung des Byrka-girki her, der wiederum in zwei Formen erscheint und von dem Jäger in der Hütte aufbewahrt wird. Die erste Form des Byrkagirki stellt den Burchan Daanto dar, darüber Sonne und Sterne, zu Seiten der Sonne zwei Drachen und zu Seiten des Daanto je vier Gočekani, darunter zwei Vierergruppen von berittenen Geistern (Mori-oelani-jaluma), und schließlich je zehn Schlangen (im Text werden allerdings nur je neun erwähnt). Die zweite Form des Byrka-girki besteht aus der Darstellung des Girki, zu dessen Seiten neun Schlangen (an einer Seite vier, an der anderen fünf), neun Vögel, neun Pferde und neun menschliche Figuren (Nai) erscheinen.

Als spezieller Helfer auf der Zobeljagd dient auch Pučiku, der von jedem Jäger ohne Hilfe der Schamanen hergestellt wird. Man stellt ihn mit einem für ihn angefertigten kleinen Selbstschuß auf eine Zobelspur, und wenn er dem Jäger wohlgesonnen ist, tötet das kleine für den Geist bestimmte Selbstschußmodell einen Zobel, und danach wendet sich das Jagdglück für den Jäger wieder zum Guten.

An dieser Stelle kann ich aus Raumgründen nicht des Näheren auf die dem Fischfang dienenden Idole eingehen. Auch hierbei wendet man sich in ganz verzweifelten Fällen schließlich an den Bärengeist (Doonta), der damit wohl als höchster Herr über alle Tiere bei den Golden erschlossen werden kann.[11] – Ähnliche Verhältnisse, wie sie hier kurz geschildert worden sind, treffen wir auch bei den übrigen nordasiatischen Völkern an.

Der auch uns beherrschende Zwang zur Nahrungsaufnahme mit seiner Notwendigkeit, andere Lebewesen zu töten, um deren Körper zu verzehren, ist für jene Frühmenschheit, die kulturmorphologisch durch das Jägertum charakterisiert wird, die große Schuld des Menschen! Und in dieser Gesamtschuld des Tierischen, das sich ja gegenüber dem in dieser Beziehung reinen und unschuldsvollen Pflanzentum als ausgesprochen parasitisch darstellt, wird wohl die letzte Quelle des auch von den großen Religionen, besonders von Buddhismus und Christentum, gepflegten Leid- und Schuldgefühls des Menschen überhaupt zu suchen sein. In dieser Schuld des Menschen, töten zu müssen, mag der Quellgrund der allgemeinen Erlösungshoffnung zu suchen sein, die in so manchen Religionen ihren Ausdruck gefunden hat. Auf jeden Fall empfindet das Jägertum solche Schuld ganz primär. Der Zwang des Tötens wird von den urtümlichen Jägern in all seiner grausigen Notwendigkeit und Gräßlichkeit so oft erlebt, daß es gar nicht ausbleiben konnte, daß sich diese Menschen mit solch fürchterlicher Problematik auseinandersetzen. In gewisser Weise weicht man allerdings in menschlich-listiger Art jenem Zentralproblem des bewußt gewordenen Raubtieres auch wieder aus. Man weiß zwar, daß man die Tiere töten muß, um sich erhalten zu können, aber die Schuld, die man durch dieses Töten auf sich lädt, ist eine so drückende Last, daß sie auf irgend eine Art wieder beseitigt werden muß. Besonders am Beispiel des Bären haben sich die diesbezüglichen alten Sitten der jägerischen Menschheit des Nordens bis in die Ge-

genwart hinein lebendig erhalten. Der Bär ist, wie bereits Castrén, der große finnische Sprachforscher und Kenner sibirischen Völkerlebens, in den vierziger Jahren des vorigen Jahrhunderts festgestellt hat, kein Tier wie alle anderen. Auch das Tierfell stellt bei ihm, wie ja auch sonst häufig berichtet, nur eine Art Verkleidung dar, unter welcher er eine menschliche Gestalt nebst einer göttlichen Kraft und Weisheit verbirgt. Überall im nordeurasiatischen Bereich weiß man von ganz besonderen Fähigkeiten des Bären: nicht etwa nur auf weite Entfernungen hin zu hören, was man über ihn spricht, sondern sogar die Gedanken der Menschen über ihn zu kennen. So lauert der Bär denjenigen, die Böses über ihn denken und ihn etwa töten wollen, selbst auf, richtet sie übel zu oder bringt sie zu Tode.[12]
Es kann hier nicht unsere Aufgabe sein, den sogenannten Bärenkult des Näheren zur Darstellung zu bringen. Diese Aufgabe ist grundlegend von einem amerikanischen Völkerkundler gelöst worden, auf dessen wertvolle Abhandlung hier hingewiesen werden soll.[13] Wir wollen aber doch wenigstens auf ein typisches Beispiel dieses Zeremoniells eingehen und wählen zu diesem Zwecke die Ostjaken vom Flusse Irtysch aus, um die wesentlichen Momente der menschlichen Verhaltensweisen, die hierbei zutage treten, zu erkennen.[14]
Hat man eine Bärenhöhle gefunden, so umringen meist zwei oder drei Jäger das Lager, scheuchen den Bären heraus und schießen ihn mit Büchsen nieder. Ist die Jagd glücklich zu Ende, so bewerfen sich die Jäger gegenseitig mit Schnee, im Sommer mit Erde, oder sie bespritzen sich mit Wasser, in welchen Handlungen ich bereits einen Reinigungsritus erblicken möchte. Dem Körper des Bären wird dabei die größte Achtung erwiesen, weil sein Schatten eine solche fordert. So darf man weder ein spöttisches Wort sprechen noch eine unehrerbietige Bewegung machen, da der Bär alles sieht und alles hört und Leute, die sich so etwas erlauben, ohne Barmherzigkeit züchtigt. Dagegen rechnet er den

Menschen seinen körperlichen »Tod« weniger streng an, zumal die nordeurasiatische Lebenstheorie so ausgesprochen spiritualistisch ist wie sonst wohl kaum wieder auf der Erde. Wirklich wesentlich bei allen Lebewesen ist nur die »Seele«, die ja durch die Trennung vom Körper in keiner Weise in Mitleidenschaft gezogen wird.

Das Abziehen des Bärenfelles gilt als Abnahme eines Pelzrockes, und der Jäger, der diese Arbeit verrichtet, unterbricht sie fast bei jedem Schnitte, zumindest aber nicht weniger als siebenmal mit dem Ausrufe, er knöpfe den ersten, den zweiten, dritten usw. Knopf auf. Kopf und Spitzen der Vorderpfoten läßt man an dem Fell. In keinem Fall darf der Körper oder ein Glied des Bären im Walde liegen bleiben, wo sie von anderen Tieren gefressen werden könnten. Auch darf man die Überreste des Bären nicht verbrennen, sondern sie müssen wie ein Mensch bestattet werden.

Der Bärenpelz wird mit Ehrenbezeugungen in das Dorf gebracht. Einer der Jäger hält ihn auf seiner Brust. Die Pfoten sind übereinandergeschlagen, und der Kopf ruht auf der Schulter des Trägers. Während des Weges rufen die Jäger einige Male – wenn der erlegte Bär ein Junges ist, drei- oder vier-, wenn ein Weibchen, vier- und wenn ein Männchen, fünfmal »Tivi joch« (»oder ja«)! aus, Worte, deren Bedeutung die Eingeborenen dem russischen Berichter allerdings nicht zu erklären vermochten. Ebenso feuern sie Gewehre viele Male ab und singen Lieder der folgenden Art:

> Von der Tāpar-Frau, der Kām-Frau sind wir Söhne,
> Von der Kām-Frau geborene Burschen sind wir.
> Zu dem Traubenkirschen erzeugenden Traubenkirschenhaine kommen wir,
> Dem Hagebutten erzeugenden Hagebuttenhaine nähern wir uns.

Hierbei bedeutet Tāpar-Frau eine Frau aus dem Narymschen Verwaltungsbezirk (volost') am Irtysch, während

Kām-Frau wohl = Kama-Frau ist, d.h. eine Syrjänin oder Permierin sein dürfte. Der Sinn solcher Angaben ist nach meiner Meinung der, die Seele des Bären irrezuführen, der glauben soll, daß er von einer anderen entfernt wohnenden Ostjakengruppe oder sogar von den Angehörigen eines fremden Volkes getötet worden ist.
Nähert man sich dann dem Dorf, so singt man:

> Von der Tāpar-Frau Söhne sind wir,
> Von der Kām-Frau erzeugte Söhne sind wir.
> Dem Dorfe der kleinen Mädchen nähern wir uns,
> Dem Dorfe der kleinen Burschen nähern wir uns.

Auch hier ist die gleiche Tendenz wie beim ersten Lied erkennbar. Zu den zwei letzten Zeilen erklärt der Aufzeichner, sie bedeuten, man nähere sich dem Dorfe, wo kleine Mädchen und kleine Knaben leben. – Es scheint mir hierbei wiederum auf eine Irreführung des Bären abgesehen zu sein, indem man ihm mitteilt, man käme in ein Dorf, das gar keine mannbaren Bewohner enthielte, also gewiß keine Männer, die etwa auf eine Bärenjagd hätten gehen können. Haben nun die Dorfbewohner den Lärm der Schüsse vernommen, so eilen sie alle den Jägern entgegen und kehren mit ihnen in feierlichem Zug heim. Beim Einzug in das Dorf wird eine Ode gesungen, die als Gesang des Bären selbst gilt und die sein Schicksal, beginnend mit seinem Herabsteigen auf die Erde, sein Leben im Walde, das Zusammentreffen mit beerenlesenden Frauen, die auch kleine Kinder mitgenommen haben, bis zu seinem Tode, schildert und, was das Wichtigste ist, auch das ihm zu Ehren abgehaltene heilige Gastmahl und sein Wiederaufsteigen in den Himmel, zu seinem Vater, ausführlich beschreibt.
Nachdem das Bärenfell in das Haus eines Jägers gebracht worden ist, wobei nicht die Tür, sondern das Fenster oder eine andere Öffnung benutzt wird, gibt man dem Bären den Ehrenplatz und hält ihn mittels eines Paares Hölzchen in

aufrechter Lage. Auf seine Augen legt man Silbermünzen, und auf seine Klauen steckt man manchmal Ringe. Das jetzt beginnende Eß- und Trinkfest dauert einige Tage, und da der Hausherr verpflichtet ist, alle Gäste zu bewirten, strömen von fern und nah alle herbei, die von dem Begebnis gehört haben. Jeder Gast, der die Stube betritt, küßt die Schnauze des Bären und verbeugt sich vor ihm. Ein weiteres wichtiges Element der Feierlichkeit sind die zu Ehren des Bären gesungenen Lieder. Diese wieder werden durch den Bärentanz unterbrochen, wobei die Männer nur ein sonderbares Kleidungsstück umnehmen (wohl wiederum, um von dem Bären nicht erkannt zu werden) und etwa einen nach außen gekehrten Pelz tragen, während die Frauen den Kopf mit einem Tuche verhüllen müssen. Der Tanz wird von einzelnen Personen ausgeführt und besteht in verschiedenen Gebärden und Herumdrehen an der gleichen Stelle. Die Frauen halten dabei ihre Arme mit gebogenen Ellenbogen in die Höhe und heben und senken sie abwechselnd, wie auch die Handgelenke. Als Begleitmusik werden einheimische Saiteninstrumente gespielt. »Diese dramatischen Vorstellungen repräsentieren einfache Episoden und Bilder aus dem Alltagsleben der Eingeborenen und der Bären. Als Schauspieler treten fast ausschließlich Männer auf, welche zugleich die Weiberrollen spielen, wobei sie sich das Haupt mit einem Tuche verhüllen. Auch für die Männerrollen kleiden sie sich um und bedecken ihren Kopf mit einer Maske aus Birkenrinde, welche gewöhnlich eine große Nase hat. Einige Schauspieler sind bei den Wogulen noch mit kleinen hölzernen Waffen, etwa einem Beil und Speer, versehen und tragen am Leibe einen Gurt aus Lindenbast, an dem ein großes männliches Glied aus Holz im Zustande der Erektion angebracht ist. Diese Akteure führen unter anderem sehr unanständige Szenen aus dem Tierleben auf, welche aber nicht nur von den Männern, sondern auch von dem schönen Geschlecht und den Kindern mit allgemeinem Wohlgefallen und Jubel aufgenommen werden«.

Mit diesem Fest meint man nun die Seele des getöteten Bären vollkommen versöhnt zu haben, und der Besitzer des Felles kann es nun verkaufen, den Göttern opfern usw. Die Anhänger der Orthodoxie verwahren jedoch das Fell noch etwa vierzig Tage lang, um den neunten, sechzehnten und sechsunddreißigsten Tag nach dem Tode des heiligen Tieres in der Stille feiern zu können.

Bei den Irtysch-Ostjaken erscheint ein sonst in Nordasien wesentlicher Faktor des Jägerzeremonials nicht angedeutet: die Wiederbelebung. Wir finden sie besonders markant in Nordostsibirien, bei Tschuktschen, Korjaken und teilweise auch bei den Kamtschadalen ausgeprägt, wo die Schädel aller getöteten Jagdtiere, aber auch ein Stückchen Fell, die Schwanzspitze usw., von Fischen einige Gräten und von Vögeln einige Federn, aufbewahrt werden. Im Winter kommen dazu die gefrorenen, aber ausgenommenen Tierkörper mit dem Fell. Und ebenso wie der Bär in dem ihm gewidmeten Zeremonial als geehrter »Gast« behandelt und mit besonders guten Dingen bewirtet wird, betrachtet man in dem erwähnten nordostsibirischen Raum alle Tiere, die durch ihre gefrorenen Körper, die Schädel oder Stückchen ihres Felles repräsentiert werden, als »Gäste«. Nach einer Bewirtung und der Aufforderung, auch die anderen Tiere sollten kommen, um sich ebenso großzügig bewirten zu lassen, kommt es zu der magischen Wiederbelebung, wobei die Knochen der Landtiere weiter weg vom Zelt auf der Erde niedergelegt werden, während die Vogelknochen in die Luft geworfen, und die Knochen von Walen, Seehunden sowie die Fischgräten ins Wasser geworfen werden, wobei ständig gerufen wird: »Die Renntiere sind in die Tundra gelaufen!« – »Die Seehunde haben sich ins Meer begeben!« usw.[15]

Schädelknochen, Gräten und Fellstückchen bilden also als Reste des einst lebendigen Tieres eine Art magischen Kristallisationspunktes, aus dem es sich wieder vollständig regenerieren kann, eine Fähigkeit, die den höheren Tieren ja

leider abhanden gekommen ist, während die niederen sie tatsächlich noch weitgehend besitzen; natürlich muß das Tier dabei aber noch lebendig geblieben sein.
Ähnlich wie hier aus Nordostasien angeführt, begruben die Lappen einst die Knochen von Bären, Hasen und Luchsen in trockenen Sandhügeln oder versteckten sie in Bergesklüften; die Knochen von Wassertieren wurden dagegen in Quellen versteckt.[16]
In anderen Fällen sind es – im Gegensatz zu den erwähnten nordostasiatischen Praktiken – überhaupt nur die Knochen allein, denen man die Fähigkeit zuschreibt, wieder das ganze Tier vervollständigen zu können, zu welchem Zwecke sie jedoch im allgemeinen so zusammengelegt werden müssen, wie sie beim Skelett des lebendigen Tieres angeordnet waren. Solche Handlungsweise kennen wir beispielsweise von den nordostsibirischen Lamuten, die so mit den Bärenknochen verfahren, sie dann zusammenbinden, um sie anschließend wie einen menschlichen Leichnam auf einem im Walde errichteten Bestattungsgerüst beizusetzen.[17] [Verwiesen sei hier auch auf das Dolganenmärchen – Dokumente Nr. 4 –, wo die Wiederbelebung eines Elches aus seinen Knochen eingehend beschrieben wird: das Tier erwacht zu einem mächtigen Helfer.]
Für das Schamanentum ist nun das Faktum von Bedeutung, daß in genau der gleichen Weise, wie im Jägerritual die Tiere wieder zum Leben gebracht werden, auch die Schamanen nach dem traumartig erlebten Zerstückeltwerden durch die Geister zur Wiederauferstehung gelangen. Es sei hier nur auf das dem Zerstückelungsritual gewidmete Kapitel verwiesen, wo die diesbezüglichen schamanistischen Überlieferungen behandelt werden. Den erstaunlichsten Beweis für den Zusammenhang des magischen Jagdrituals mit dem schamanischen Zerstückelungsritual finden wir übrigens in einem aus dem Kaukasus stammenden Märchen, in dem berichtet wird, wie die Waldgeister ein Tier schlachten und sein Fleisch kochen, aber alle Knochen in das Fell sammeln,

das sie mit Ästen schlagen, bis das Tier wieder neues Leben erlangt. Einmal nun kam ein Jäger zu einer solchen Geistermahlzeit, versteckte einen der Knochen und legte stattdessen einen Stock hin. Dieses wieder lebendig gewordene Tier wurde später zufällig die Beute jenes selben Jägers, der dann auch den als Knochen verwendeten Stock in dem Körper des Beutetieres wiederfand.[18]
Wir erkennen also mit aller Deutlichkeit, wie sehr das gesamte Dasein dieser archaischen Jäger mit zauberischen und »mystisch« gearteten Vorstellungen und Praktiken durchsetzt ist, die das Thema Jagd und Tier vielfältig behandeln und abwandeln. Auch Mythik und Volksliteratur machen davon keine Ausnahme. Da sind etwa die zahlreichen Erzählungen zu nennen, die von menschlich-tierischen Liebesverbindungen sprechen, wodurch Sippen und ganze Völker begründet werden.[19] Der Adler etwa bringt das Schamanentum auf die Erde und ist somit ein echter Kulturbringer.[20] Oder die Kinder der Schwanfrau werden die ersten Schamanen[21] usw.
Die Berechtigung, diese dem Tier anheimgegebene Geisteswelt als »Tierschicht« zu bezeichnen, dürfte mithin kaum bestritten werden können. Nun besteht aber das auffallende Faktum, daß Jagdzauber und Tierzeremoniell, Tiermythos und totemistisch-genealogische Überlieferung die Schamanen so gut wie vollkommen entbehren. Solcher Tatbestand ist gewiß auch chronologisch zu verwerten. Wir ersehen nämlich daraus, daß die »Tierschicht« und ihr Inhalt älter sein muß als das Aufkommen des besonderen Kulturgebildes, das wir als Schamanentum im exakten Sinne bezeichnen.
Nun hat jedoch das Schamanentum, d. h. also Bericht und Aktion der von Geistern besetzten Priestergestalten, mancherlei Elemente der »Tierschicht« in sich aufgenommen. Die eigentlich schamanische Ideenwelt könnte fraglos ohne alle diese Entlehnungen bestehen. Eine neue geistig-seelische Sicht wird aber wohl überall auf der Welt zwar gewisse

traditionelle Fesseln sprengen können, Erweiterungen und Vertiefungen eines gegebenen Weltbildes erreichen, aber die Menge des Überlieferten und Gewohnten, das bereits wesentlichen Bedürfnissen der Menschen einer alten Kultur entspricht, hat ein zähes Eigenleben. Das Neue ist eben ohne das Alte nicht denkbar. Das Schamanentum stellt heutzutage gewiß den Höhepunkt einer schöpferischen spiritualistischen Kultur dar und kann von uns nur voller Staunen, Erschütterung und aufrichtiger Bewunderung betrachtet und studiert werden. Aber auch dieses grandiose Weltbild enthält so mancherlei Elemente der älteren Tierschicht und hat sie damit konserviert. Auf einige dieser Elemente soll im folgenden etwas näher hingewiesen werden.
Entsprechend der totemistischen Anschauungsweise, die den Ursprung zahlreicher Sippen auf tierische Väter und Mütter zurückführt, besitzen auch die Schamanen »Tiermütter«.
Diese »Tiermutter« hat nach einem der Berichte das Aussehen eines großen Vogels, mit einem Schnabel, der einer eisernen Eispicke ähnlich sieht; er hat hakenförmige kräftige Klauen und einen Schwanz, der so lang wie die dreimal ausgebreiteten Arme ist. Die »Tiermutter« erscheint dem Schamanen bei der Geburt und während des Wachstums seiner Seele; sonst nur noch einmal vor seinem Tode. Ihr Erscheinen wird als Voranzeige des baldigen Todes des Schamanen angesehen.[22]
Ein anderer Bericht lautet: Die Schamanen werden fern im Norden, an der Wurzel der abscheulichen Erkrankungen geboren. Dort gibt es eine Lärche, an deren Zweigen sich in der verschiedensten Höhe Nester befinden. Die größten Schamanen werden im Wipfel des Baumes, die mittleren in der Mitte und die kleinen an den unteren Ästen groß.
Es heißt, daß zu diesem Baum zunächst ein großer einem Adler ähnlicher Vogel mit eisernen Flügeln kommt. Der setzt sich auf ein Nest und legt ein Ei. Dann brütet dieser

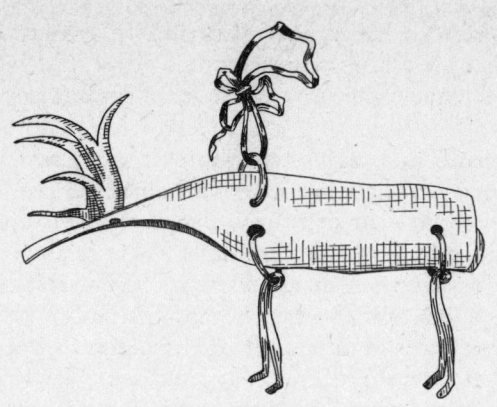

Geister-Ren aus Eisenblech, Tungusen

Vogel das Ei aus. Wenn es ein großer Schamane werden soll, so dauert das drei Jahre, und wenn es ein kleiner Schamane wird, ein Jahr.
Dieser Vogel heißt »Tiermutter« und erscheint dem Schamanen im ganzen dreimal: das erste Mal bei der Geburt, das zweite Mal bei der Einsetzung des Schamanen durch das Zerstückeltwerden seines Körpers, und das dritte Mal, wenn der Schamane stirbt.[23]
Die »Tiermutter« der jakutischen Schamanen ist jedoch nicht immer ein Vogel, sondern sie ist in anderen Fällen ein blaugefleckter Stier[24], kann aber auch in der Gestalt von Elch und Renntier auftreten[25]; auch der Bär wird erwähnt.[26] Entsprechende Berichte liegen von den Tungusen vor, von denen Renntier, Elch und Bär, aber auch ein mythisches Tier als »Tiermütter« genannt werden; letzteres wird als eine Art Bergziege mit ausgefallenen Haaren und mit acht Beinen, die aus dem Vorderteil des Bauches herauswachsen und nach hinten gestellte Hufe aufweisen, geschildert.[27]

Die Schamanen haben aber nicht nur »Tiermütter«, sondern sie erscheinen auch selbst als Tiere. Ich stelle im folgenden einige jakutische Materialien zusammen, die dies belegen:

Vor langen Zeiten, als ich zehn Jahre alt war, ging ich einmal nach Odejcy zu einer Séance des Schamanen Pavel'. Ich erinnere mich, wie zur Zeit des Vollzuges des Mysteriums der Schamane plötzlich seine Trommel fortwarf und ein Stiergebrüll ausstieß, sich auf alle Viere stellte und mit den Händen den Boden aufzukratzen begann. Darauf schien es mir, als ob über beiden Ohren am Kopf irgendetwas Rotes in der Länge von etwa einer Viertelelle erschien. Man sagte, daß das die Hörner wären. Indem er ein langgezogenes Stiergebrüll ausstieß, begann er mit den Hörnern den Erdboden aufzugraben, und man sah, wie große Lehmstücke an die Wand flogen. Vorher hatte er befohlen, daß man die glühenden Kohlen mit Asche zudecken sollte, und es war dunkel. Dann waren die Hörner wieder wie verschwunden.
Dann bat er bei den Anwesenden um ein Messer, aber niemand gab ihm eins. Nun legte er seine Trommel mit der Öffnung nach oben hin und begann bei der Ausgangstür mit Gewalt darauf zu schlagen, und zwar auf den Rand. Plötzlich hörte man irgendetwas von oben in die Trommel fallen. Und da hatte er auch ein Messer mit Stiel in den Händen. Ich bekam einen großen Schreck und versteckte mich. Nachher bereute ich es, daß ich zu der schamanistischen Sitzung gegangen war.[28]

In alten Zeiten wurden einmal in der Ortschaft Üöttéch in unserem Bappagaischen Gemeindebezirk, wie die Legende berichtet, zwei Brüder geboren, die später Schamanen wurden. Der eine von ihnen wurde Yčym genannt, und der andere nach der russisch-rechtgläubigen Weise Basylai (Vasilij). Einmal stahl Yčym bei dem Ober-Wiljuischen Schamanen Bölüöke-Uola einen Vorrat von Trockenfischen und aß diesen auf. Das wurde der Anlaß zu einer Feindschaft zwischen beiden.

Eines Abends sagte Yčym beim Entkleiden, um zu Bett zu gehen, zu seinen Hausgenossen:
»Jetzt ist augenscheinlich die Stunde gekommen, wo mein Feind Bölüöke-Uola mich töten wird (wörtlich: »mich auffressen wird«); Leute, die ihr unter meiner Sonne wandelt, kommt mir zu Hilfe, wenn ich mich mit ihm schlagen werde – einer mit der Eispicke, ein anderer mit dem Bärenspieß! Nur haltet euch stets hinter mir und geht auf keinen Fall nach vorn!«
Nachdem er das gesagt hatte, kleidete er sich aus und legte sich hin, aber sofort rollte er auf den Boden und begann mit Stiergebrüll die Erde mit den Händen aufzukratzen (wie das der Bulle tut, bevor er sich mit einem Gegner in einen Kampf einläßt). In diesem Moment wuchs ihm aus der Mitte seines Scheitels ein Horn. Indem er fortfuhr, die Erde mit dem Horne aufzuwühlen, grub er ein Loch unter der Türschwelle und begab sich durch diese Öffnung auf den Hof. Die Hausgenossen beobachteten ihn und sahen, wie er allein, indem er sich als Stier gebärdete, mit schwerem Stöhnen mit einem unsichtbaren Gegner kämpfte. Die von dem Vorfall erschreckten Leute versteckten sich alle.
Endlich, nachdem er den Kampf abgebrochen hatte, kam er in die Jurte zurück und sagte weinend:
»Warum habt ihr mich denn allein mit dem Teufelssohn kämpfen lassen?«
Nach einiger Zeit erwies sich bei ihm der Hals unten als ganz angeschwollen. Davon starb er kurz darauf.
Nach dem Tode des Schamanen waren zwei, drei Jahre vergangen. Nun fand gerade einmal auf dem See Arȳlāch ein Fischfang statt, ein Fang mit Handnetzen. Die Menschen hatten sich versammelt, und unter ihnen auch der ältere Bruder des verstorbenen Schamanen, Basylai.
Plötzlich erblickt das Volk einen sich nähernden Wirbelwind. Der sich herumwirbelnde Schnee steigt wie eine Säule zum Himmel empor. Indem er auf diesen Wirbelsturm schaute, sagte Basylai:

»He, ihr Spitzen meiner Hörner, ihr Schärfen meiner Waffen, mein Hündchen Junjuges, es scheint, sie flieht und hält den Schädelknochen des Bölüöke-Uola in ihren Zähnen!? Und wir also blieben nicht sitzen, blieben nicht im Verdruß wie Fischer vor einem See, die weder ein Netz noch eine lange Stange in Händen haben!« (Der letzte Satz gibt ein Sprichwort wieder, das das Gefühl ohnmächtigen Zornes ausdrückt.)[29]
Wenn bereits nach den bisherigen Ausführungen der Zusammenhang zwischen »Tierschicht« und Schamanentum sehr deutlich geworden ist, so können wir noch weitere Materialien heranziehen, die für die hier behandelte Frage gleichfalls von Wert sein dürften. Auch die Hilfsgeister der Schamanen erscheinen nämlich vielfach in Tiergestalt. Ich lasse auch hier einige Eingeborenenberichte folgen:
Die Schamanen erzählen, daß sie zwei Hunde (ihre unsichtbaren Diener) besitzen. Bei den schamanistischen Zeremonien werden sie Chardas und Bötös genannt. Bei einem blutgierigen Schamanen (d.h. einem solchen, der von bösen Geistern inspiriert ist) sollen diese Hunde Vieh und Menschen töten. Erwachsene Menschen töten sie allerdings nicht.
Man berichtet, daß einige Schamanen einen Bären und einen Wolf besitzen und ihn bei der Séance zeigen. Wolf und Bär gibt es wahrscheinlich nur bei den Schamanen der bösen Geister, die vollkommen mit Blutdurst angefüllt sind, den Abāsy ojuna. Bei den Schamanen, die von den lichten Geistern inspiriert sind, kommen Wolf und Bär nicht vor. Diese Schamanen kämpfen auch nicht miteinander.[30]
Im Altertum lebte bei den Chorin, wie man sich erzählt, ein Schamane namens Titen, der einen Abāsy (Dämon, böser Geist) in Hundegestalt besaß. Diesen Hundedämon brauchte er, wenn er die Zeremonien zum Auffinden verlorener Gegenstände vollzog. Der Hund zeigte dem Schamanen an, wo sich der verlorene Gegenstand befand.[31]
Nach den Worten der Schamanin Küögejer Moturuona be-

ginnt bei ihr das Vieh zu sterben (d. h. es wird von den unzufriedenen Geistern getötet), sobald sie nicht im Verlaufe von zwanzig Tagen schamanisiert. Die Geister schreien mit Rabenstimme in den Schornstein der Jurte.
Die Geister dieser Schamanin waren sehr blutgierig und fraßen zwei Kinder ihres jüngeren Bruders. Sie sagte selbst: »Nichts als Trauer kann ich empfinden, wenn meine verfluchten Teufel zu mir mit schon in Blut getauchten Krallen und Schnauzen kommen!« Aus Schmerz über den Tod ihrer Neffen begab sie sich in einer schamanischen Séance hinunter zu dem Geist der Erde und setzte es durch, daß ihren Hunden Maulkörbe angelegt wurden. Seit dieser Zeit verringerte sich die Blutgier ihrer Geister.
Sie sagte: »Wenn jemand mich kränkt und mich veranlaßt, schlecht über ihn zu denken, so wird an der Stelle seines Herdes gewiß Unkraut wachsen« (d. h., die Geister werden den Beleidiger gegen den Willen der Schamanin selbst ins Elend bringen). »Deshalb«, so meinte sie, »hat es keinen Sinn, mir zu widersprechen, sondern redet über alles zu mir in bittendem Tone«. – Sie hatte ein mitfühlendes Herz (wörtlich: »sonnengleiche Gedanken«) und bat für die schamanistischen Séancen niemals um eine Belohnung.
Bei den hiesigen Schamanen befindet sich manchmal auf den Trommelschlegeln die Darstellung einer Hundeschnauze. Die Hilfsgeister des Schamanen wittern, wie gesagt wird, damit.[32]
Schließlich sei noch auf unsere Ausführungen in dem Kapitel hingewiesen, wo die Funktionen des Schamanengewandes als tiergestaltiger Hilfsgeist besprochen werden.
Diese Beispiele mögen hier genügen. Was gezeigt werden sollte, konnte, glaube ich, gezeigt werden: die Tierverehrung, deren eine Form ja auch für den Totemismus charakteristisch ist, hat sich im Schamanentum ein starkes Lebensrecht erworben und gerade dadurch zur Erhaltung alter Anschauungen über Wesen und Macht der Tiere beigetragen. Auch das schamanistische Pantheon der verschiedensten

nordasiatischen Völker ist erfüllt von tiergestaltigen Gottheiten oder Geistern. Tiere wie Adler oder Schwan stehen am Beginn der mythischen Geschichte des Schamanentums. Die schamanische »Tiermutter« möchte ich als bei den Schamanengeschlechtern besonders gut erhaltenes, einst für alle Sippen geltendes totemistisches Element interpretieren, und die tiergestaltigen Hilfsgeister der Schamanen sind noch voll von der Kraft des Zaubers, die einst allen Tieren zugeschrieben wurde. Auch das Schamanengewand muß hier genannt werden: häufig erscheint es noch als Tierkleid.

WIE MAN IN NORDASIEN SCHAMANE WIRD

Die Ausführungen des folgenden Kapitels beschäftigen sich mit den Volkstraditionen, die um die Frage kreisen, wie man Schamane wird, während die psychologische Seite der Angelegenheit in dem letzten Kapitel besprochen werden soll.
Wir haben oben den Beweis erbracht, daß die alte jägerische »Tierschicht« im Schamanentum der Nordasiaten in prägnanter Weise weiterlebt. Die Schamanen kämpfen als Tiere gegen tiergestaltig gedachte Krankheitsgeister, die Hilfsgeister der Schamanen sind häufig tiergestaltig, die Schamanen haben »Tiermütter«, und auch das Schamanengewand stellt einen tiergestaltigen Geist dar.[1]
Immerhin ist das nordasiatische Schamanentum in seiner heutigen Form ohne eine weitere mächtige Vorstellungswelt ebenfalls nicht verständlich. Diese weitere Vorstellungsschicht ist der Glaube an die Macht der Ahnengeister. Es kann nämlich im allgemeinen nur jemand Schamane werden, in dessen Sippe bereits ein Schamane vorhanden gewesen ist. Dabei empfinden diejenigen, die von den schamanischen Ahnengeistern besetzt werden, diesen Vorgang keineswegs als eine Auszeichnung, sondern sie versuchen fast

immer, sich diesem Zwang gegenüber zur Wehr zu setzen. So singt etwa der jenissejische Schamane Dupdullaṅ Kamoski in einem seiner Lieder:

> Kiṅgät hat mir seine Luftgeister überlassen,
> Oh, ihr Leute!
> Das ist des letzten Wortes Ende.
> Früher überließ mir ein großer Schamane einmal seine Worte.
> Jetzt kommen die Worte von den Ulgukn-Geistern zu mir.
> Früher war ich ohne Gedächtnis.
> Früher sagte ich euch des letzten Wortes Ende,
> Wie er es mir übergeben hat.
> Eigentlich ist das Schamanisieren doch nur eine Qual.[2]

Dieses Liedbruchstück beweist, daß der erwähnte Schamane genau darüber unterrichtet ist, der Geist welches seiner Schamanenvorfahren ihn gezwungen hat, selbst Schamane zu werden, und ihm damit allerdings auch seine Hilfsgeister überlassen hat. Aber er kommt trotz der gerade bei den Jenissejern außerordentlich hohen Achtung und Scheu, die die Schamanen seitens der übrigen Sippengenossen genießen, zu dem Schluß, daß das Schamanisieren im Wesentlichen doch nur qualvoll sei. Der Grund für diese ausgesprochen pessimistische Betrachtungsweise eines der tatsächlichen geistigen und politischen Führer einer Stammesgruppe kann gewiß nur darin gesehen werden, daß der Schamane sich eigentlich immer nur als Werkzeug dieses Ahnengeistes betrachtet.

Es gehört zu den Ausnahmen, daß jemand Schamane wird, der unter seinen Vorfahren keinen Schamanen besessen hat. Andererseits kann allerdings auch eine Sippe aussterben, die unter ihren früheren Mitgliedern Schamanen gehabt hat. Dann versucht die Seele eines auf diese Weise zum Umherir-

ren verurteilten früheren Schamanen, in einen anderen Menschen einzudringen.
Man darf den Ruf der Geister, Schamane zu werden, nicht ungestraft ablehnen. So wird etwa von einem Manne berichtet, der nicht Schamane werden wollte, weil fünf Menschen hätten sterben müssen, um ihm die Möglichkeit zu geben, das Priesteramt anzunehmen.[3] »Er weigerte sich, die Berufung anzunehmen, da er eine solche Menge menschlicher Opfer nicht zulassen wollte.« Diesen Mann treffen für seine Weigerung, trotz der ethisch doch absolut lobenswerten Haltung, später die verschiedensten Strafen: er erblindet, und wegen einer weiteren nichtachtenden Handlung gegenüber dem schamanischen Vorfahrengeist werden ihm Hände und Füße verstümmelt.
Eine weitere Erzählung aus dem Jakutengebiet (Erlebnis des N. V. Markov) berichtet von einem Manne, der zwar ein ganz eindeutiges Berufungserlebnis gehabt hat, aber von seinen Angehörigen nicht ernst genommen wird. Diese lassen einen Schamanen kommen, um den Betreffenden zu »heilen«, was anscheinend auch gelingt. Hier erklärt sich der Widerstand der Angehörigen eindeutig aus der Tatsache, daß der »Berufene« keine direkten Schamanenvorfahren besaß. Damit ist natürlich nicht gesagt, daß er nicht über eine ausreichende schamanische Begabung verfügt haben sollte. Ist er doch, was seine Verwandtschaftsverzweigung betrifft, gewiß mit mancherlei schamanischen Sippen verbunden, so daß es uns als ganz selbstverständlich erscheint, daß diese Begabung auch in solchen Familien immer wieder auftreten muß, in denen zwar keine direkten Schamanenvorfahren vorhanden sind, die aber doch, erbmäßig gesehen, mit kaum weniger Schamanensippen zusammenhängen als die reinen Schamanengeschlechter selbst, deren Mitglieder dann allerdings auch die berufliche Folgerung aus einem tatsächlich auftretenden Berufungserlebnis zu ziehen haben, das von den übrigen Sippenangehörigen meist schließlich auch anerkannt und geachtet wird.

Die oben erwähnte Erzählung des Jakuten Nikolaj Vasil'evič Markov aus dem Ersten Mal'žegarischen Bezirk des West-Kangalass'schen Ulusses wurde am 12. Januar 1925 von Ksenofontov in Džobulga aufgezeichnet.[4] – Hier erscheint dem Angehörigen einer Sippe, in der keine direkten schamanischen Vorfahren vorhanden sind, der Geist des längstverstorbenen Schamanen Küstech mit der Absicht, den Mann zu veranlassen, an seiner Stelle das priesterliche Amt auf Erden weiterzuführen. Der Betreffende berichtete weiter, daß er die Aufgabe erhalten hätte, die Mittlere Welt von Sünden zu reinigen, und daß im Himmel für ihn bereits ein Schamanengewand mit goldenen Metallanhängern, also verschiedenen Symbolen und Geisterdarstellungen sowie eine Trommel vorbereitet wäre. Der Sohn des so Berufenen beschaffte seinem Vater auch ein Schamanengewand, damit er sich wegen der ihm verheißenen Schamanenkleidung zum Himmel erheben könnte. Seine übrigen Hausangehörigen zwangen ihn jedoch, sich zurück ins Bett zu begeben, um ihn dann, wie schon angeführt, von einem tatsächlichen Schamanen wie einen Kranken kurieren zu lassen.
Ähnlich, wie hier geschildert, vollzieht sich das Schamanenwerden auch bei den übrigen nordasiatischen Völkerschaften. So wird etwa von den Altaiern ebenfalls zunächst von dem Widerstand des von dem Geist Berufenen gegen dieses Schicksal berichtet. Trotz der Erscheinungen des Ahnengeistes, der ja damit nur seine besondere Zuneigung zu dem Erwählten kundtut, vermeidet es der so Bevorzugte, dem Vollzug schamanischer Riten beizuwohnen, und versucht, seinen ganzen intellektuellen Widerstand gegenüber dem drohenden Ausgeliefertsein solcher Schicksalsmacht gegenüber zusammenzufassen. Dieser Widerstand ist jedoch auf die Dauer fast immer vergeblich.[5]
Im allgemeinen zeigen sich die Anzeichen, ob jemand Schamane werden wird oder nicht, bereits in der Kindheit. Menschenscheue und ein trauriges, ganz in die Problematik der eigenen Psyche versenktes Dasein ist das Los dieser jun-

gen, von der Vorsehung Gezeichneten. Dabei lassen die Verwandten meist kein Mittel unversucht, den Erwählten des Ahnengeistes von seiner schweren Mission abzubringen. Hat man eingesehen, daß jeder Widerstand gegen die Berufung nutzlos ist, so begibt sich der junge Altaier in die Lehre zu einem anderen Schamanen.[6]

Entsprechendes erfahren wir von den Kirgisen, bei denen diejenigen, deren seelische Struktur sie zum Schamanen geeignet macht, »außer sich« geraten, »wobei sie traurige Lieder singen, in denen sie sich an die Götter und an die guten Geister wenden und sie bitten, sie doch nicht zu belästigen und zu quälen. Nachts leiden sie an schrecklichen Traumgesichten und tagsüber an ebensolchen Halluzinationen, worin die Geister sie zu bereden versuchen, ihnen zu folgen. So ein Berufener streift lange von Aul zu Aul umher, bis er schließlich, nachdem er sich zu einem bekannten Baksa begeben hat, von diesem seinen Segen empfängt und den Geisterdienst annimmt.[7]

Ein schönes Beispiel dafür, wie die schamanische Berufung bei den Kirgisen vor sich gehen kann, bietet die Erzählung des Baksa Süimenbai, der sich einmal in die Steppe auf die Suche nach Kamelen begeben hatte, wo er sah, daß sich ihm von einer Seite eine Schar Mullahs in weißen Turbanen, von der anderen aber irgendwelche Truppen näherten. Er erschrak und verlor das Bewußtsein. Als er wieder zu sich gekommen war, begab er sich so rasch er konnte, nach Hause. Hände und Beine zitterten ihm, und ihm war schwindlig. Nachdem er sich in der Jurte niedergelegt hatte, hörte er, wie sich die Džinn versammelten und zueinander sprachen: »Wählen wir uns als Herrscher den Süimenbai, er soll Kranke heilen und die Schaitane aus den Menschen vertreiben. He, Süimenbai, hörst du, was wir sagen? Gehe hin und heile!« Seitdem wurde er Baksa, und die Džinn seines Vaters leisteten ihm Folge.[8]

Hier finden wir also bereits eine Variante der Überlieferung vor: es ist nicht der Geist eines seiner Ahnen, der den Erwählten zwingen möchte, Schamane zu werden, sondern die Hilfsgeister seines Vaters, nach dessen Tod herrenlos geworden, suchen sich in dem Sohn einen neuen Gebieter. Auch bei den Altaiern und Schor sind es nicht nur die Ahnengeister, die einen Menschen dazu zwingen, Schamane zu werden, wenngleich in der Mehrzahl der Fälle es gerade diese sind, die sich unter ihren Nachkommen Personen aussuchen, durch die sie auf die Lebenden zu wirken gedenken. Hier wird aber neben dem Ahnengeist auch der Besitzergeist der Berge oder der des Wassers und ferner auch irgend ein anderer Geist der Oberen Welt erwähnt, der einen jungen Mann zu zwingen versucht, den Schamanenberuf zu ergreifen. Bei den Schor zieht man, ebenso wie in dem oben erwähnten jakutischen Beispiel, einen anderen Schamanen hinzu, um die Ursache des abnormen Zustandes eines Schamanenkandidaten in Erfahrung zu bringen. Ist jener jedoch zu dem Schluß gekommen, daß es sich um eine neue schamanische Berufung handelt, so wagt er es ebenfalls nicht mehr, sich dem Ruf zu widersetzen, besonders dann, wenn die Geister, von denen er den Patienten befreien soll, etwa seiner eigenen Sippe angehören.[9] Eine im zweiten Teil wiedergegebene jakutische Überlieferung[10] berichtet von einer weiteren Art des Schamanenwerdens, indem ein Toter, bzw. dessen Seele, von den Geistern der Oberen Welt in diese geholt wird, um nach einer Reihe von Jahren wieder auf die Erde gestürzt zu werden, damit er dort in einem neuen Körper als Schamane wirke. Diese Erzählung zeichnet in plastischer Weise wesentliche Züge der schamanischen Weltanschauung überhaupt und zeigt den engen Zusammenhang zwischen den Geistern der Oberwelt einerseits und den Schamanen, ihren »Kindern«, andererseits, die die Kräfte dieser schicksalsbestimmenden Himmelswelt auf Erden repräsentieren, infolge dieses Kindschaftsverhältnisses aber auch ihren Einfluß auf die Entschlüsse der Oberwelt auszuüben in der Lage sind, und zwar zum Nutzen der Menschen.

Über die in der Erzählung erwähnte Gottheit »Schwarzrabe« hat Ksenofontov ausgeführt[11], daß sie in den Heldengesängen auch Menge-Suorun, bzw. Beke-Suorun genannt wird, wobei ›menge‹ dem mongolischen ›müngke‹ entsprechend, wohl die Bedeutung von »ewig« gehabt haben dürfte, heute jedoch bei den Jakuten im Sinne von »hoch« und »unerreichbar« gebraucht werde. Weitere Bezeichnungen dieser Gottheit sind noch »Schreiender Schwarzer Rabe« und »Sich Rühmender Großer Herrscher«. Hier scheint eine ältere Überlieferungsschicht vorzuliegen, denn in der heutigen volkstümlichen jakutischen Mythologie stellt der »Sich Rühmende Große Herrscher«, der Ulūtujar Ulū Tojon (nach Ksenofontov), eher die Macht des Bösen dar und ist nunmehr als »Teufel« der Gegenspieler »Gottes« geworden. Nun lebt aber in der Oberwelt auch noch der Ürün Ajȳ Tojon, »Der Weiße Schöpferherr»[12], der in den Mythen als jüngerer Bruder des Chara Suorun geschildert wird und im letzten Stadium der jakutischen Religionsgeschichte die wohl ältere Rabengottheit so gut wie vollständig verdrängt hat. Dem jakutischen Ürün Ajȳ Tojon entspricht übrigens der burjatische Zajaṅ Sechaṅ Babä, »Der Weiße Schöpfer-Vater«.[13] Ferner ist der Schöpfergott bei den östlichen Paläosibiriern, wie den Tschuktschen, Nachbarn der Jakuten, der »Großrabe«, der eine weitschichtige Mythologie hervorgebracht hat. Da weiterhin (ebenfalls nach Ksenofontov) bei den Jakuten der Himmel ehemals unter dem Bilde eines Hengstes vorgestellt wurde, dem eine Erdkuh entsprochen habe[14], so dürfte der Schluß naheliegen, daß auch der jakutische Chara Suorun keine ursprünglich jakutische Gottheit war, sondern von den assimilierten Vorbewohnern der durch die Jakuten kolonisierten nordsibirischen Gebiete übernommen worden ist. Diese assimilierten vorjakutischen Gruppen dürften keineswegs nur renntierzüchtende Tungusen gewesen sein, sondern waren sehr wahrscheinlich auch Jäger und Fischer vom Typus der Jukagiren.
Eine weitere Erzählung vom Toten, der in die Oberwelt ge-

bracht wird, um dort zum Schamanen entwickelt zu werden, bringen wir unter Nr. 6 im zweiten Teil.[15] Auch dort wird der Verstorbene auf der Handfläche des Gottes gewogen und für geeignet befunden, in dem allerobersten Nest des Schamanenbaumes ausgebrütet zu werden, und dementsprechend wird aus ihm ein besonders machtvoller Schamane. Haben die Söhne des Schicksalsherrn eine Menschenseele ergriffen, so daß der Mensch erkrankt ist, dann braucht er nicht einmal aus seinem Hause zu gehen, um die Séance durchzuführen und die Seele zurückzuerbitten. Auch weiß er es sogleich, wenn der Kranke nach der Schicksalsfügung sterben muß, und unternimmt dann keinen Versuch, die Seele wieder heimzuführen.
Wir haben bereits sechs verschiedene durch die Überlieferung festzustellende Arten kennengelernt, wie man Schamane wird. Eine siebente stellt sich uns in der folgenden jakutischen Erzählung dar, worin geschildert wird, wie sich ein Sohn des Gottes Chara Suorun mit einem irdischen Mädchen vereinigt, das daraufhin zwei junge Raben zur Welt bringt, die im Alter zu Schamanen werden.[16] Der Berichtet lautet:
In alten Zeiten lebte in Mytāch ein junges Mädchen, das seinem Äußeren nach eines der allerschönsten war. In dem Bewußtsein seines Wertes lebte es lange, ohne eine Ehe einzugehen.
Einmal nun am Morgen ritt es aus, um eine Herde Stuten zu suchen. Plötzlich traf es auf einen Menschen, den es bisher noch nirgendwo gesehen hatte. Dieser ritt ein weißes, flekkenloses Pferd und kam geradenwegs von Osten her.
Als sie sich begegneten, ritt der Reiter im Schritt um das Mädchen herum und fragte:
»Wohin begibst du dich denn?«
»Ich bin auf dem Wege, um die Stuten nach Hause zu treiben.«
»Deine Stuten sind nicht weit weg von hier, sieh, dort stehen sie!«

Und indem er vom Pferd stieg, sagte er zu ihr:
»Komm, plaudern wir über dieses und jenes! Bist du verheiratet?«
Das Mädchen antwortete:
»Nein, ich habe keinen Mann. Aber weshalb fragst du danach?«
»Sieh, ich bin nämlich auch noch nicht verheiratet. Würdest du mich vielleicht heiraten wollen?«
»Danach mußt du meinen Vater und meine Mutter fragen, aber wenn sie beide einverstanden sind, warum dann nicht?«
Von beiderseitigem Wunsch getrieben, gaben sie sich der Liebesvereinigung hin. Darauf fragte der Mann:
»Du hast mich wohl für jemand aus der Nachbarschaft gehalten, daß du dich mir so schnell ergeben hast? Wer meinst du denn, wer ich bin? Kennst du mich denn?«
»Nein, ich kenne dich nicht, aber du hast doch gesagt, daß du mich heiraten willst!«
»Nein, ich kehre in meine Heimat zurück. Ich habe mich nur deines Namens wegen hierher hinunterbegeben. Ich bin der erstgeborene Sohn des Chara Suorun, der im Oberen Lande lebt. Du hast von mir zwei Söhne mit dauerhafter Bestimmung empfangen (wörtlich: »die weder Tod noch Krankheit bis zu den festgesetzten Zeitpunkten kennen«). Du wirst gebären, sobald zehn Monde voll vergangen sind und der elfte beginnt. Du hast, wie ich sehe, das Fell eines schmutzig-bunt gefärbten Pferdes bei dir. Wenn du niederkommst, so lege dich auf dieses Fell. Dann, an einer Örtlichkeit (mit dem und dem Namen) befindet sich ein kleiner Fluß, hinter dem du unter einem steilen Abhang inmitten des Urwaldes eine Wiese mit einem See erblicken wirst. Dort steht ein dreiteiliger Baum, eine Lärche. Dorthin gehe und gebäre dortselbst. Du wirst zwei schwarzen Rabennestlingen das Leben geben. Kaum geboren, und nachdem sie Rabenschreie ausgestoßen haben werden, fliegen sie fort und setzen sich auf die unteren dicken Äste eben jener Lär-

che. Dann umschreite den Baum dreimal, wobei du ihn mit deiner Unterkleidung schlägst. Daraufhin werden die Raben kopfüber auf das ausgebreitete Fell hinabfallen. Stecke diese Kinder, nachdem du sie in das Fell eingehüllt und mit einer bunten Haarschnur umwickelt hast, in den linken Teil der Jurte, zu dem Kopfteil des unteren längs der Wand entlanglaufenden Balkens. Nach drei Tagen werden sie bereits wie Kinder weinen, und beide werden sich in Knaben verwandeln. Der Name des älteren von ihnen ist Džānai-Byčykyj, während der jüngere Öksökülēch-Örgön[17] heißen soll. Wenn letzterer vierzig Jahre alt ist, wird er Schamane werden, der ältere aber im einundvierzigsten Jahr. Durch die Kraft seiner Zauberkunst wird Öksökülēch-Örgön einen Heuhaufen von zehn Armlängen Größe durch die Luft fliegen lassen, und Džānai-Byčykyj wird imstande sein, eine Elchmutter mit ihren Jungen von ihrem Weideplatz aus durch die Luft fliegen zu lassen.«

Nach dieser Rede verschwand der Geist der Oberen Welt spurlos, und das Mädchen konnte sich keine Rechenschaft darüber abgeben, in welcher Richtung er verschwunden war.

In Bagaradcy, in der Nähe des Ortes, wo jetzt das Dorf der Duchobory, der »Geisteskämpfer« (einer russischen Sekte) steht, leben Jakuten aus dem gebirgigen Mytāchschen Gemeindebezirk. Und dort gerade wurden diese zwei Schamanen geboren. Sie kamen zur Welt, wurden erzogen und wurden in der Weise Schamanen, wie es von ihrem Vater, dem Geiste aus der Oberen Welt, vorausgesagt worden war. Den zuletzt geschilderten Tatbeständen geht nun eine Arbeit von L. Sternberg nach, worin goldische, jakutische, burjatische, teleutische, sojonische und nordostsibirische Materialien zusammengestellt worden sind, wonach die Schamanen von weiblichen Geistern, die sich in sie verliebt haben, besessen werden.[18]

Liebesbeziehungen, wie sie in der jakutischen von uns wiedergegebenen Erzählung geschildert worden sind, wo sie zum Entstehen von Schamanen führen, scheinen nun aber ganz allgemein, zumindest im jakutischen Volksbereich, bekannt zu sein, ohne daß die Kinder aus solchen Beziehungen immer Schamanen werden müßten. Frau M. N. Slepcova, die Frau des bekannten russischen Jakutenforschers V. M. Ionov, berichtet in der erwähnten Sternbergschen Arbeit von Abāsy genannten Geistern, Jünglingen und Mädchen, die Liebesverhältnisse mit gewöhnlichen Sterblichen suchen. Frau Slepcova hat den größten Teil ihres Lebens in schlichten jakutischen Kreisen zugebracht und ist als ausgezeichnete Kennerin des Jakutentums anzusprechen. Die erwähnten Geister nun kommen in die Hütte, wenn das Feuer nur noch glimmt, blasen einer Frau – in diesem Falle erscheint ein Abāsy-Mann – ins Gesicht, woraufhin sie einschläft, dringen ihr dann in die Brust und verursachen, daß die Frau sich in den Bewerber verliebt. Dann verwandeln sie sich in einen hübschen und guterzogenen jungen Mann, der das Herz der Frau erobert hat und beginnen in Liebesbeziehungen zu ihr zu treten. Die Abāsy-Frauen wieder lieben irdische Männer. Wenn ein solches hübsches Geistermädchen die Liebe eines jungen Mannes errungen hat, der etwa im Begriff stand, sich demnächst zu verheiraten, beginnt er sich mehr und mehr von seiner irdischen Liebe zurückzuziehen, so daß ein Mann, der von den Reizen eines Abāsy-Mädchens besonders gefesselt ist, wie es tatsächlich vorkommt, überhaupt sein ganzes Leben lang unverheiratet bleibt. Es tritt aber auch der Fall ein, daß ein Abāsy-Mädchen einen bereits verheirateten Mann für sich gewinnt. Dann wird dieser seiner irdischen Frau gegenüber impotent, es kommt zu Eifersuchtsszenen sowie zu Streit und Kampf bei den Ehepartnern. Die Schamanen machen hierbei keine Ausnahme. Wie in der oben wiedergegebenen jakutischen Erzählung sind es nicht die Hauptgötter der Ober- oder auch der Unterwelt, sondern deren Kinder, die mit den Irdischen, d. h. also auch mit den Schamanen, Liebesbeziehungen anknüpfen. Bevor nun der Schamane zu einem Krankenlager geht, erscheint ihm seine Abāsy-Geliebte. Ist sie liebenswürdig und nett zu dem Schamanen, so wird er selbst gut gelaunt und erblickt darin eine Ankündigung, daß er bei der Krankenheilung Erfolg haben wird. Im entgegengesetzten Fall sieht er darin ein Zeichen, daß er dem Kranken doch nicht zu helfen vermöchte, woraufhin er möglichst einen Vorwand findet, um diesen Kranken nicht besuchen zu müssen.[19]

Ähnlich liegen die Verhältnisse auch in Westturkestan, wo sich die Geister, hier Peri genannt, in Männer und Frauen verlieben. Sie senden ihnen die verschiedensten Krankheiten, um sie zu bestimmen, Schamanen zu werden, und erst nach vollem Einverständnis, dieses Amt anzunehmen, gesunden sie wieder.[20]

Wir haben oben bereits von der »Tiermutter« des Schamanen Kenntnis genommen. Unter anderem steigt diese »Tiermutter« mit demjenigen, der Schamane werden soll, in das Untere Land, wo sie ihn auf dem Schamanenbaum ernährt und großzieht.[21] Auch auf diese mütterlich betreuende Weise hat man einstmals, wie es scheint, Schamane werden können.

Ferner heißt es, daß ein neuer Schamane aus dem »Wasser des Verderbens« eines anderen Schamanen entstehen kann.[22] Schließlich kann die Seele eines werdenden Schamanen von den krankheitsverursachenden Dämonen in deren Reich entführt werden, wo sie so lange erzogen wird, bis sie die Eigenschaften dieser Dämonen angenommen hat.[23]

Als eine für Nordasien nur als gelegentliche Ausnahme zu bezeichnende Form des Schamanenwerdens wird noch die Lehre bei einem anderen Schamanen erwähnt. So sollen etwa bei den Kirgisen und bei den Kasak hin und wieder »normale« Personen das Bestreben gezeigt haben, Schamane zu werden, ohne daß bei ihnen ein Berufungserlebnis stattgefunden hätte. Solche Personen hätten dann – und das weist auf den modernen Charakter solcher Erscheinung – den Schamanen für seinen Unterricht mit Geld bezahlt.[24]

Den gleichen Ausnahmecharakter zeigt der Fall eines Schamanen der Gelben Uiguren, der seinen Sohn durch Lehre in den »Schamanenberuf« eingeführt hatte.[24] Genauer sind wir über einen solchen Vorgang von den Tschulym-(Meletzkische) Tataren unterrichtet, wo der Schamane Nikita Timofeev aus dem Dorfe Rubež zwei Zobel, drei Fischotter und fünfundzwanzig Eichhörnchen für die Überlassung der schamanischen Hilfsgeister an einen anderen Schamanen zahlte, für den er außerdem noch zwei Jahre als Arbeiter bei der Jagd und beim Fischfang tätig war. Die Übergabe der käuflich erworbenen Geister fand im Walde statt. Während einer schamanischen Séance warf der seine Geister abtretende Schamane seine die Trommel ersetzende »Rassel« (? – anscheinend ein Tamburin; russ.: udarnaja treščëtka), deren türkisch-tatarische Eigenbezeichnung täm ist, auf die Erde. Da sie mit dem Spannring nach oben niederfiel, galt der Kauf, wie verabredet, als auch von den Geistern selbst sanktioniert.[24] Auch bei Samojeden und Ostjaken soll solch Kauf der Schamanengaben gelegentlich beobachtet worden sein.[24]

Das Studium des kultischen Brauchtums junger Schamanen bei älteren Kollegen findet sich dagegen häufiger belegt. So hören wir von einem jakutischen Schamanen, der nach der individuell erlebten Geisterwahl dreißig Nächte lang zu einem erfahrenen Schamanen in die Lehre ging.[24] Und bei Kirgisen und Kasak wird es als notwendig angesehen, daß ein junger Schamane die Art und Weise, wie die Geister herbeigerufen werden, bei einem älteren Schamanen lernt.[24]

Hiermit haben wir nun wohl alle Hauptformen der Überlieferung, wie man Schamane wird, erwähnt. Fassen wir noch einmal die durchgesprochenen Stoffe zusammen. Danach wird man also Schamane:

1. Durch Berufung seitens der Ahnengeister und im Zusammenhang mit der Sippenorganisation.
2. Durch die Berufung eines Schamanengeistes, ohne daß

der Berufene unter seinen direkten Vorfahren väterlicherseits Schamanen gehabt hat (als Ausnahme).

3. Die Hilfsgeister des Vaters eines Schamanen erwählen sich in dem Sohn einen neuen Herren (Beleg von den Kirgisen, wohl = Kasachen).

4. Besitzergeister der Berge oder des Wassers wollen sich in einem neuen Schamanen manifestieren und machen ihn dazu (Altaigebiet).

5. Ein Geist der Oberen Welt, d. h. des Himmels, ergreift Besitz von einem Menschen und macht ihn zum Schamanen.

6. Die Seele eines Verstorbenen wird von den Himmels- bzw. Schicksalsgeistern in den Himmel gebracht und dort auf dem Schamanenbaum von der »Tiermutter« ernährt. Nach Ablauf einer bestimmten Frist wird sie wieder auf die Erde zurückgebracht bzw. hinabgestürzt, worauf sie mit der Bestimmung, Schamane zu werden, wiedergeboren wird.

7. Ein Sohn des himmlischen Beherrschers des Schicksals steigt aus dem Himmel auf die Erde und vereinigt sich dort mit einem irdischen Mädchen. Die von ihr zur Welt gebrachten jungen Raben verwandeln sich nach drei Tagen in Knaben und werden später zu Schamanen.

8. Die Schamanenwerdung vollzieht sich dadurch, daß sich Himmelsgeister in die zum Schamanentum bestimmte Person verlieben und mit letzterer ein inniges, im Besessenheitszustand sich realisierendes mystisches Liebesverhältnis eingehen.

9. Die »Tiermutter« begibt sich mit der Seele des zum Schamanentum Berufenen in die Untere Welt und ernährt sie dort.

10. Man kann Schamane aus dem »Wasser des Verderbens« eines anderen Schamanen werden.

11. Die krankheitserregenden Dämonen entführen die Seele eines werdenden Schamanen in die Unterwelt, wo sie die Eigenschaften dieser Dämonen annehmen muß.

12. Man kann auch gelegentlich Schamane durch Studium bei einem anderen Schamanen werden, worin wir allerdings ein Degenerationsmerkmal der alten schamanischen Traditionen zu erblicken haben.

Die von uns im Vorausgegangenen zusammengestellten Materialien zeigen also, daß es in der Frage, wie man Schamane wird, keine einheitliche Tradition gibt, sondern daß sich hier vielfältigste Ansichten kreuzen und überschneiden. Mit Ausnahme der unter Nr. 10 und 12 erwähnten Möglichkeiten sind es jedoch immer irgendwelche personell gedachten Geistwesen der verschiedensten Artung, mit deren Interesse an dem werdenden Schamanen die Voraussetzungen gegeben sind, daß dieser die Fähigkeit gewinnt, jene vielfältigen, zu Nutz und Frommen seiner Sippengenossen ausgeübten Tätigkeiten als anerkannter väterlich-leitender besessener Priesterarzt usw. zu vollziehen. – Eine spezielle Überlieferungsschicht scheint auch hier mit dem Auftreten tiergestaltiger, das Schicksal bestimmender Geister verknüpft zu sein, Fakten, die sich allerdings aus der Grundschicht der alten nordasiatischen Geisteskultur zwanglos ableiten lassen.

INITIATISCHE ERKRANKUNG UND ZERSTÜCKELUNG DES SCHAMANEN

Wir haben uns nunmehr mit einem Komplex von Tatsachen zu beschäftigen, der eigentlich erst durch die wunderbaren Sammlungsergebnisse des russischen Forschers Ksenofontov bei Jakuten, Tungusen und Burjaten die grausige Farbenprächtigkeit der nordasiatischen geistigen Wirklichkeit erhalten hat. Es gab zwar schon immer mancherlei Einzelangaben, die die sogenannte »Schamanenkrankheit« charakterisierten, aber meist waren auch die Feldforscher

schnell bei der Hand, jene Erscheinungen zu bagatellisieren und sie auf eine allgemein angenommene krankhafte Veranlagung der Schamanen zurückzuführen.
So heißt es etwa bei Nioradze: Die Eignung zum Schamanen äußere sich meist in der Zeit des starken Wachstums und der erhöhten Empfindsamkeit beim Übergang vom Knaben- ins Jünglingsalter. Zeichen dieser Eignung wären Geistererscheinungen, häufige Schwindelanfälle, Ohnmachten, die Fähigkeit, die Zukunft voraussagen zu können und dergleichen mehr. Bis zum Moment des Eintrittes in das Schamanenamt durchleben die zum Schamanentum Berufenen eine Zeit qualvoller krankhafter seelischer und körperlicher Leiden. Oft verlören sie vollständig den Appetit, zögen sich von den Menschen zurück, würden äußerst nervös, liefen aus dem Hause in Wald und Flur, schliefen häufig draußen im Schnee und führten dort in der Einsamkeit geheimnisvolle Gespräche mit Geistern.[1] – Es wird auch von regelrechten Übungen berichtet, durch welche sich die Reizbarkeit des Nervensystems besonders erhöhen und die Phantasie stark entwickeln soll. Stoll nimmt solche Übungen ebenfalls an, läßt aber daneben »die natürliche Anlage« einen Zustand großer nervöser Gereiztheit hervorrufen, der sich namentlich durch außerordentliche Schreckhaftigkeit und durch die Neigung zu suggestiven Sinnestäuschungen äußert.[2] Das Gefühl der Berufung zum Schamanen soll andererseits ebenfalls einen so hohen Grad erreichen, daß die Betreffenden durch das ständige intensive Denken daran »nervöse Anfälle bekommen, an Epilepsie zu leiden beginnen und verschiedene andere Symptome einer hochgradigen Nervosität zeigen«.[3]
Die Eigenart jenes Zustandes, den ein werdender Schamane zu durchleben hat, wird allgemein als quälend und beunruhigend geschildert, ohne daß man jedoch – trotz der zahlreichen unserer Ansicht entgegenstehenden Berichte – erklären kann, eine echte Geistesstörung vor sich zu haben. Solche Störung könnte zunächst ja auch nur als zeitweilig ange-

nommen werden, denn mit dem Moment, wo der von den Geistern Erwählte zur Trommel greift, gilt ja gerade der Krankheitszustand als überwunden.[4]
Halluzinationen, Unterhaltungen mit Geistern und Ohnmachtszustände sind u. a. auch bei den Burjaten mit der Periode der inneren Vorbereitung auf den Schamanenberuf verknüpft. Dann aber bricht sich immer wieder der Drang zu schamanisieren Bahn, der Schamanenkandidat springt auf und beginnt zu tanzen und im Takt zu singen.[5]
Halten wir uns die hier nur kurz berührten Fakten vor Augen, so geht man gewiß nicht fehl, wenn man alle Annahmen und Deutungen, die aus den Schamanen Kranke machen wollen, strikt als voreilig ablehnt. Gegenüber jener, die Mehrzahl der Forscher bildenden Gruppen, die sowohl in den Schamanen als auch im gesamten Schamanentum eine pathologische Erscheinung glaubten erblicken zu dürfen, hat doch ein so vorsichtiger Kopf wie Harva zumindest folgende Formulierung gefunden: »Wenn auch die krankhaften Erscheinungen, die Voraussetzung für den Beruf des Schamanen sind, noch nicht auf befriedigende Weise erklärt worden sind, so ist es doch klar, daß man die sibirischen Schamanen, die sich eines großen Ansehens erfreuen, nicht bloß für Geisteskranke halten darf.«[6]
Im Folgenden seien nun die letzterschlossenen und ganz besonders kennzeichnenden Stoffe besprochen, die den Höhepunkt der sogenannten »Schamanenkrankheit« in der Form des mystischen Selbstopfers des Schamanen für seine Sippengenossen ausmachen.
Das Wesentliche all dieser wahrhaft schrecklichen Vorgänge, die psychologisch dem ja ebenfalls mystischen Opfertod der Zentralgestalt der Dionysosmythologie usw. entsprechen, besteht darin, daß der Schamane nur solche Krankheiten heilen kann, die von Geistern verursacht sind, welche bei jenem furchtbaren Zerstückeltwerden ihren Anteil von seinem Körper erhalten haben. Die Traditionen über jenes mystische Zerstückeltwerden, dem sich der Schamanen-

kandidat zu unterziehen hat, sind vielfältig, wenn auch dem Sinne nach einheitlich.

Da wird zunächst die »Tiermutter« genannt, die den Körper des Schamanen in kleine Stücke zerhaut und sie auf alle Wege der Krankheiten und des Todes verteilt.[7] Dann sind es die Abāsy, die die Seele des Schamanen geraubt haben und sie in der Unteren Welt erziehen und belehren, und die auch das Zerstückeln des Körpers des Schamanen vornehmen.[8] Oder es wird erklärt, daß die Geister der Schamanenvorfahren die Zerstückelung vornehmen.[9] Dazu kommen auch die Seelengeister, die Üör, von gewöhnlichen Verstorbenen, die mithin alle als zu Dämonen geworden angesehen werden, entsprechend den jennissejischen Litys.[10] Gelegentlich sind die Traditionen nicht ganz eindeutig, scheinen sich aber auch auf den vielfach als Hauptgeist auftretenden schamanischen Ahnengeist zu beziehen.[11] Eine weitere Mitteilung enthält ein an die Ahnengeister gerichtetes Gebet, worin der Schamane sich als ein durch sie zum Unglück und dem Zerstückeltwerden berufenes Wesen bezeichnet.[12] Eine andere Überlieferung läßt die Schamanenkandidaten »zu den Anfängen der neun bösen Geister« gelangen, schrecklichen Frauengestalten ohne Nase und ohne Nasenlöcher, die anscheinend ebenfalls das Zerstückeln vornehmen.[13] Fernere Berichte sind nicht so eingehend und sprechen nur allgemein von Geistern, die in der erwähnten Weise tätig sind und wohl auch selbst Anteil an dem gräßlichen Mahl nehmen.[14] Nach einer von allen übrigen Fassungen abweichenden Erzählung ist es Süle-Chan, hier wohl eine Form des Himmelsgottes Uordach-Džösögöi, des Ahnen des Pferdeviehs, der einen Mann durch Blitzschlag tötet. Gerade als sein Begleiter Hilfe herbeigeholt hatte, um den Körper des Erschlagenen beizusetzen, stand der Getötete wieder gesund da und berichtete, daß er wiederauferstanden sei, nachdem der genannte Gott seinen Körper dem Zerstückeltwerden unterzogen hätte. Jetzt wäre er jedoch schon als Schamane wiedergeboren und sähe ringsumher al-

les, was im Umkreis von dreißig Werst geschähe. Gleichzeitig mit ihm sei auch sein Bruder dem Zerstückeltwerden unterzogen worden, und beide seien nun Schamanen.[15]
Tungusische Mitteilungen sagen deutlich aus, daß das Zerstückeltwerden von den schamanischen Ahnengeistern vorgenommen wird, die auch selbst das Fleisch des so Getöteten in rohem Zustande essen. Dieses Schicksal müssen sämtliche tungusischen Schamanen erleben, und auch sie können erst im Anschluß an die vollzogene Operation schamanisieren.[16]
Ähnliches berichten auch die Burjaten. Der Schamane soll nach der ihm durch den Utcha gewordenen Lehre »reif« werden. Auch hier sind es wiederum die Ahnengeister, die das Zerstückeln vornehmen, das Fleisch kochen, um die »Reife« des Schamanen zu erzielen. Bezweckt wird hier wohl u. a. die vollkommene Unterwerfung unter das Geschick, Schamane werden zu müssen, denn in einer burjatischen Mitteilung heißt es, daß alle herbeigekommenen Seelengeister von Schamanen den Kandidaten quälen, schlagen, stechen usw., wobei sie verlangen, daß der Betreffende Schamane werde.[17]
Wie wird nun dieses Zerstückeln im einzelnen vorgenommen? Zuerst wird im allgemeinen der Kopf abgeschnitten, der dann die folgenden Vorgänge mit eigenen Augen verfolgt, wobei er auf einem Wandbrett oder auf dem obersten Balken der Jurte liegt. Fürchterlich sind solche Vorstellungen, wonach ein Eisenhaken zwischen die Gelenke eingeführt wird, um sie damit auseinanderzureißen. Das Fleisch wird von den Knochen abgekratzt, beide Augen werden aus den Augenhöhlen genommen und gesondert hingelegt usw.[18] Nach weiteren Mitteilungen wird der Kopf auf eine lange Stange gesetzt, damit er nur ja alles genau mitansehen kann, was mit dem Körper geschieht[19], oder er wird an einer Lärche aufgehängt und die vier Gliedmaßen an eine andere.[20] Auch bei dem durch den Gott Süle-Chan durch Blitzschlag Zerstückelten wird der Kopf vom Rumpf getrennt,

bleibt aber unverletzt (siehe oben). In den burjatischen Nachrichten wird über eine Sonderstellung des Kopfes nichts ausgesagt, nach einer tungusischen Aussage wird er jedoch in einen Ofen geworfen, in dem auch die verschiedenen Eisenteile des Schamanenrockes geglüht werden.[21]
Meist werden Fleisch und Blut roh gegessen und getrunken. Das Blut wird auch mit dem Trommelschlegel geschöpft und »in Richtung aller Wurzeln und Quellen von Tod und Krankheit« versprengt.[22] Sonderformen sind dann solche, wonach die Fleischstücke auf Stäbe gesteckt werden, wobei der Körper eines großen Schamanen auf neun Stangen, entsprechend den Ästen des Schamanenbaumes, der eines kleinen dagegen nur auf drei Stangen verteilt wird.[23] Nach einer burjatischen Aussage wird das Fleisch gekocht[24], bei den Tungusen der Unteren Tunguska stellen die Ahnengeister den Kandidaten auf einen Klotz und schießen mit Pfeilen auf ihn, bis er das Bewußtsein verliert, woraufhin das Fleisch roh verzehrt wird.[25] Aber auch bei den Tungusen kann das Fleisch auf spitze Stangen gesteckt werden. Das Fleisch eines guten Schamanen reicht dabei für vier Stangen aus.[26]
Nur einmal berichtet ein tungusischer Schamane von der Unteren Tunguska, daß dieselben Geister, die den Schamanen stückweise verzehren, auch dessen Knochen zählen. In dem erwähnten Fall erklärte der Schamane, daß er einen Knochen mehr besessen hätte als es Krankheitsgeister gibt. Wenn aber seine Knochen nicht ausgereicht hätten, so hätte er nicht Schamane werden können.[27]
Als letzte Phase dieses schauerlichen Traumrituals kommt es dann zu der Wiederbelebung des Schamanen durch die Geister. Alle Knochen werden wieder an Ort und Stelle gebracht, wobei Gelenk an Gelenk an dem richtigen Platz eingesetzt wird; der Kopf kommt wieder an seine ursprüngliche Stelle, und die Knochen werden wieder mit neuem Fleisch bekleidet[28], ja sogar mit Eisenfäden zusammengenäht.[29] Dabei wird die Ansicht ausgesprochen, daß diejeni-

gen Menschen und Haustiere, von denen die Geister das Fleisch für die Bildung eines neuen Körpers des Schamanen nehmen, sterben müssen.[30] Im allgemeinen scheinen aber nur die Verwandten des Schamanen von diesem Schicksal betroffen zu werden, gelegentlich allerdings in weitestem Ausmaß, indem bei der Entstehung eines großen Schamanen die ganze Sippe aussterben kann, »denn das Leben des Schamanen wird durch seine Verwandten gestellt«.[31] In einem der Berichte kommt unter dem Pfosten des Kuhstalles ein kleiner Dämon hervorgekrochen, der den Kälbern Krankheiten zufügt. Dieser sammelte alle Knochen ein und legte sie auf ein frisch abgezogenes Stück Birkenrinde. Darauf wurde die Zerstückelte (es handelte sich in diesem Falle um eine Schamanin) von den Geistern wieder mit Leben versehen.[32] Einem burjatischen Schamanen wird von den Geistern bedeutet, daß nicht nur sein eigenes, sondern gleichzeitig auch anderes Fleisch gekocht würde. Er müßte also sein Fleisch wiedererkennen, denn wenn sie fremdes zu seinen Knochen legen würden, so würde Übles daraus entstehen. »Sie kochten das Fleisch, legten es wieder zu den Knochen, und er wurde Schamane«.[33] Eine Sonderanschauung wird noch von den Tungusen berichtet, wo die Geister zuguterletzt Renntierblut trinken und auch dem werdenden Schamanen davon geben.[34]
Der äußere Vollzug dieses mystischen Rituals wird in den Grundzügen wiederum übereinstimmend geschildert. Manche Schamanen bleiben während des Vollzuges des Zerstückeltwerdens in ihrem Hause, wo ein besonderer Vorhang aufgezogen wird; sie werden bewacht, enthalten sich der Nahrung, und niemand darf zwischen ihnen und dem Herd vorbeigehen. Speise wird ihnen von reinen Knaben gereicht.[35] Früher dagegen sollen sich die Schamanen in öde, menschenleere Gegenden und in ein besonderes für die Zeremonie errichtetes Zelt begeben haben.[36] Oder es heißt: der zukünftige Schamane liegt bei sich zu Hause, ein Schwerkranker, nicht tot und nicht lebendig.[37] Er liegt auf

der rechten Seite der Jurte und ißt und trinkt nichts, wird von einem reinen und sündelosen Menschen versorgt, der ihm nur »schwarzes Wasser«, wohl reines, ungemischtes Wasser, in bestimmter Menge reicht. Ein geflochtener Zaun wird zwischen dem Fenster, an dem der werdende Schamane liegt, und dem für das Vieh bestimmten Raum errichtet, wieder, damit niemand von denen, »die Füße haben«, außen an der Jurte vorbeigeht, wo sich die Lagerstatt des Schamanenkandidaten befindet. Auch zwischen Schlafplatz und Herd darf man nicht vorbeigehen. Dazu wird sein Kopf mit einer weißen Haarschnur, an die kleine Stoffstückchen gehängt werden, umbunden. Diese Schnur wird außerdem jeden Tag gewechselt.[38] Ferner wird von anderen Orten berichtet, daß der werdende Schamane während dieser Zeit überhaupt nichts äße und tränke.[39]
Nach weiteren Berichten muß der Schamanenkandidat außerhalb der Wohnung draußen auf der Erde liegen, unter sich frisch abgezogene Birkenrinde. Als Pfleger dient ein reiner Jüngling oder ein reines Mädchen.[40] Eine Schamanin starb dem Bericht zufolge während des Ritus des Zerstückeltwerdens. Ihr Körper sollte auf frisch abgezogene Birkenrinde gelegt werden, dann sollten ihre Verwandten sieben Jungfrauen einladen, außerdem sollten ihr drei Beeren in den Mund gelegt werden. Statt der sieben Jungfrauen erschienen jedoch nur sechs, und anstelle der siebenten kam ein Knabe. »Deshalb lag sie nur einen Tag und eine Nacht tot da und wurde wieder lebendig«. Aber auch ein Schamane soll sie gestört und ihr »Todeswasser« aufgestaut haben, weshalb sie nicht Schamanin werden konnte.[41] In einer anderen Mitteilung wird gleichfalls gefordert, daß der Schamane sich während des Zerstückeltwerdens abseits von bewohnten Orten, in einer besonderen Hütte, aufhält.[42] Auf frisch abgezogener Birkenrinde muß der Körper des Schamanen auch nach weiteren Nachrichten liegen[43], jedoch wird gelegentlich die Rinde von anderen Bäumen ebenfalls als zulässig erklärt.[44] Ein besonderes Ritualzelt im

Walde wird in einer ferneren Aussage gefordert, und der werdende Schamane muß von seinen Verwandten dorthin gebracht werden.[45] Es wird auch eine reine Bettstatt sowie reine Kleidung und ein Ort verlangt, wohin weder Mensch noch Vieh kommen. Nur ein einziger Mensch dürfe bei ihm bleiben.[46] In einem weiteren Falle wird der wie tot daliegende Schamane mit dem Kopf auf ein Stück frisch abgezogene Birkenrinde gelegt, ohne irgendwelche Bedeckung, auch sollen reine und nicht entehrte Mädchen und Jünglinge versammelt werden, die die Zeremonie der »Erhebung« des Schamanen durchführen müssen.[47]
Was sagen die Berichte nun über den Zustand des Schamanen während des Vollzuges jenes eigenartigen Todes- und Wiederauferstehungsritus? – Der Schamane befindet sich wie schlafend[48]; er schläft für die Dauer von drei Tagen und drei Nächten ein und liegt da wie ein Toter.[49] Oder: er liegt vier oder fünf Tage ohne Empfindung da, aus seinem Mund tritt weißer Schaum, aus allen Gelenken rieselt Blut, sein ganzer Körper bedeckt sich mit blauen Blutergüssen, d.h. also mit Stigmata. Er soll daliegen, ohne Sprache, halbtot und kaum atmen[50]; die Bettstatt bedeckt sich mit dickem Blut[51]; er liegt fünf, sechs Tage lang totenähnlich da, ohne sprechen zu können, sein Körper bedeckt sich mit dunkelvioletten, blutunterlaufenen Stellen[52]; alles geschieht etwa wie im Traum.[53] Auch Ausschlag wird erwähnt, mit dem er sich bedeckt[54]; ja, er stirbt sogar wirklich, liegt drei Tage lang tot da und wird dann wieder lebendig.[55] Seine Kleidung wird blutig[56]; er liegt da, wie wenn er mit dem Tode kämpfe[57]; er erkrankt so schwer, daß nur noch ein kleiner Lebensrest in ihm bleibt, er trocknet zusammen, magert ab, und manche bleiben sogar ihr ganzes Leben lang Krüppel.[58] Oder es wird gesagt, sie lägen drei Tage da ohne zu atmen, und die ganze Bettstatt wäre nachher mit Blut bedeckt.[59] Er stirbt für einen Tag und steht dann wieder von den Toten auf, Bettstatt und Decke sowie die ganze Kleidung sind dick mit Blut bedeckt; letztere muß er verbrennen.[60] Nach einer

anderen Mitteilung wird das Blut gesammelt und mit frisch abgezogener Birkenrinde umwickelt, um dann von einem reinen Knaben oder von einem Greise an einer großen Lärche aufgehängt zu werden.[61] Die Prozedur dauert drei Tage. Der Schamane liegt da, ohne reden zu können.[62] Dem Blut wird auch eine Zauberwirkung zugeschrieben, denn hätte die Schamanin Küögejer Maturuona die mit Blut durchtränkte Kleidung nach drei Tagen selbst getrocknet, so hätte sie nach ihrer Ansicht die Gabe des Wundertuns erhalten.[63] Die Schamanen liegen zwar dem Äußeren nach heil da, aber ihre Kleidung erscheint wie mit Blut bedeckt.[64] Sie befinden sich sieben Tage lang in einem besinnungslosen Zustand, sie liegen da, ohne zu essen und ohne zu trinken, aus allen Gelenken und aus beiden Augen fließt ständig eine Art Schleim.[65] – Bei den Tungusen aß und trank der Schamane Semenov einen ganzen Sommer hindurch nichts.[66] – Auch bei den Burjaten gelten die Schamanen für die Dauer von sieben Tagen und sieben Nächten als gestorben.[67] Oder es heißt, sie lägen halbtot da.[68]

Mit den Jakuten, Burjaten und Tungusen ist der Bericht so schrecklicher Erlebnisse der werdenden Schamanen nicht erschöpft. So wendet sich ein Schamane der Altaier in einem Gebet folgendermaßen an die Geister seiner Vorfahren: »Nachdem ihr mein rotes Fleisch gekocht habt, dickt ihr, so wie man Kumyß eindickt, mein Blut ein.«[69] Über die Schor hat N. P. Dyrenkova eingehende Nachrichten aus dem Munde von Schamanen gesammelt und mitgeteilt, daß die schamanischen Traumgesichte ausgesprochen plastisch wiedergegeben würden und ihre Einheitlichkeit in Erstaunen versetze. So berichtet die Verfasserin von dem Schamanen Feofan aus Ust'-Mras-su, daß er ein Jahr lang ohne Bewußtsein niedergelegen hätte. Der ganze Körper wäre bei ihm schmerzhaft gewesen, und ganze Tage hätte er kein Wort hervorbringen und nicht die Arme bewegen können. Im Traum erblickte er ständig einen und denselben Menschen, der ihm jedoch nicht seinen Namen nannte und ihm

auch nicht das Gesicht zeigte. Dieser Mensch nahm ihn mit sich in den Urwald und schleppte ihn ins Wasser, wo er zu ertrinken glaubte. Dann forderte der Geist ihn auf, zu schamanisieren, erzählte ihm von der Oberen und von der Unteren Welt und versprach ihm seine Hilfe. Dann wieder erschreckte er ihn mit Todesdrohungen. Nachdem er zu schamanisieren begonnen hatte, wurde es ihm leichter.[70]
Ein anderer Schamane aus dem Geschlechte Kobyj war drei Jahre lang krank. Im Traum sah er, wie die Geister, Männer und Frauen, ihm den Leib aufschnitten, ihm die Eingeweide herausnahmen und sie wieder zurücklegten. Ständig sprachen sie: »Schamanisiere, bleib nicht länger liegen!« Als er im Liegen zu schamanisieren begann, wurde ihm sofort besser, und die Geister ließen ihn in Ruhe.[71] Ebenso erkrankte der Schamane Aleksej aus demselben Geschlecht. Dieser sah im Traum eine Herde Pferde, mit denen er durch den Wald ritt. Das Leitpferd war von weißer Farbe und stellte seinen Hauptgeist dar.[72]
Nicht anders ist es bei den Sagai, wo die Geister über einen von ihnen erwählten Knaben herfielen, ihn schlugen und auf die Erde stießen, so daß er nach solchen Begebnissen noch zwei Stunden darauf bewußtlos dalag.[73]
Auch die Zerstückelung der Schamanen ist ein in dem letzterwähnten Kulturgebiet verbreiteter Zug und gehört zu den Voraussetzungen für die endgültige Annahme und Anerkenntnis eines Schamanenkandidaten durch die Geister. Dyrenkova teilt Beispiele von den Altaiern[74], den sogenannten Schwarzwaldtataren[75] und eigene Aufzeichnungen von den Schor sowie von den Teleuten mit. So erzählte die alte Teleutin Kojon, d. h. »Hase«, die im teleutischen Uluß Čerga im Altai alle religiösen Gebräuche vollzog, ohne jedoch Schamanin zu sein, weshalb die Geister sie zum Schamanenamt nicht zugelassen hätten: Sie erkrankte, erblickte kein Licht mehr, und alles erschien ihr dunkel. Dann hatte sie ein Gesicht. Einige Leute zerschnitten gelenkweise ihren Körper und legten ihn zum Kochen in einen Kessel. Später

kamen wieder zwei Menschen, die ihr Fleisch von neuem zerschnitten, ihr die Eingeweide herausnahmen und alles kochten. Dann holten sie das Fleisch wieder aus dem Kessel heraus, legten es auf ein mit eisernen Krallen versehenes Eisenbrett und untersuchten lange und sorgsam alle Teile ihres Körpers, um zu sehen, ob alle Knochen und Muskeln für den Schamanendienst geeignet wären. Ein kleiner Knochen erwies sich jedoch als zuviel da, weshalb sie nicht Schamanin werden konnte.[76] Dieser Idee entsprechend soll bei einem teleutischen Schamanen aus dem Uluß Čolchoi ein Knochen aus dem Hals, beim Genick, herausgefallen sein, bevor er Schamane wurde.[77]

In der Kulundasteppe konnte Wilhelm Radloff, der im Jahre 1918 in Petersburg verstorbene Erforscher der Turkvölker Rußlands, einen kasachischen Baksagesang aufzeichnen, in dem das Moment des Schauerlichen und Quälenden nicht minder als im sibirischen Schamanentum zutagetritt. Die Liedstelle lautet:

> Ganz zuerst schuf Gott die Geister,
> Schuf sie besser als die andern,
> Kult Buga, den Geister-Vorfahr,
> Sarj Asban, den Geister-Vater,
> Quäle mich nicht, Sarj Asban!
> Berdi-Bai, den Geister-Vater;
> Arkäü ist der Geister Schlachtruf,
> Hab' im Himmel fünf der Geister,
> Schneiden mich mit vierzig Messern,
> Stechen mich mit vierzig Nadeln,
> Und sie ließen mir am Scheitel
> Einen langen Haarzopf wachsen!
> Unterwarfen mich dem Dämon,
> Lehrten mich das Ungewohnte,
> Banden fest mich an den Kobus[78],
> Hießen mich den Segen sprechen,
> Opferschaf mit gelben Köpfen

> Ließen schlachten sie im Hause,
> Fest im Körper setzten sie sich,
> Drehten mir im Krampf die Glieder.[79]

Für Nordostsibirien werden ein besonders starkes, vielfach plötzlich auftretendes Schlafbedürfnis sowie eine sich erst langsam wieder gebende übergroße Schüchternheit als charakteristische Kennzeichen für die ebenfalls als Erkrankung angesehene Umwandlungsepoche eines gewöhnlichen Menschen in einen Schamanen angegeben. Auch die vorbereitenden Handlungen für eine schamanische Séance gelten, etwa bei den Tschuktschen, als Krankheit, während das Mysterium selbst mit seinem Lärm und lautem Gesang als Gesundungsvorgang angesehen wird.[80]

Was ist nun, kurz gesagt, der Sinn aller dieser seltsamen, in dem mystischen Zerstückelungsritus gipfelnden Erscheinungen? Die Berichte sagen es deutlich selbst: Tod und Wiederauferstehen werden darin in einer grausigen und höchst realen Weise erlebt. Tod und Wiederauferstehen zum Teil noch in Formen, deren Herkunft aus der von uns zuvor[81] besprochenen Jagdzauberschicht schlagend belegt werden kann. In alledem liegt aber nunmehr eine ethische Komponente, ein Bewußtwerden der seltsamen seelischen Kräfte, über die der Mensch verfügt.

Die schreckliche Realität, die uns in diesen rituellen Phantasien entgegentritt, ist die Realität der menschlichen Seele selbst. Ihre Kräfte sind verderbenbringend, aber auch heilend, erlösend. Diese Menschen sind gegen die Kleinlichkeiten des Daseins gewappnet, denn sie haben nicht nur das Schicksal in der zermalmenden Kraft des Todes erkannt, sondern auch alle Verlangen der menschlichen Seele erfahren, die sie in personifizierten Bildern gestaltet und erlebt haben. Das Geheimnis des schöpferisch-drängenden Unbewußten ist in dieser Formensprache greifbar. Für diese Menschen kann es keine Schrecken mehr geben, nachdem sie sich so Furchtbarem unterworfen haben, zunächst wi-

derwillig, dann aber doch überwältigt von der schöpferischen Macht, die der Seele innewohnt. Hier wuchert noch das bunte Sonderleben der verschiedensten seelischen Teilkräfte in außerordentlichen Variationen. Aber, und diese Erscheinung gibt dem Schamanentum eine bisher nur wenig beachtete Großartigkeit: diesem vielfältigen Dasein von personifizierten Impulsen oft geradezu entgegengesetzter Richtung ist doch eine große Idee übergeordnet: das Verständige. Es zwingt sie alle in den Rahmen eines Bildes, das seinen eigentlichen Sinn von einer ausgesprochen auf das Wohl der Mitmenschen gerichteten Tendenz erhält. Menschliche Seelen, Menschenleben, sollen vor Krankheit und Tod bewahrt werden. Die Schamanen, als nächste Verwandte des waltenden Schicksals[82], die alle grausigen Quellen und Geister des Unglücks und der Krankheiten schon mit ihrem eigenen Fleisch versehen haben, können helfen. Ihr Selbstopfer gibt ihnen die Möglichkeit, das Unheil, das ihnen selbst in gräßlichster Vollendung widerfahren ist, von ihren Familien- und Sippengenossen fern zu halten.
Betrachten wir die Vorgänge und den Inhalt der um das mystische Zerstückelungsritual sich gruppierenden Überlieferungen, so ergibt sich klar, besonders wenn wir das Vergleichsmaterial der Reiferitualien dabei heranziehen, daß dieser Ritus die Initiation der Schamanen ist. In einer Sonderuntersuchung habe ich diesen Beweis im einzelnen geführt.[83] Die eigentümliche Form der schamanischen Initiation ist jedoch eine durch die Tradition erzwungene Selbstinitiation. An die Stelle der sonst einen realen Zwang ausübenden Angehörigen der Klasse der erwachsenen Männer treten bei der schamanischen Selbstinitiation[84] die Vorfahrengeister der Schamanen oder die Geister der verschiedensten Übel und Krankheiten usw., die den Schamanenkandidaten erst zerstückeln und ihn dann wieder neu zusammensetzen und neu beleben. Die spezielle Form der schamanischen Initiation zeigt die Initiationsriten der archaischen Männergesellschaft in ihrer Anwendung auf die Angehöri-

gen der geistigen Führerschicht Nordasiens. Die weitgehende Autonomie dieser Schicht tritt gerade auch in der stark individuellen Ausformung einer alten allgemeinen sozialen Sitte aufs deutlichste hervor. In der Form der schamanischen Selbstinitiation hat diese Sitte sich jedoch zu einem Sonderfall entwickelt – die Überwindung jeglichen von außen geübten Zwanges –, deren Ethik dem besonders in Nordasien sehr deutlich ausgeprägten individualistischen Selbstverantwortungsgefühl der Schamanen entspricht.

TOD DER VERWANDTEN BEI DER EINSETZUNG IHRES SCHAMANEN

Im Zusammenhang mit der Frage, wie man Schamane wird, steht nun noch eine gesonderte Überlieferung, wonach beim Entstehen eines neuen Besessenheitspriesters dessen ganze Sippe aussterben muß, weil die Geister für jeden Knochen des Schamanen einen menschlichen Ersatz von dessen Verwandten fordern. Oder es wird mitgeteilt, daß alle näheren Verwandten des Schamanen von dem Geist des Schamanenahnen gefressen werden, aus Strafe dafür, daß sich der von dem Ahnengeist Angerufene zunächst geweigert hat, Schamane zu werden.

1. Man erzählt sich, daß einstmals bei der Geburt eines großen Schamanen seine Sippe ausstarb: für jeden Knochen des Schamanen forderten die Geister einen menschlichen Ersatz aus seinen Anverwandten.[1]
2. Wenn ein großer Schamane erscheinen soll, so sterben die Menschen, wie man sagt. Er hat ein Wehr »im Wasser des Verderbens und des Todes«. Die Verstorbenen dienen, wie erzählt wird, als Stangen für dieses Wehr.[2]
3. Man sagt, daß das Auftreten von Schamanen durch den Tod von Angehörigen seiner Verwandtschaft begleitet

wird. Auch Erzählungen über das Wehr habe ich gehört. Es scheint, daß der Schamane dieses Wehr aus seinen Rückenwirbeln aufführt.³

4. Bei einigen zum Schamanentum Berufenen gehen fast alle seine nahen Verwandten zugrunde. Sie werden von dem Geist des Schamanenvorfahren aufgefressen, und zwar aus dem Grunde, weil sich sein Nachkomme gegenüber seinen Anrufen, Schamane zu werden, ablehnend verhalten hat. Bei einem großen Schamanen muß für jeden Knochen seines Körpers als Ersatz je eine Person aus dem Kreise seiner Blutsverwandten sterben. Für die acht Röhrenknochen müssen acht Menschen sterben, für den Schädel wiederum einer, so daß für die neun Hauptknochen des Menschen neun Menschen sterben müssen.⁴

5. Im Bulagatschen Choschun starb vor zehn Jahren ein großer schwarzer Schamane namens Mylyksen Baltaevskij. Als er Schamane wurde, gab er seinem Utcha siebzig Menschen aus seiner Verwandtschaft. Er hatte keinen eigenen Utcha. Deshalb hätte er eigentlich nicht Schamane werden können. Mit Gewalt brachte er es dazu, indem er sich einen fremden Utcha nahm. Deshalb wurde er auch bestraft. Siebzig Menschen brachte er zu Tode und machte sich dadurch zum Schamanen.⁵

6. Der Burjate Mylyksen gab seinem Utcha siebzig Menschen aus seiner Verwandtschaft, um Schamane zu werden. Früher hatte er keinen Utcha besessen, aber aus den siebzig Menschen bildete sich ein neuer Utcha. Ein Schamane, der einen Utcha besitzt, darf diesen nicht hergeben.⁶

Es sind, wie man leicht erkennt, mehrere Sinngebungen in dem zitierten Material über den Tod der Verwandten eines zum Schamanentum Berufenen bemerkbar. Allen gemeinsam ist die Tatsache, daß es sich um den Tod von Verwandten des Schamanen handelt. Hierin erkennen wir die Wirksamkeit der sozialen Institution der Sippe, deren Exponenten die Besessenheitspriester heutzutage fast überall in

Nordasien sind. Jede Sippe hat ihren oder ihre eigenen Schamanen, der gegenüber diese verantwortlich sind; ist es doch auch die Sippe, die den Aufwand bestreitet, der mit der Einsetzung eines neuen Schamanen verknüpft ist. So beraten bei den Tungusen die Mitglieder der Sippe, der der betreffende Schamanenkandidat angehört, bereits im voraus miteinander und beschließen, wann der neue Schamane bei den herkömmlichen Proben und Riten seine Kompetenz erweisen muß.[7] Die burjatischen Schamanen unternehmen vor der Weihe eine Reise in all die Dörfer, in denen Angehörige ihrer Sippe beheimatet sind und sammeln Seidenschals, Hermelinfelle und Glöckchen ein, die als Brautpreis für ihre himmlischen Frauen dienen.[8] Ähnliche Verhältnisse sind bei den Golden im Amurgebiet anzutreffen.[9]

Wenn so der Schamane in einem deutlichen Abhängigkeitsverhältnis von der Sippe steht, so ist er aus einem damit zusammenhängenden Grunde aber auch wieder eine der machtvollsten Persönlichkeiten innerhalb dieser selben Sippe, denn die schamanischen Syvén-Geister (der Tungusen) werden nach dem Tode des Schamanen frei und suchen sich unter den Angehörigen der Sippe einen passenden Aufenthaltsplatz, bis der neue Schamane, dessen sie sich schließlich bemächtigen, ihr Opfer wird. »Auf diese Weise gibt es für die Geister eine Möglichkeit, den Schamanen unter ihrem Einfluß zu halten, zugleich aber kann auch der Schamane durch Vermittlung seiner Geister auf die anderen Geister einwirken und sodann allen nützlich sein, die seine Hilfe benötigen. Es ist verständlich, welche Bedeutung der Schamane schon darum hat, daß er die einflußreichsten Geister der Sippe um sich versammeln kann, die, wenn sie zerstreut sind, die Mitglieder der Sippe heftig beunruhigen können. Der verstorbene Schamane, von dem man glaubt, daß seine ›Seele‹ sich in einem seiner Enkel niederläßt, erscheint also nicht allein, sondern in Begleitung aller der Geister, die früher als seine Schutzgeister fungiert haben.«[10]

Es besteht also eine Art Sippenhaftung dem Schamanen ge-

Menschengestaltige Geisterfigur, Tungusen

genüber, wie andererseits der Schamane ohne Ansehen der Person zu jedem Sippenangehörigen eilen muß, wenn er zu ihm gerufen wird.[11]

Über die Bedeutung der Knochen des Schamanen wird in dem Kapitel über die Darstellungen von Skelett und Knochen auf den Schamanentrachten Näheres ausgeführt werden. In der Betonung der Knochen lebt die alte jägerische Glaubenswelt weiter, die in den Knochen, bzw. im Gesamtskelett eine das Fleisch überdauernde Lebenskraft konzentriert sieht und die zauberische Wiederbelebung der Jagdtiere evtl. von dem Vorhandensein dieses Skelettes überhaupt abhängig macht.

Warum nun aber die Geister für jeden Knochen des Schamanen einen Ersatz aus seinen Anverwandten suchen, wird durch die Tradition nicht so ganz klar, wie man es sich wünschte, denn wenn bei der Entstehung eines großen Schamanen gegebenenfalls alle seine Sippengenossen sterben müßten, hätte der Schamane doch zumindest in sozialer Beziehung seine Existenzberechtigung ebenfalls eingebüßt. Wir können wohl nur annehmen, daß auch hier die Idee des Entgeltes irgendwie wirksam ist, wonach die Entstehung eines machtvollen Sippenschützers auch ein Opfer seitens eben dieser Sippe erforderlich macht, indem diese geopferten Sippenangehörigen beispielsweise als zum Aufbau des dem Verderben wehrenden Dammes dienen, den der Schamane im »Wasser des Verderbens und des Todes« errichtet. Daß die Überlieferung hier nicht ganz einheitlich ist und an anderen Stellen, oder sogar nur innerhalb einzelner Familien, wieder die Rückenwirbel des Schamanen selbst als Baumaterial für diesen Damm angesehen werden, kann nicht weiter wundernehmen. Die Idee der Sippenhaftung findet übrigens auch in der weiteren Sage ihren Ausdruck, wonach die Verwandten des Priesters infolge seiner Weigerung, das Schamanenamt anzunehmen, von den Geistern aufgefressen werden, d. h. sterben.

Auch die beiden burjatischen Berichte sind von großem Interesse, werfen sie doch ein Licht auch auf die Klärung des Begriffes Utcha, der bisher wenig eindeutig bestimmt war. So übersetzt Sternberg das Wort mit »das göttliche Recht der Schamanen«[12], was doch wohl nach den oben mitgeteilten Überlieferungen kaum zuzutreffen scheint. Vielmehr dürfte der Utcha jener von Geschlecht zu Geschlecht überlieferte schamanische Ahnengeist bzw. die Gesamtheit aller schamanischen Ahnengeister der Sippe sein. Da der Utcha eines gegenwärtigen burjatischen Schamanen die Kräfte so vieler schamanischer Vorfahren repäsentiert, kann sich ein ohne solche schamanische Tradition zustandegekommener Utcha wohl auch nur aus einer Vielzahl menschlicher Seelen bilden. In dem zuletzt geschilderten Fall ist nun, im Gegensatz zu dem üblichen Vorgang, der Schamane der aktive Teil gewesen, der sich einen fremden Utcha nahm, wie es in der Erzählung heißt. Man kann sich wohl den Vorgang, der zu der Schamanenwerdung des Mylyksen Baltaevskij geführt hat, so vorstellen, daß in der Nachbarschaft der Utcha eines kürzlich verstorbenen burjatischen Schamanen freigeworden war. Dieser Utcha hatte sich noch kein neues Medium unter den eigenen Nachkommen gesucht, d. h. unter diesen war noch keine neue schamanische Begabung aufgetreten. Mylyksen wird also wohl entsprechende Visionen gehabt haben, in denen sich ihm der Utcha angeboten haben dürfte, ihn als Gegenstand für seine Inkarnationen auszuwählen. Da dem aber die Sippentradition entgegenstand und mithin Proteste beider Sippen, und zwar zunächst wohl derjenigen, aus der der Utcha stammte, aber auch der eigenen des Mylyksen, zu gewärtigen waren, die nicht den Geist einer fremden Sippe in die eigene eindringen lassen wollten, so wird wohl Mylyksen, der außerdem noch ein »schwarzer« Schamane war, die heutzutage weitgehend als Hexer geschildert werden, kaum Skrupel gespürt haben, seine gewiß vorhandene schamanische Begabung auch ohne das Vorhandensein eines traditionellen Utcha auszuleben. Es ist möglich, daß er mit dem ihm erschienenen Utcha eine Art Vertrag gemacht und ihm siebzig Angehörige der eigenen Sippe als Opfer angeboten hat, um ihn für immer an sich zu fesseln. So etwa könnte sich der Vorgang abgespielt haben, der dann zu der Schamanenwerdung des Mylyksen führte. Auch hier ist also die Sippe wieder das Reservoir, aus dem die Ansprüche der Geisterwelt befriedigt werden können, meist zum Nutzen dieser selben Sippe, manchmal wohl aber auch, bei besonders kraftvoll-egoistischen Naturen, wie anscheinend im Falle Mylyksen, unter (wenn auch nur vorstellungsmäßig vorgenommener) Opferung zahlreicher ihrer Mitglieder. Wir sehen, wie sich hier in der blutsverwandten Sippengesellschaft die Diktatur einer schamanischen Begabung auch gegen die Tradition, auf Kosten der Sippe, durchzusetzen weiß.

Ganz im Gegensatz zu der Handlungsweise des Mylyksen steht diejenige des Jakuten Michail Bologur, der sich ebenfalls durch die Geister für den Schamanenberuf ausgewählt fühlte. Er erzählte jedoch, daß bei ihm fünf Knochen gefehlt hätten, so daß fünf seiner Sippenangehörigen hätten sterben müssen, um ihm dazu zu verhelfen, Schamane zu werden. Aus diesem Grunde weigerte er sich standhaft, die Berufung anzunehmen, denn er wollte nicht den Tod von fünf Menschen verantworten. Die Strafe für dieses sein Verhalten blieb dann auch nicht aus: er erblindete, und nachdem er einmal eine eiserne schamanische Vogelfigur mit dem Beilrücken verstümmelt hatte, verstümmelten ihm die Geister selbst Hände und Füße.[13]

[Aus den von Ksenofontov gesammelten Nachrichten geht jedenfalls hervor, daß seine spätgeborenen Gewährsleute keine unmittelbare Einsicht in den Zusammenhang des Verwandtentodes mehr hatten. Manches an ihren Aussagen erscheint völlig sinnlos. So wäre ja die sippendienliche Wirksamkeit des Schamanen gänzlich in Frage gestellt, wenn um ihretwillen von vornherein Dutzende von Sippenangehörigen hätten sterben müssen. Sicherlich war das schamanische Wissen um diese Zusammenhänge gefährlich und wurde nur von wenigen geteilt. So befand sich vermutlich auch der zuletzt erwähnte Michael Bologur in einem tragischen Irrtum. Der Ausdruck Sippenhaftung, den Findeisen verwendet und der bei uns allerdings einen ominösen Klang angenommen hat, dürfte indes den ursprünglichen Zusammenhang treffend bezeichnen. Aller Wahrscheinlichkeit nach geht es bei dieser Haftung um eine auch sonst bekannte jägerisch-schamanische Verfahrensweise. In einem der fragmentarischen Berichte der Feldforschung stellt der Auskunftgebende für das Wehr diese Verbindung selbst schon her. Freilich zeigt die unsicher tastende Ausdrucksweise, daß er sogar von dem dort genannten Jagdzauber nur noch eine unklare Vorstellung besaß: »Ich hörte auch, daß die Schamanen ein Wehr besitzen und daß Scha-

manen Menschen als Spitzen für Selbstschußfallen verwenden.«[14] Das rein jägerische Verfahren, auf das im zweiten Teil des Satzes Bezug genommen wird, verläuft so, daß über dem Wechsel des Tieres ein gespannter Bogen aufgestellt wird; ihn löst das Tier aus, so daß es vom Pfeil getroffen wird. Eine entsprechende zaubrische Bogenfalle stellt der Schamane für seinen schamanischen Gegner auf, und ihre Einzelteile werden »aus Menschen gemacht«: aus einem Kind der Grundstock, aus einem jungen Manne der Bogen, ebenso der Stab, der ihn gespannt hält, die Sehne aus einer älteren Frau, die Pfeilspitze aus einem Jüngling. »Nur lebende Menschen können dazu verwendet werden, und sie wissen von dieser Verwendung nichts. Wenn der Pfeil trifft, ist alles gut, geht er vorbei, müssen die Menschen, die als Pfeilspitze und als Spannstab gedient haben, sterben.«[15]
Hier *haften* also in einer ganz klaren Weise die »verwendeten« Menschen für den Erfolg; tritt er nicht ein, sind sie todesverfallen. Ganz ähnlich dürfte es sich mit dem Wehr im Strom des Todes und des Verderbens verhalten haben, das für den Schamanen errichtet wurde. Auch dort wären Menschen »verwendet« worden, Verwandte, die der Zauberer weithin in der Welt am leichtesten den Schicksalsdämonen an eigener Statt ausliefern kann; auch dort *hafteten* diese Sippenmitglieder dafür, daß ihr Schamane dem Strom des Verderbens zu wehren vermochte, und sie verfielen erst dann dem Tode, wenn das Verderben die Kraft ihres Schamanen überwältigt hatte. Die mit der Einweihung des Schamanen todgeweihten Verwandten hätten mithin nicht etwa schon zu seiner Weihe sterben müssen, sondern wären zunächst allein die *potentiellen* Opfermenschen gewesen, die mit ihrem Leben für seinen Erfolg hafteten.
Daß solche Vorstellungen in der mannigfaltigsten Weise variiert und sich am Ende auch ganz unähnlich werden können, zumal im Volksmund, versteht sich von selbst. Der eigentlich Wissenden sind stets wenige, und gerade sie sind nur selten die Gewährsleute.]

SCHAMANISCHE WEIHEN

In dem Kapitel über die Frage, wie man Schamane wird, haben wir die verschiedenen Überlieferungen zusammengestellt, die sich mit jenem Stoff in recht verschiedener Weise beschäftigen. Bei einigen sibirischen Völkern tritt dazu jedoch noch eine weitere komplizierte Zeremonie, und zwar eine Art »Weihe« des neuen Schamanen durch einen bereits offiziell anerkannten Schamanen. Die ausführlichsten diesbezüglichen Sitten haben die Burjaten entwickelt, aber auch bei ihnen scheint diese Weihe als eine Zutat zu dem alten schamanischen Brauchtum betrachtet werden zu müssen, denn in den mir von einem Schamanen des Echirit-Bulagatschen Aimaks übermittelten Traditionen heißt es, daß es vor dem Auftreten des schamanischen Reformators Tunché bereits bei den Burjaten Schamanen gegeben, daß ihnen aber noch die »rechte Weihe« gefehlt hätte. Erst Tunché machte »volle Schamanen« aus ihnen. Hier scheint sich eine zunächst gewiß nur sektenhafte neue Strömung innerhalb des burjatischen Schamanentums mit der Zeit durchgesetzt zu haben, die dann ein immer komplizierteres Ritual aufgebaut oder aber dieses bereits als Ganzes übernommen hat. Neben den Burjaten hören wir von einer besonderen Einweihung der Schamanen noch von den Jakuten sowie von den Golden, und Harva möchte auch die Schibo in den Kreisen Ili und Tarbagatai sowie die Altaier zu dem Kreis der Völker rechnen, die die Schamanenweihe kennen. Er vertritt allerdings die Ansicht, daß sich dieses Brauchtum bei den Jakuten »nur in Spuren« erhalten hätte.[1] Daß letztere Ansicht nicht zutrifft, sei durch die neuen Ksenofontovschen Materialien bewiesen, die ich nun zunächst für sich sprechen lassen möchte. Da heißt es z. B.:
Ein neuer Schamane kann für seinen Dienst nur durch einen anderen Schamanen geweiht werden, der stärker ist als er selber. Hier bei uns trat einst ein neuer Schamane namens Semenčik auf. Bevor er Schamane wurde, erkrankte er einen

Sommer lang schwer. Man sagte, daß er schon am Sterben sei. Sprechen konnte er bereits nicht mehr. Nun brachte man ihn zu einem Schamanen namens Sacha-Basylai, um »seine Seele zu erheben«. Jener, so wird berichtet, machte jedoch einen Fehler, indem er eine Zeremonie vollzog, wie man sie bei gewöhnlichen Menschen anwendet, wodurch die Seele des neuen Schamanen nur noch tiefer in das Wasser des Todes und Verderbens eintauchte. Im vorigen Jahre nun lud Semenčik den Schamanen Džalasyn von der Insel Tit Arӯ ein und ließ ihn die Weihe an sich vollziehen. Aus diesem Anlaß schamanisierten beide zusammen drei Tage hintereinander.[2]

Über den Sinn des Weihezeremonials im einzelnen unterrichtet nun ein weiterer jakutischer Bericht, den ich hier ebenfalls wegen seiner Bedeutsamkeit wiedergeben möchte. Danach vollzieht sich die Weihung in zwei verschiedenen Abschnitten, und zwar macht der weihende Schamane den neuen zunächst mit den Örtlichkeiten der Unterwelt und dann mit denjenigen der Himmelswelt bekannt. Der Jakute Sofron Zateev von der Insel Tojon-Arӯ erzählte hierüber das folgende:

Wenn nach Beendigung des Zerstückeltwerdens der Kandidat sich von seinem Liegeplatz erhebt, ruft er sofort einen anderen Schamanen herbei. Letzterer muß jenen Ast an dem heiligen Schamanenbaum kennen, wo die Seele des neuen Schamanen liegt und groß wird.

An der »Quelle des Todes und Unglückes« gibt es einen besonderen Luo-Fisch (über dessen Bedeutung die heutigen Jakuten jedoch nichts Genaues mehr auszusagen wissen, wie der Sammler mitteilt), der zwar einen Kopf, aber zwei Schwänze besitzt. Während der weihende Schamane die wachsende Seele des Schamanenkandidaten mit dem Schleim dieses Fisches nährt, muß er sie aus dem Nest auf dem Schamanenbaum heben, damit der neue Schamane die heiligen Handlungen ausführen kann.

Es gibt, so sagt man, einen besonderen Berg, wohin man

sich vom Berge Džokuo aus über den Durchgang Čöngköi-döch-Anjaga (dem nach Ksenofontov allerdings keine weitere Bedeutung zukommt) erhebt. Der Schamanenkandidat bzw. seine Seele muß sich zusammen mit dem lehrenden Schamanen auf diesen Berg begeben.

Der Schamanenlehrer geht voraus, während der Kandidat folgt. Hierbei unterrichtet der Lehrer den Kandidaten und zeigt ihm die Wegkreuzungen, von wo aus weitere Pfade zu verschiedenen kahlen Felsspitzen führen, wo die Quellen der verschiedenen menschlichen Krankheiten ihren Ursprung haben. Dann führt der Schamanenlehrer die Seele des neuen Schamanen in das oben erwähnte Haus. Hier bekleiden sich beide mit der Schamanentracht und vollführen eine schamanische Séance. Dabei weist der Lehrer, indem er bis zu den Wegen dieser oder jener bösen Geister vordringt, den Kandidaten darauf hin, welcher Körperteil des Schamanen einer bestimmten Krankheit (oder welchem Dämonen) entspricht und infolgedessen eine Heilwirkung auszuüben vermag. Bei dem jeweiligen Hinweis auf solche Örtlichkeiten speit der Lehrer dem Kandidaten in den Mund, und letzterer muß den Speichel hinunterschlucken. Auf diese Weise lernt der Kandidat »alle Wege des Unglücks der Unterwelt« kennen, worauf er seinen Weg zurück auf die Erdenwelt nimmt.

Besitzt nun der Schamanenschüler einen »schlechten und unempfänglichen Organismus«, so gibt sich der betreffende Dämon den Anschein, als wolle er den Kandidaten selbst packen und töten. Dann muß der Schamanenlehrer anstelle der Hauptknochen des Schamanen irgend jemand aus seiner Verwandtschaft dem Tode weihen, und zwar für jeden Knochen je einen Menschen, d. h. also für den Schädel einen Menschen usw.[3] Dem mit einem solchen Organismus versehenen Kandidaten geschieht es auch, daß er in dem Unterweltssumpf zu versinken droht. Dann muß der Schamanenlehrer jemand aus seiner Verwandtschaft aus der väterlichen Linie her nehmen und ihn als Steg über den Sumpf wer-

fen, damit sie beide den Morastgürtel im Lande der unterirdischen Geister überqueren können.
Nunmehr erfolgt der Aufstieg in das Land der Himmelsgeister. Zunächst begibt sich der Kandidat mit seinem Lehrer in die Oberwelt, und zwar zu dem Geiste Üölen-Kunnjās, der auch Kunnjās-Ojun oder Kinēs-Ojun heißt, und der der Besitzer einer Herde von Hengsten »mit Flügeln an den Schultern« ist, d. h. mit großen Flecken am Hals, in der Gegend der Schulterbeine, die nach jakutischer Vorstellung die Flügel des Pferdes symbolisieren. Und gerade Pferde mit solcher Zeichnung werden dem Üölen-Kunjās geweiht.
Nun hat der Schamane, bzw. soll er einen »heiligen Leib« besitzen, der »in der Finsternis aufgewachsen« sein muß. Vorher hat der Schamanenlehrer bereits beim Zerstückeln die abgeschnittenen und zerstreuten Teile des Körpers des Schamanen wieder gesammelt und »an Ort und Stelle« (d. h. also doch wohl: zu dem Skelett) zurückgelegt. Dabei sagt er: »Dieses Stück ist in diesen bestimmten Krankheitsfällen, jenes in jenen heilsam«, und dabei speit er dem zu Weihenden in den Mund.
Die heutigen Schamanen vollziehen die Zeremonie der Weihe nicht mehr. Sie sagen gewöhnlich: »Es gibt keine solchen Schamanen, die es vermöchten und die die Kräfte besäßen, um uns zu weihen.«[4]
Auf Grund der hier zusammengestellten Materialien kann man wohl erklären, daß die Weihe des Schamanenkandidaten bei den Jakuten eine absolut wesentliche Voraussetzung des offiziellen Schamanenwerdens, eine Art Rigorosum, darstellt. Daß diese Sitte jetzt wieder im Rückgang begriffen ist, teilt sie mit der gleichen Erscheinung bei den Burjaten, wo die Weihe eine äußerst wichtige Zeremonie darstellt, bei der der neue Schamane u. a. einen Schwur dahingehend leisten mußte, daß er die Zeremonien unentgeltlich verrichten sowie auf die erste Einladung hin erscheinen würde, andernfalls er eine Bestrafung seitens seiner Geisterahnen zu gewärtigen hätte. Er muß sogar bei der Weihe erklären, daß er

zuerst einen Armen und dann erst einen Reichen aufsuchen würde. Ein solcher Schwur, den der Schamane Malakšinov geleistet hatte, lautet wörtlich:

> »Zum Armen werde ich zu Fuß gehen!
> Zum Bessergestellten werde ich auf einem Ochsen geritten kommen!
> Zum Reichen werde ich auf einem Pferd geritten kommen!«

Der Sinn ist auch hier der, daß der Schamane in dem Falle, daß ein Armer ihn zuerst zu sich bittet, er diesen auch als ersten besuchen würde.[5]
Von den Burjaten werden uns sogar mehrere Weihen berichtet, und zwar neun[6] oder auch fünf.[7] Und erst nach seiner letzten Weihe verfügt ein burjatischer Schamane über sämtliche Kultgegenstände. Heutzutage sind jedoch bei den Nordburjaten fast alle Schamanen nur einmal geweiht worden. Der russische Forscher B. E. Petri traf während seiner Reisen im nordburjatischen Gebiet nur zwei Schamanen, die auch die zweite Weihe erhalten hatten. Als Hinderungsgrund, die späteren Weihen zu vollziehen, geben die Burjaten einmal die hohen Kosten an, dann aber auch die sich steigernde Verantwortung der Schamanen den Göttern gegenüber, denn diese verhalten sich einem Schamanen gegenüber, der die höheren Weihen erhalten hat, weit strenger als zu jemand, der nicht über sie verfügt.[8]
Uno Harva hat ausgeführt, daß jene komplizierten Weihen nicht die ursprüngliche Kultur vertreten könnten, deren Exponent der in Ekstase fallende Schamane der arktischen Völker ist, auch könnten sie wohl kaum das Resultat einer selbständigen Entwicklung sein. Er stellt dann die Frage, ob wir in den burjatischen Weihen vielleicht einen Einfluß von seiten des Lamaismus erkennen könnten, der ja ebenfalls ein Weihezeremoniell besitzt.[9] Nun sind einige Elemente, die bei den Weihen zum Schamanen oder zum Vollmönch im

Lamaismus erscheinen, tatsächlich identisch. Sie gehen noch über das hinaus, was Harva diesbezüglich anführt. Auch liegt es nahe, daß gerade die Burjaten solche übereinstimmenden Einzelzüge im Weihezeremonial mit den Lamaisten aufweisen (weiße Kleidung, Waschung, leitender Lama, öffentliche Erklärung usw.), denn der Lamaismus hat seit langem bei ihnen festen Fuß gefaßt und die alte Religion aus Transbaikalien so gut wie vollständig verdrängt, und ihre südlichen Nachbarn, die Mongolen, sind noch länger Anhänger dieser ebenfalls durch einen prächtigen Kult faszinierenden Lehre. Das Hauptmoment, das Ersteigen der Bäume, fehlt allerdings in den lamaistischen Weihen vollkommen, und die Opferung einer Ziege zwecks Vornahme einer Reinigung mit Blut steht natürlich allen buddhistischen Grundsätzen entgegen, so daß wir letzteres Element in dieser Religion allgemeiner Wesensliebe von vornherein nicht zu erwarten haben.

Noch weitergehende Parallelen als zu den lamaistischen Weihen hat Harva in den Mithra-Mysterien festgestellt. In der Tat, da aus dem iranischen Raum auch sonst mancherlei religiöse Vorstellungen nach Nordasien abgeflossen sind, wie etwa die Unterweltsgeister der Altaier Körmös = Ahuramazda, der altaiische Himmelsgott Kudai = Chudà (»Gottheit«) usw.[10], so ist auch mit der Möglichkeit der Übertragung kultischer Handlungen auf den nordasiatischen Raum zu rechnen. Über den Weg, den solche Übertragungen gewandert sein müßten, hätten Spezialuntersuchungen Klarheit zu schaffen. Hier haben wir nicht den Raum dafür.

Renherde, Knochengravierung, Teyjat, Dordogne

WESEN UND HERKUNFT
DER SCHAMANENTRACHT

Daß der Schamanentracht der Nordasiaten eine bestimmte Bedeutung zukommt, ist bereits von manchen früheren Forschern erkannt worden.[1] So erblickt Troščanskij in der jakutischen Schamanentracht eine Art Beschützergeist. Da diese Tracht häufig einen Vogel darstellt, nimmt man an, daß der Schamane sich mit dessen Hilfe in die außerirdischen Welten begibt. Nach L. Sternbergs von Stadling zitierter Ansicht stellt das Schamanenkostüm Flügel dar, die dem Priester die Ausführung seiner mystisch-dichterischen Reisen ermöglichen. Im Jahre 1925 erschien Georg Nioradzes zusammenfassende Skizze des Schamanentums bei den sibirischen Völkern. Über das uns hier interessierende Thema schreibt er: »Betreffs der Frage, was die Schamanentracht vorstellen soll, stimmen wir mit der Meinung jener Forscher überein, welche behaupten, daß der Rock des Schamanen als Ganzes den Schutzgeist symbolisieren soll. Sobald der Schamane sich den Mantel überwirft, wird er von der Macht und Kraft jener Geister, die auf seinem Rock abgebildet sind, durchdrungen. Übernatürliche Eigenschaften bemächtigen sich seiner, und diesen verdankt er es, daß er sich in den Himmel oder in die Unterwelt zu versetzen vermag, um mit den Geistern in Verhandlungen und, wenn nötig, auch in Kampf treten zu können. Die Teile des menschlichen Körpers (Rippen, Hände, Fußgelenke usw.) sowie die Federn und Flügel von Vögeln, welche in so großer Menge an dem Schamanenrocke hängen, haben verschiedene Forscher auf den Gedanken gebracht, daß jener Schutzgeist, welchen der Rock darstellt, zu gleicher Zeit Mensch und Vogel sein muß. Diese Meinung findet auch ihre Bestätigung in den zahlreichen Grabfunden schamanischer Sachen, die die Gestalt von vogelähnlichen Menschen haben, wie Spicyn in seinen Werken erzählt.«[2]
Eine schöne Untersuchung über die Schamanentracht hat

Uno Harva 1938 in seinem bereits 1933 in finnischer Sprache veröffentlichten Werk über die religiösen Vorstellungen der altaischen Völker mitgeteilt.[3] Danach und nach weiteren von Harva unberücksichtigt gelassenen Fakten ergibt sich die Aufstellung folgender Typen. Die Schamanentracht stellt dar:

einen Vogel	ein Renntier	einen Rehbock	Vogel und Rehbock
1. Telengiten (Altaigebiet): Uhu	1. Samojeden 2. Jenissejer[4] 3. Tungusen	1. östliche Tungusen 2. Burjaten	1. Mandschu (Beide Formen bei verschiedenen Schamanen)
2. Sojonen: Uhu			
3. Karagassen: Uhu			
4. Jakuten Hühnergeier oder Weihe			2. Transbaikal-Tungusen (Ein und derselbe Schamane besitzt beide Gewandtypen)
5. Dolganen: Unbestiimt			
6. Tungusen: Unbestimmt			3. Solonen[5] (Nordmandschurei): Kombination beider Typen an ein und demselben Gewand

Daß Jakuten und Dolganen den Vogeltypus des Schamanengewandes besitzen, der sie mit den Stämmen des Altai-Sajansystems verbindet, mag mit der Herkunft der Jakuten aus diesem Bereich (im weiteren Sinne) zusammenhängen.

Schamanin aus dem Kreise Krasnojarsk, um 1780

Tungusischer Schamane, um 1780

Zumindest sehen wir, daß der Vogeltypus im wesentlichen bei Gruppen türkischer Sprachzugehörigkeit in Erscheinung tritt.

Der zweite Gewandtypus stellt ein hirschartiges Tier, entweder einen Rehbock oder ein Renntier, dar. Sein Verbreitungsgebiet ist etwa ebenso groß wie das des ersterwähnten Typus; es reicht von den Samojeden bis in die Mandschurei. Daß die Attribute des Schamanengewandes, die es uns als Vogelkleid usw. haben erscheinen lassen, tatsächlich auf ein das ganze Gewand verkörperndes Tier schließen lassen, geht aus den Erklärungen, die mir die Jenissejer diesbezüglich gegeben haben, nunmehr vollkommen eindeutig hervor. Man sagte mir nämlich an der Steinigen Tunguska, daß sich in dem Rocke des Schamanen ein Mutterrenntier befände, und man zeichnete es mir sogar auf, wie es sich als Hilfsgeist des Schamanen betätigt. Es fliegt dem Schamanen auf seinen Reisen in die außerirdischen Welten voran. Vorneweg erkennen wir aber noch ein geflügeltes Einbaumboot, und der Schamane folgt erst an dritter Stelle, mit einem Krummschwert bewaffnet, in einem geflügelten Fischerboot. Solches Bild entspricht der jenissejischen Vorstellung, wonach die Reise des Schamanen in die außerirdischen Welten sich auf einem gewaltigen Strom vollzieht, wie der Jenissei einen darstellt. Vielleicht hat solche Auffassung, die so eng an einen Strom geknüpft erscheint, ihren Ursprung eben am Jenissei oder einem seiner großen Nebenflüsse gehabt.[6]

Bei den Tungusen sind nun sowohl das Vogelgewand als auch das Renntier- und das Rehbockgewand, ferner aber auch beide Gewänder nebeneinander, sogar bei einem und demselben Schamanen, bekannt, und von dem Tungusenstamm der Solonen hat Stötzner dem Berliner Museum für Völkerkunde eine schamanische Kopfbedeckung übergeben, die eine Kombination des Vogeltypus und des Rehbocktypus sogar auf einem und demselben Trachtenstück darstellt.

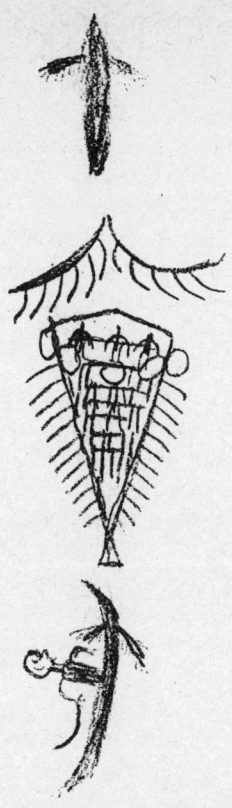

Jenissejische Schamanenreise, siehe S. 92

Nun zeigt uns die jenissejische Zeichnung als Aufgabe des Renntiergewandes die Hilfe dieses Geistertieres bei den Reisen des Schamanen in die Himmels- und in die Unterwelt. Daß für solche Flüge ein Vogelgewand an sich natürlicher ist als ein Reh- oder Renntiergewand, leuchtet ein. Man möchte aus dieser Logik heraus auch gern den Schluß ziehen, daß das Vogelgewand ursprünglicher und mithin älter als die beiden anderen Typen sein müßte.

Eine weitere Überlegung läßt uns diesen Gedanken noch fester fassen: Innerhalb der vielgestaltigen Überlieferungen, die die Frage behandeln, wie man Schamane wird, gibt es eine Gruppe, wonach ein adlerartiger Vogel zu dem Weltenbaum kommt, dort ein Nest baut und ein Ei legt, aus dem er dann die Seele des Schamanen ausbrütet. Dieser Vogel ist die »Tiermutter« des Schamanen. Die Vorstellung trägt also totemistischen Charakter. Nun gibt es weitere derartige Tiermuttermythen, in denen die »Tiermutter« in der Gestalt eines geflügelten Renntieres erscheint. Die Idee eines geflügelten Renntieres geht doch wohl auf die Idee des fliegenden Vogels zurück. Allerdings werden wir vorsichtig sein müssen, wenn wir die Frage beurteilen wollen, ob die Idee eines Renntieres als »Tiermutter« jünger sein könnte als die Vorstellung eines Vogels in der gleichen Auffassung. Die Logik würde auch hier eine ursprünglich vogelartige »Tiermutter« fordern, die die Seele des Schamanen ausbrütet, und die geflügelten Renntiere, Bergziegen usw., die sonst noch als schamanische »Tiermütter« bekannt sind, würden demzufolge, da sie alle den Schamanen in einem Nest auf dem Weltenbaum nähren, dem Vogel gegenüber als jüngere, abgeleitete Gestalten erklärbar sein.[7]

Wir würden also sowohl das Vogelgewand für einen fliegenden Schamanen als auch eine den Schamanen ausbrütende vogelartige »Tiermutter« gern miteinander in Verbindung bringen. Die Logik wäre dabei wieder auf unserer Seite, denn Vogelmütter lassen auch auf vogelgestaltige Kinder (mithin auf die Schamanen) Rückschlüsse ziehen. Daß dieser Zusammenhang einmal bestanden hat, ist nicht ausgeschlossen, bleibt aber eine Annahme. Dieser Annahme entgegen stehen die ältesten weiter unten behandelten jungpaläolithischen Trachten tanzender Magier, bei denen, soweit ich bisher sehe, keine Vogeltracht auftritt.

Über die Funktion des renntiergestaltigen Schamanengewandes der Jenissejer sind wir zumindest im klaren. Es übt zwar mütterlich-helfende Tätigkeiten aus, aber der Scha-

mane selbst verwandelt sich, wie die Zeichnung beweist, keineswegs in ein Renntier, sondern er bleibt ein selbständiges menschliches Individuum, und das Renntier, das in seinem Rock ein mystisches Dasein führt, ist tatsächlich nur ein wichtiger Hilfsgeist, der den Schamanen in andere Welten geleitet. Dementsprechend singt auch der Schamane Dupdullan Kamoski in einem seiner Lieder:
»Jetzt erblicke ich den Nacken des Geisterrenntieres«. Er folgt dem Renntier auf dem Wege in den Himmel, und dieses befindet sich, ganz so, wie es die Zeichnung verlangt, vor ihm. Es ist wohl möglich, daß sich auch die Zeile »Zieht mich doch nicht so nach vorn, ihr Geister« auf eben dieses Mutterrenntier und auf das geflügelte Geisterboot bezieht. Aber der Schamane scheint auch nicht ganz ohne Einfluß auf sein Geisterrenntier zu sein, denn an einer dritten Stelle singt er: »Den Renntiernacken habe ich wieder zurückgebracht«. Er wird also dem Geisterrenntier doch wohl befohlen haben, umzukehren. Es hat also nicht die Fähigkeit, ohne Einverständnis des Schamanen zu handeln, der doch letzten Endes als Herr und Gebieter über den Gewandgeist verfügt. Daß wir es hier *nicht* mit der »Tiermutter« des Schamanen zu tun haben, die dem Schamanen (zumindest nach jakutischer Tradition) höchstens dreimal während seines ganzen Lebens erscheint (bei der Geburt, beim »Zerstückeltwerden« und bei seinem Tode), dürfte nach diesem wohl klar sein.

Wenn wir also auf dem bisher eingeschlagenen Weg keine zuverlässige Auskunft über eine chronologische Stellung der beiden schamanischen Tiergewänder erlangen konnten, so wollen wir noch eine andere Gruppe von Tatsachen heranziehen, um vielleicht auf diese Weise eine Entscheidung für unsere Fragestellung zu gewinnen.

Wir gehen dabei von Uno Harvas Ansicht aus, der das gesamte Schamanengewand von einer Gesichts- oder Kopfmaske ableiten möchte. Diese Maske soll die Aufgabe gehabt haben, die Geister zu schrecken. Harva stützt diese

seine Ansicht durch verschiedene Überlegungen und Fakten, die aber meiner Meinung nach keineswegs beweiskräftig genug sind, um ihm dabei folgen zu können.[8]
Nun verfügen wir noch über eine andere Möglichkeit, Einblick in die Geschichte der Tiertracht zu gewinnen. Da ist nämlich das schöne Material altsteinzeitlicher Darstellungen von Menschen in Tiermasken, ein Fundus, den wir bei einer Diskussion über die Geschichte des Tiergewandes unbedingt heranzuziehen haben, denn so gewinnen wir auch eine chronologische Handhabe, die uns das ethnographische Material nicht zu bieten vermag. Dabei ist die Frage, ob ich altsteinzeitliche Tatbestände Westeuropas mit heutigen Fakten aus Nordasien vergleichen darf, bereits sowohl seitens der Vorgeschichtsforscher als auch seitens der Ethnologen zugunsten dieser Möglichkeit entschieden worden.[9] Ich persönlich sehe in solchen Vergleichen nicht nur eine reizvolle Möglichkeit, sondern eine direkte Notwendigkeit, denn die Jägerkultur der Nordasiaten setzt ohne Bruch die gemeinsame Kultur der jägerischen Altsteinzeit Eurasiens bis in die Gegenwart fort.
Welcher Art sind nun die Tiertrachten, die uns die Altsteinzeit zeigt? Da sind etwa die drei in Gemsmasken tanzenden Figuren auf dem Kommandostab des Abri Mège bei Teyjat. Diese Gestalten tragen nun jedoch nicht nur Gesichtsmasken, wie wir nach Harvas Ausführungen anzunehmen hätten, sondern bei ihnen ist der ganze Oberkörper von Fell umhüllt, während die Gesichter unter Gemsmasken versteckt sind.[10] Von solchen Figuren sind schon einige Dutzend bekannt. Die gelungenste Ausführung solchen Tänzers ist die eines Mannes aus der Höhle Trois Frères (Ariège), die von Comte Bégouen entdeckt worden ist. Der Mann trägt eine Hirschdecke, die in einen Pferdeschweif mündet. Auch die Hände sind fellbedeckt. Auf dem Kopf trägt die Figur eine Hirschmaske mit dazugehörigem Geweih.[11] Da ist ferner ein in einer Wildschweinmaske tanzender Mann aus der nämlichen Höhle. Auch hier ist die

Decke weitgehend benutzt, wie auch ein weiteres Bild aus derselben Höhle einen Mann zeigt, der in eine Bisondecke gehüllt ist.[12]

Allen diesen Darstellungen gemeinsam ist die Tatsache, daß die Personen sämtlich nicht nur Gesichtsmasken, sondern eine ganze Decke mit Kopf, Vorderbeinen und Schwanz tragen. Die Ableitung der nordasiatischen ein Tier darstellenden Schamanentrachten von solchen altsteinzeitlichen Tiergewandungen dürfte mithin wohl kaum noch zu bezweifeln sein. Bei einer Zeitansetzung des späten Magdalénien gegen 8500 v. Chr. können wir also die Geschichte der nordasiatischen Schamanentracht mit über 10000 Jahren als gegeben annehmen.[13] Wir können aber nach den neuesten chronologischen Forschungsergebnissen noch um mindestens 3500 Jahre weiter zurückgehen, worauf bereits eingangs hingewiesen wurde, und auch dieses Datum ist wahrscheinlich noch keineswegs das fernste, mit dem wir für das Vorhandensein der jungpaläolithischen Tiertracht rechnen dürfen.

Muschelbesetzter Schamanenschurz der Solonen, Nordmandschurei

SKELETT UND KNOCHEN
AUF DER SCHAMANENTRACHT

Ein Sonderthema hat im Zusammenhang mit den zuletzt besprochenen Tatsachen noch unsere Aufmerksamkeit zu fesseln. Bei Jenissejern, Tungusen und Jakuten finden wir am Schamanenkostüm eiserne Nachbildungen von Knochen der verschiedensten Art, über die sich eine wissenschaftliche Diskussion ergeben hat.

So weist die Tracht eines jenissejischen Schamanen im Hamburger Museum für Völkerkunde Stiefel auf, die bis an die Hüfte reichen und vorn einen ungefähr 26 cm langen sowie hinten einen etwa 20 cm langen Eisenstreifen besitzen. Ersterer stellt das Schienbein dar. Er läuft in zwei Köpfe aus, die die Knochengeister symbolisieren. Die hintere Schmiedearbeit bedeutet die Wade. Auf der Oberseite des Fußes befindet sich ferner eine mit fünf Zehen versehene Platte, die eine Bärentatze darstellen soll.[1]

Auch sonst sind diese eigentümlichen »Schmuckstücke« beachtet worden. So berichtet Harva über von ihm gesehene jenissejische Schamanen, bei denen ihm ebenfalls die langen sämisch-ledernen Stiefel auffielen. Die Priester berichteten ihm, daß jene am Schuhwerk befestigten Metallgegenstände die Knochen des Beines eines Bären bedeuteten. »Am wunderbarsten war es«, wie der finnische Gelehrte meint, »daß die Knochen sowohl des Vorder- als auch des Hinterfußes des Bären am gleichen Schuhwerk vertreten waren; oben, den Oberschenkel bedeckend, befanden sich außerhalb und innerhalb des Schaftes ein Oberarm- und zwei Unterschenkelknochen, die an vier verschiedenen Seiten angebracht waren; die Pfote des Vorderfußes war am Rist des Stiefels befestigt, die des Hinterfußes wiederum am Hacken«.[2]

Harva hat mit seiner Ansicht gewiß recht, wenn er meint, daß die Jenissejer ursprünglich wohl am Schuhzeug nur solche Gegenstände befestigt hätten, die auch dorthin gehörten, zumal Tungusen sowohl als auch Jakuten Arm- und

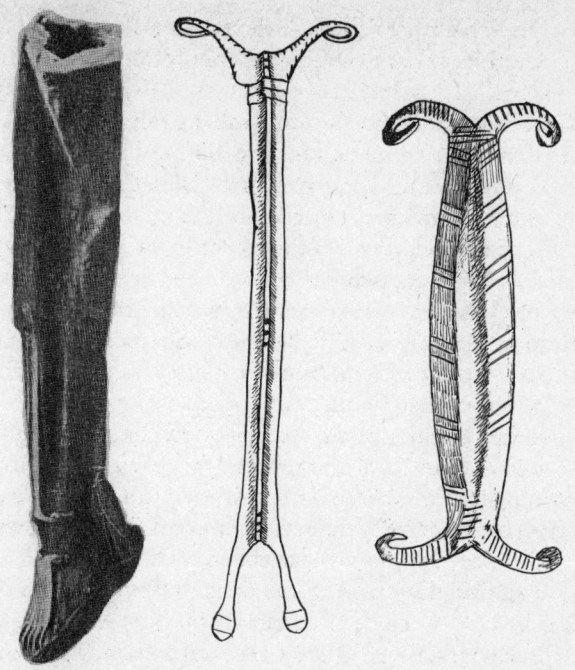

Schamanenstiefel der Keten mit Bärentatze und Schienbein, dazu Schienbein und Wade gesondert

Handknochen entsprechend ihrer natürlichen Lage an dem Ornat befestigen.³

Das Schamanenkostüm der Jenissejer zeigt nun mit aller Deutlichkeit, daß die erwähnten und die sonstigen Teile des Skelettes das Knochengerüst sowie auch bestimmte andere wesentliche Teile eines menschlichen Körpers zur Darstellung bringen sollen; erkennen wir doch neben den bereits genannten Teilen noch die Kinnlade, das Schlüsselbein, die Rippen usw., so daß tatsächlich vom Kopf bis zu den Füßen fast alle wesentlichen plattenartig schmiedbaren Körperteile vertreten sind.

Daß diese verschiedenen Teile eines menschlichen Skelettes einmal der Natur nachgebildet worden sind, geht aus einem Vergleich dieser schmiedeeisernen Kunstwerke mit ihren Vorbildern deutlich hervor. So ist etwa der Unterkiefer etwas ornamental ausgestaltet, und der so charakteristische Ramus ist weggefallen, aber mit Ausnahme des Fehlens des Astes ist die Form eines Unterkiefers ziemlich gut zu erkennen. Die Formung des Schlüsselbeines ist zwar wenig gelungen, dafür ist jedoch das Schienbein als eine Meisterleistung der Schmiedekunst zu bezeichnen. Hier finden wir eine überraschende Ähnlichkeit mit der wirklichen Tibia des Menschen, von der ventralen Fläche gesehen, und wir können, wie in der Natur, ein Mittelstück und zwei Endstücke unterscheiden. Das Mittelstück ist dabei lang und im Querschnitt dreikantig, wobei die Flächen in stark vorspringenden Winkeln zusammenstoßen. Die Crista ist fast naturgetreu wiedergegeben, und die allgemeine Entsprechung mit dem Naturvorbild geht so weit, daß von den beiden zur Befestigung lang ausgezogenen Endteilen der obere stärker betont ist als der untere. Der Oberschenkel ist verkürzt zur Darstellung gekommen. Auch das Wadenbein konnte von mir festgestellt werden. Die Kniescheibe kommt der menschlichen Patella außerordentlich nahe. Rippendarstellungen zeigt das jennisejische Schamanenkostüm beiderseitig vier statt der tatsächlich vorhandenen zwölf, aber wir können sie als solche ohne weiteres gelten lassen. Am Hinterteil des Schamanenschuhzeuges erscheint außerdem noch das Eisenabbild einer Wade, also eines Muskelkomplexes. Wie ich bereits an anderer Stelle ausführen konnte, sind die Jenissejer auch hier weder als phantasiereich zu loben, noch zu tadeln, denn die Wadenform bleibt im allgemeinen recht gut erkennbar.[4]
Und was hier für die Jenissejer erschlossen werden konnte, findet seine Entsprechung teilweise auch bei Tungusen und Jakuten.
Eines bleibt beachtlich: die Äußerungen der Jenissejer über

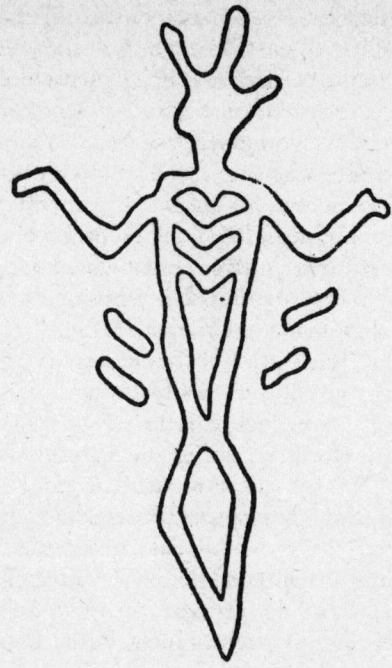

Tanzender mit Gehörn und Rippendarstellung. Bronzezeitliche Felszeichnung von der Oka, nordwestlich von Irkutsk (Okladnikow, Der Hirsch mit dem goldenen Geweih)

das Handskelett auf dem Schuh bezeugen übereinstimmend, daß es sich dabei um die Darstellung einer Bärentatze handelt.[5] In einem jennissejischen Schamanenlied meiner Sammlung wird nun berichtet, daß Bärentatzen eine dämonenabwehrende Kraft besitzen.[6] Diese Anschauung entspricht im übrigen ganz der Auffassung der Schor im Altai, die Bärenkrallen oder eine Bärentatze an die Tür hängen, um das Eindringen des bösen Geistes Ajna in die Wohnung zu verhindern.[7] Nachrichten über die Tungusen wissen ebenfalls von eisernen Bärentatzen oder sogar von wirklichen Bärenklauen auf den Schamanenstiefeln zu berichten.[8] Betrachten wir ferner das jakutische Schamanengewand, so finden sich neben den vorherrschend menschliche Skelettteile abbildenden Gegenständen auch noch solche, die als Tierknochen erklärt werden. Da gibt es etwa rechts und links an der Hinterseite des Ärmels nahe der Schulter die Dabydal genannten etwa 20 cm langen Eisenplatten, die als Oberarmknochen eines Flügels betrachtet werden. Weiter nach vorn zu befinden sich zwei etwas längere Eisenplatten, die Chotogoi genannt werden, d. h. Schwungfedern darstellen.[9] Andere Schamanen hinwieder bezeichnen den »Oberarmknochen« als »Schulterknochen«, bzw. »Achsenbein«, so daß die »Schwungfedern« als Deutung der letzterwähnten Eisenplatte gelegentlich entfallen.[10]

Es ist natürlich schwierig, eine Entscheidung dahingehend treffen zu wollen, ob diese verschiedenen Knochen ursprünglich einmal das Skelett des Tieres, das in dem Kostüm als lebendig gedacht war oder das Skelett des Schamanen selbst darstellen sollten. Nachdem wir nun aber oben gesehen haben, daß etwa die Jenissejer in dem Schamanengewand einen rentiergestaltigen Hilfsgeist wirksam glauben, an nachgebildeten Knochen aber nur Menschen- und Bärenknochen unterscheiden, während der Typus des Schamanengewandes bei ihnen keineswegs so einheitlich ist, wie die auch von Harva reproduzierte Abbildung Anučins[11] glauben machen könnte[12], so gelangen wir in ein wahres Labyrinth von Erklärungsmöglichkeiten.

Schon das Schwanken in der Auffassung bei einem und demselben Forscher bezüglich der Frage, ob es sich hier um ein Menschen- oder um ein Tierskelett handelt, zeigt die Schwierigkeit der Materie. So hat Harva ehemals den Standpunkt vertreten, es handele sich um ein Tierskelett. Später hat er sich für die Auffassung entschieden, die Knochen stellten ein Menschenskelett dar, und zwar das des Schamanen.[13] Dann hat Donner in Erfahrung gebracht, daß bei den Jenissejern diese Knochen das Skelett des Schamanen abbilden, da dieser als Körperwesen die Reise in die Oberwelt nicht vollziehen könne, während das Eisenskelett, das ihn selbst darstellt, diese Fähigkeit besitzt. Aus diesem Grunde müsse es auch möglichst vollständig sein.[14]

Neuerdings hat sich nun auch A. Friedrich zu unserem Thema geäußert und auf die Forschungen von Potapov hingewiesen, wonach das Kostüm eines mächtigen tungusischen Schamanen nicht nur einen Hirsch (oder ein Renntier? – H. F.) repräsentiere, sondern in den eisernen Behangteilen auch Skelett und Geweih des Hirsches nachbilde. Auch Širokogorovs Mitteilung ist damit identisch, wenn er erklärt, daß bei dem (ebenfalls tungusischen) Edelhirschgewand das Gerippe dieses Tieres zur Darstellung käme. Ferner stelle das Vogelkostüm der Tungusen von Bargusin und Nertschinsk einen Vogel dar, der mit eisernen Anhängseln und Fransen ausgestattet wäre, die wiederum Skelett und Gefieder dieses Vogels symbolisierten.[15]

Eine weitere Ansicht, bezüglich des jakutischen Schamanengewandes, wird von Pekarskij vorgetragen, der erklärt, daß die Eisenteile am Oberärmel zweierlei Bedeutung hätten: sie stellten sowohl den menschlichen Oberarmknochen als auch den Flügelknochen eines Vogels dar und könnten sogar miteinander vertauscht werden![16]

Wenn so die Berichte hervorragender Feldforscher auseinandergehen, dürfte der Schluß wohl nicht zu gewagt erscheinen, wenn wir in solchen gegensätzlichen Auffassungen möglicherweise verschiedene Betrachtungsarten der Nordasiaten selbst bzw. verschiedene Entwicklungsstufen des Sinngehaltes der hier in Frage stehenden Symbolik erblicken, die diesen Schmiedewerken zugrunde liegt. So gesehen dürfte es naheliegen, aus dem Tiergewand auch auf eine tierische Wesenheit des Schamanen selbst zu schließen, ist doch das Tier in diesen Kulturbereichen eine machtvolle und Verehrung heischende Erscheinung. Kleide ich mich nun selbst in ein solches Tiergewand, d. h. identifiziere ich mich mit einem so gewaltigen Wesen, so gewinne ich damit

ebenfalls seine übermenschlichen Kräfte. Diese Kräfte sind aber irgendwie mit den Knochen verknüpft oder an sie gebunden gedacht.[17] Nun handelt es sich aber in Nordasien meist immer wieder darum, die Knochen (auch die der Jagdtiere beim Wiederbelebungszauber)[18] in ihrer natürlichen Ordnung zu belassen bzw. sie wieder in diese zu bringen, wie es in klassischer Anschaulichkeit das dolganische Märchen von der Tochter der Sonne und dem Sohn des Armen schildert. Darin schickt die Mutter den Sohn auf eine gefährliche Reise, um die Hilfe eines mystisch-mythischen Hilfsgeistes in Elchgestalt zu erringen. Solche Schau ist dem Nordasiatentum noch heute eigen, und um welche Gewalten es dabei geht, mag sich der Leser an dieser Stelle selbst vergegenwärtigen, indem er sich in jene wundersame und wunderbare Erzählung vertieft (Dokumente Nr. 4).
Wie sehr Tod, Skelett und Knochen die gesamte Weltanschauung der Nordasiaten durchdrungen haben, sei ferner noch an einem anderen Beispiel kurz illustriert. Es handelt sich dabei um eine tungusische Überlieferung.[19] Ein Mann, der fünf Töchter hat, die den Namen der fünf Finger tragen, geht zum Eis des Flusses, um seinen Durst zu löschen, bleibt aber mit seinem Bart an dem Eise haften, woraufhin er ihm seine jüngste Tochter »Kleiner Finger« verspricht. Das Eis läßt den Mann los, der daraufhin das Mädchen mit seinen Spielsachen an den Fluß sendet. »Kleiner Finger« setzt sich auf das Eis, dieses aber schwimmt mit ihm hinweg und trägt »Kleiner Finger« mit sich fort. Schließlich erfährt das Mädchen von der »Zehntrommel-Alten«, einer mächtigen Schamanin, daß das Eis es betrügen wolle und beabsichtige, es bis ans Ende der Schamanenerde zu bringen, wo es, wie anzunehmen ist, dem Untergang geweiht sein würde. Dann befiehlt die Zehntrommel-Alte dem Mädchen, sich niemals umzuschauen und gibt ihm zwei Ahlen, mit denen es sich an der (als flache Scheibe vorgestellten) Erde festhalten könne. »Kleiner Finger« kriecht nun in die Erde hinein, woraufhin das Eis zu singen beginnt:

Heladan, Heladan,
Schau dich um, schau hinunter,
Sieh dort unten den Stein zum Zerreiben von Farben,
Den Stein zum Zerreiben von Farben sieh!

Ich werde mich nicht umschauen.
Der Stein, das sind ja Stirnen von Menschen.

Heladan, Heladan,
Sieh dort unten die Wetzsteine,
Wetzsteine sind dort zu sehen!

Ich werde nicht hinunterschauen,
Schienbeine von Toten sind es,
Die sehen so aus wie Wetzsteine.

Heladan, Heladan,
Schau dich um, schau hinunter,
Dort unten ist eine schwarze Farbe,
Die schimmert schwarz!

Ich werde mich nicht umschauen,
Es ist der Unrat der Toten,
Der sieht aus wie schwarze Farbe.

Heladan, Heladan,
Schau dich um, schau hinunter,
Dort unten ist eine rote Farbe,
Die leuchtet so rot!

Ich werde mich nicht umschauen,
Es ist das Blut der Toten,
Das wie rote Farbe leuchtet.

Heladan, Heladan,
Schau dich um, schau hinunter,
Sieh dort unten die Walkhölzer,
Sieh die Walkhölzer dort liegen.

Ich werde mich nicht umschauen,
Es sind die Rippen der Toten,
Die sehen aus wie Walkhölzer.

Heladan, Heladan,
Schau dich um, schau hinunter,
Sieh dort unten die Schabeisen,
Sieh die Schabeisen dort unten liegen!

Ich werde mich nicht umschauen,
Die Löcher in den Beckenknochen der Toten,
Die sehen aus wie Schabeisen.

usw.

Solches sind bereits die Schrecken, die einem einfachen Tungusenmädchen drohen. Um wieviel grausiger sind aber die mystischen Todeserlebnisse der Schamanen, wie wir sie oben in dem Kapitel über die »Schamanenkrankheit« kennengelernt haben. Da wird der Körper des Schamanen verschlungen, dann werden (ebenso wie die zur Wiederbelebung bestimmten Tierknochen des jägerischen Zauberrituals) wieder einer an den anderen gelegt, Fleisch wird daraufgetan, und die Schamanen gelangen schließlich von neuem zum Leben.
Sei es nun also entweder das mystisch-machtvolle Tier, das als Jagdbeute getötet und wieder zum Leben erweckt werden muß, sei es der mystisch-mythologische Elch, der als Helfer sowohl den Märchenhelden als auch den Schamanen begleitet, sei es der Schamane selbst in seiner tierisch-menschlichen Zwitterform, überall haben wir jene Bedeu-

tung des Skelettes angetroffen, das vollständig und in der natürlichen Ordnung wiederhergestellt werden muß, um lebendige Wirkung ausüben zu können.

Nun gibt es noch eine Gruppe hier vergleichsweise anzuführender eigenartiger Kunstwerke aus dem Bereich des »permischen Tierstiles«, der im Lande Perm seit dem Ende der Bronzezeit die ganze Eisenzeit hindurch bis fast zur Eroberung des Landes durch die Russen im 15. Jahrhundert gepflegt wurde. Hier ist es gerade ein Vogel mit Menschenantlitz, der sich etwa zwei Jahrtausende hindurch als Thema der Kunst erhalten hat. Ob diese Zwitterformen jedoch einer schamanischen Kultur angehören, wie der Titel einer berühmten Arbeit Spicyns vermuten läßt, scheint mir allerdings noch keineswegs sicher zu sein. Ich bin der Ansicht, daß wir es hier eher mit nichtschamanisch-totemistischen Traditionen zu tun haben.[20]

Wir dürfen mithin, im Einklang mit den einheimischen Deutungen der Knochen auf den Schamanenkostümen einer Reihe nordasiatischer Völker sagen, daß neben dem offensichtlichen Tiercharakter des Schamanengewandes als solchem, dem auch ein Tierskelett entsprechen würde, bei dem ausgesprochen selbständig menschlichen Charakter dieses Priesters, zumindest absolut eindeutig von den Jenissejern bezeugt, diesem natürlich auch ein menschliches Skelett zukommen müßte. Vielleicht aber könnte auch Pekarskijs oben angeführte Einsicht wonach (bei den Jakuten) die von uns besprochenen Skelett-Teile sowohl menschliche als auch tierische Wesenheiten gleichzeitig symbolisieren können, auch für eine Deutung der permischen Kunstwerke noch einmal fruchtbar werden, denn dieses Ineinanderweben von Mensch und Tier ist gerade bei den bereits bronzezeitlichen Plaketten des permischen Landes eine typische Erscheinung.

Ob wir demgegenüber in einer älteren Vorstellungsschicht mit einem Schamanentum zu rechnen haben, das dem Tierwesen eine noch größere Macht einräumt, ist nicht klar ersichtlich. Daß die Bedeutung des Tieres einmal auch ganz allgemein in Nordasien noch über das hinausging, was das Schamanentum heutzutage durchschnittlich bietet, ist gewiß.[21] Wir sehen aber auch hier einen Prozeß im Gange, bei dem die Akzentsetzung sich mehr und mehr dem Menschentum des Schamanen zuwendet und auch die menschlichen Verantwortlichkeiten vorwiegend betont, ohne daß diesen phantasievollen Gestalten die innere Erlebensfähigkeit, auch tierisches Dasein nachfühlen zu können, irgendwie abgestritten werden soll. Wir haben oben bereits auf die wundervolle jakutische Legende von dem verstorbenen jungen Mann hingewiesen, der nicht nur von einem Specht in die Obere Welt gebracht wird, sondern dort auch von einem adlerartigen Vogel bebrütet wird, wodurch er schließlich so winzig wird wie ein kleiner Schmetterling. Er verliert aber trotzdem nicht sein eigentliches Wesen. Schließlich bringt der Specht ihn wieder auf die Erde zurück, wo er ihn über dem Scheitel einer im Walde arbeitenden Frau fallen läßt, die auf diese Weise schwanger wird und ein Kind zur Welt bringt, das dann ein großer Schamane wird. Er bleibt auch weiterhin ein Mensch, verwandelt sich aber, wenn er sich etwa über seine Frau erzürnt hat, in einen Bären und vergräbt sich in einem Schneehaufen. Ähnlich ergeht es auch dem anderen jungen Mann, der nach seinem plötzlichen Tode von einem Raben in die Obere Welt gebracht wird, wo ihn ein weißes geflügeltes Renntier nährt. Er wird zwar so klein wie ein Fingerhut, aber nach drei Jahren stürzen ihn die menschlich gestalteten, mit einem Rabenkopf versehenen Oberweltsgeister wieder auf die Erde, wo er ebenfalls als Mensch neu geboren und später Schamane wird.[22] Es bleibt für die uns hier beschäftigende Thematik beachtenswert, daß keinesfalls irgendetwas darüber gesagt wird, jener Mensch hätte nun etwa durch seinen Aufenthalt unter halbtierischen und tierischen Wesen selbst Züge des Tiertums erworben. Er war einst ein Mensch und blieb und empfand sich auch während seiner zweiten Inkarnation als Mensch,

was ja auch der jenissejischen Auffassung entspricht, wie sie sich uns in der oben besprochenen Eingeborenenzeichnung über die Himmelsfahrt eines Schamanen dokumentiert.
Auf einen weiteren Gesichtspunkt sei aber noch hingewiesen. Bei den besprochenen Symbolen handelt es sich immer wieder um Erzeugnisse der Schmiedekunst. Bei den Jakuten etwa werden diese Gegenstände von einem Schmied unter der Beobachtung des Schamanen selbst hergestellt. Dabei werden sie zur Härtung in ein vorbereitetes Gefäß getan, in dem sich das Blut eines Opfertieres befindet, und nachdem alle diese Figuren ihre Stelle an dem Gewand gefunden haben, wird dieses mit Blut bestrichen, besonders aber jene schmiedeeisernen Gegenstände, zu denen ja neben den Knochen noch die verschiedensten Abbildungen von Geistern gehören. Dieses Bestreichen mit Blut wird mit Segenswünschen und Zaubersprüchen begleitet, die dahin zielen, daß die Geister jener Gegenstände den Schamanen möglichst freundlich betrachten und ihn als ihren neuen Herren anerkennen mögen. Jeder einzelne Teil wird gesondert behandelt und entweder um Hilfe angefleht oder zu Dienstleistungen verpflichtet.[23]
Nun gibt es jakutische Überlieferungen, nach denen die Schmiede einen besonderen Patron besitzen, Kydai-Bachsy, der als ihr Beschützer, ihr erster Lehrer und Urvater gilt, und es gibt ferner Angaben, nach denen dieses göttliche Wesen in gleicher Beziehung auch zu den Schamanen stände. Kydai-Bachsy lebt in der Unterwelt, wo er unablässig mit Schmieden beschäftigt ist. In den Heldenepen begeben sich die schwachgewordenen Helden zu ihm, legen sich in die Schmiedeesse, um wieder gehärtet zu werden und von neuem zu erstarken. Und ebenso wie die schamanischen Ahnengeister ihren Nachfahren Krankheiten senden, um sie zur Ausübung des Schamanenberufes zu bewegen, tut Kydai-Bachsy das gleiche mit den Seitenzweigen der alten Schmiedegeschlechter, um sie zu ihrem angestammten Handwerk zurückzuführen. In solchem Falle opfert der so

Betroffene dem Kydai-Bachsy einen schwarzen Stier und macht sich an die Ausübung der Schmiedearbeit, woraufhin die Krankheit vorübergeht.[24]

Ein jakutisches Sprichwort meint ferner, daß Schmiede und Schamanen aus dem gleichen Nest stammen. Und auch bei uns schmiedet sich der zauberkundige Schmied Wieland, der »Albenfürst«, eiserne Flügel, mit deren Hilfe er, ganz ebenso wie die Schamanen, nach seiner Rache an König Nidung davonfliegt.[25]

Bei den Burjaten am Baikalsee werden Schmiede und Schamanen ebenfalls ganz gleich gewertet und in »weiße« und »schwarze« eingeteilt.[26]

Alföldi hat mit Recht ausgeführt[27], daß auch das irdische Ansehen des Schmiedes aus der religiösen Sphäre stammt, und daß jede Phase der Eisengewinnung, von dem Aufbruch zur Erzausbeutung und vom Brennen der Holzkohle angefangen, durch alle Akte des Schmelzens und Schmiedens, ebensoviele rituell begangene Handlungen bildet und stets mit Opferungen und anderen Zeremonien verbunden war. Insbesondere aber sind es die Werkzeuge, an denen die magische Bedeutung des Gewerbes hafte, wobei die Hauptwirkung vom Hammer ausgehe. Die wirkliche Macht des Schmiedes bestehe darin, daß er die Zauberkraft seiner Werkzeuge zügeln und entfesseln könne. »In eurer Schmiede befinden sich eure kräftigen Zauber, in euren Blasebälgen eure wunderbaren Zauber«, singt der burjatische Schamane in seiner Anrufung an die neun himmlischen Schmiedegeister. Und da sich ferner die Dämonen vor dem Klange des Eisens und vor dem Heulen des Blasebalges fürchten, wie Seroševskij bei den Jakuten in Erfahrung bringen konnte, hätte der Wirkungskreis der Schmiede auch in den der Schamanen eingegriffen.

Wir erkennen anhand solcher Materialien eine eigenartige soziale Entwicklung. Der Zauberer bzw. der Priester, ist natürlich eine Gestalt, die viel älter als die des Schmiedes ist, wie die altsteinzeitlichen von uns oben besprochenen Höh-

lenmalereien beweisen. Was nun das erste Auftreten des Eisens in Sibirien betrifft, so läßt Alföldi es dortselbst kurz vor dem Jahre 1000 v. Chr. aus Iran eingeführt sein.[28] Diese Zeitangabe dürfte aber doch wohl kaum haltbar sein, denn die Ausgrabungen der Pazyryk-Kurgane im Altai haben nur ein einziges Eisenmesser ergeben, neben denen jedoch noch immer Bronzemesser im Gebrauch waren. Das erwähnte Eisenmesser befand sich im Kurgan Nr. II, der von Rudenko ins 5. vorchristliche Jahrhundert gesetzt wird, eine Epoche, die er als früheisenzeitlich charakterisiert.[29] Es dürfte sich bei diesem Stück also wohl um eines der ältesten Eisenmesser handeln, die in Sibirien im Gebrauch waren, und die Alföldische Datierung wird um rund 400 Jahre nach oben zu verschieben sein.
Die hohe Achtung des Schmiedes kann sich also erst seit ca. 600 v. Chr. in Sibirien ausgebildet haben, und wenn der Schmied bei zahlreichen Völkern eine überragende soziale Stellung errungen hat und gelegentlich sogar dem Schamanen den Rang ablaufen konnte[30], so ist hierin die ungeheure Hochschätzung eines technischen Berufs greifbar, wie sie zeitweise in ähnlicher Art den Atomwissenschaftlern und ihrer Tätigkeit entgegengebracht wurde. Das praktische Können des Schmiedes hat diesen infolge der allgemein nutzbaren Ergebnisse seiner Tätigkeit neben und zum Teil über den Rang des großen Seelenarztes, Dichters, Propheten usw., den Schamanen also, aufrücken lassen. Aber dieser hat ebenfalls von dem Können und Wissen dieses Metallsachverständigen profitiert, der ihm kunstvolle, lebensmächtige und beseelte Geisterdarstellungen sowie ein ganzes Skelett aus Eisen liefern konnte, das unverweslich hart und geradezu zauberisch fest war, so wie der in der göttlichen Oberen Welt wachsende unverwüstliche Eisenwald.[31] Mit solchen ihm durch den Bund mit dem Metallspezialisten zur Verfügung gestellten Zaubermitteln ganz besonderer Art versehen, war auch der Schamane seinen Sippengenossen gegenüber wohl wieder ein gut Teil verehrungswürdiger

geworden, wobei aber gewiß auch der Schmied aus solcher Symbiose an Achtung und Ansehen weiter gewann, denn nun wurde es langsam Tradition, daß die ursprünglich wohl natürlichen Knochen, Tatzen usw., die zum Schamanengewand gehört hatten, von einem besonderen Künstler hergestellt werden mußten, und daß ohne die Schmiedearbeiten ein Schamanenkostüm nicht als vollständig und wirksam galt.

DER GROSSE UND HEILIGE SCHAMANENBAUM

1. In den Himmeln gibt es einen Baum, der Yjyk-Mas heißt. Seine Spitze reicht bis in den neunten Himmel, seinen Umfang kann niemand bestimmen. Von der Wurzel bis oben zur Spitze ist dieser Baum mit Auswüchsen bedeckt, aber klare Zweige besitzt er nicht. In diesen Auswüchsen des Baumes entstehen die Schamanen, die Schamaninnen und alle diejenigen, die mit Zauberei und Hexerei bekannt sind. Die starken Schamanen usw. entstehen dicht am Stamm, und die vollkräftigen an der Wurzel des Baumes, in einem Auswuchs von der Größe eines kleinen Grabhügels.[1]
2. Die Seele eines zukünftigen Schamanen wird unten an einem Berge namens Džokuo geboren. Dort wächst eine große Tanne mit abgebrochener Spitze (oder mit einer flachen wie abgeschlagenen Spitze) und mit nach unten gerichteten Zweigen. Man sagt, daß dieser Baum sich auch jetzt noch dort befindet. An diesem Baume sind, mit den untersten Zweigen beginnend, bis hinauf zur äußersten Spitze, ununterbrochen am Grunde jedes Astes Vogelnester gelegen.

Die Schamanen, deren Seelen in den Nestern der oberen Zweige großgeworden sind, werden stärker und älter als diejenigen, die in den tiefer gelegenen Nestern großwerden. Die Nester liegen reihenförmig um den Baum und steigen langsam höher hinauf, immer in der Entfernung eines Astes vom anderen.²

3. Es wird berichtet, daß es einen besonderen Baum gibt, den Ar-Kuduk-Mas, d.h. etwa »Großer, Heiliger Baum«. Auf den Zweigen dieses Baumes befinden sich, ähnlich Vogelnestern, viele Nester, in denen die Seelen der Schamanen großgezogen werden. Die Nester bedecken den ganzen Baum von oben bis unten.³

4. Man erzählt, daß es einen Baum gibt, der viele Spitzen hat. Und auf diesem einen Baume werden die Schamanen der ganzen Welt großgezogen. Je größer nach Bedeutung und Kraft ein Schamane ist, um so höher liegt seine Seele auf dem Baum. Die Schamanen selbst sagen gewöhnlich, daß als Ernährer ein Rabe erscheint, der, auf den Zweigen des Baumes sitzend, die Seele des Schamanen füttert.⁴

5. Dort, wo die Grenze zwischen Tag und Nacht ist, steht ein Baum, der die Bezeichnung Turu trägt. Auf ihm gibt es auf neun Zweigen Nester, eines immer höher als das andere. In diesen Nestern werden die Seelen der Schamanen großgezogen.⁵

6. Oben gibt es einen besonderen Baum, wo die Seelen der Schamanen, bevor sie als solche in Erscheinung treten, großgezogen werden. Auf den Zweigen dieses Baumes befinden sich Nester (in denen die Seelen liegen und großgezogen werden). Dieser Baum heißt Turu. Je höher an diesem Baum sich das Nest befindet, um so stärker wird der sich darin aufhaltende Schamane, um so mehr weiß er, und um so weiter sieht er.

Der Rand der Schamanentrommel wird von einer stehenden Lärche abgespalten, aber der Baum selbst bleibt stehen, zur Erinnerung an jenen Baum Turu, wo die Seele des Schamanen großgezogen worden ist, und zu seiner Verehrung.

Zur Erinnerung an eben diesen Turu errichtet der Schamane bei jeder schamanischen Séance draußen bei dem Zelt, bei dem die Zeremonie stattfindet, einen Baum mit einem oder auch mit mehreren Querbalken, der ebenfalls Turu genannt wird, so an der Unteren Chatanga (der örtlichen Bezeichnung für die Untere Tunguska), aber auch bei den Angara-Tungusen. Die Tungusen jedoch, die mit den Jakuten in Berührung gekommen sind, nennen ihn Serge. Dieser Baum wird aus langen Lärchenästen hergestellt. An dem Querast wird ein Stück weißen Tuches angebracht. Bei den Angara-Tungusen hängt man an so einen Baum das Fell eines geopferten Renntieres. Einen dem unseren gleichartigen Turu errichten auch die Tungusen im Gebiet der Mittleren Chatanga (d.h. der Mittleren oder Steinigen Tunguska).

Nach unseren Vorstellungen erhebt sich die Seele des Schamanen während der schamanischen Zeremonie auf diesem Baum zu Gott, denn während der Séance wächst der Baum und erreicht (unsichtbar) die Höhen des Himmels.

Bei der Schöpfung der Welt und der Menschen schuf Gott zwei Bäume: für den Mann die Lärche und für die Frau die Tanne.[6]

7. Es wird berichtet, daß der Schamane einen besonderen Baum hat, wo er Schutz findet und sich versteckt, wenn er im Kampfe mit einem anderen Schamanen unterlegen ist.[7] Unsere Erzählung von dem Toten, dessen Seele von einem Raben in die Obere Welt getragen wird, Nr. 7, enthält die Schilderung, wie diese Seele in das oberste Nest dieses Schamanenbaumes getan und dort von einem geflügelten Renntier, der »Tiermutter«, ernährt wird. Dort erlebt die immer kleiner werdende Schamanenseele das Dasein der Oberen Geister, die sich auf die Erde begeben, um sich Frauen zu holen, und er sieht einen Schamanen eine solche Frau, d.h. wiederum deren Seele, befreien und sie wieder auf die Erde zurückholen.

In einer Vielfalt von Erscheinungen und Gebräuchen lebt nun dieser Schamanenbaum noch heute bei den Jenissejern, so daß man hier wohl von einem Zentrum seiner Bedeutung sprechen kann. Auf den von mir von der Steinigen Tunguska mitgebrachten Abschlußbrettern für die Frauen-

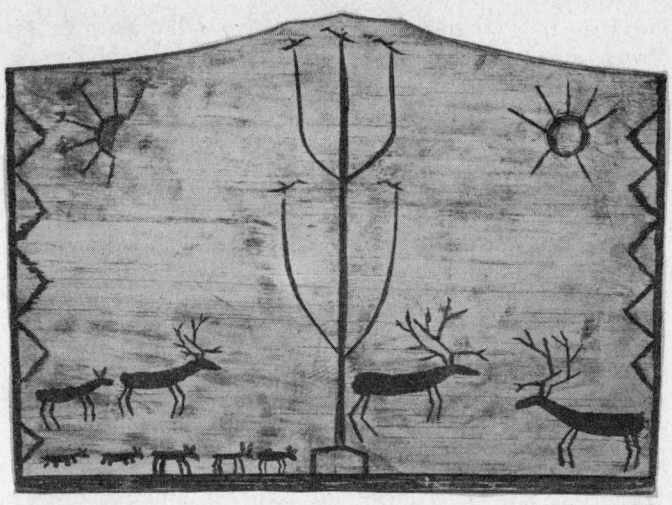

Abschlußbrett eines jenissejischen Frauenschlittens, mit dem Bild des Schamanenbaumes

schlitten ist er als Ritzzeichnung in den Mittelpunkt gestellt. Er reicht bis in den Himmel, denn Sonne und Mond stehen daneben. Auf den Zweigenden sitzen Vögel, die »Tiermütter« der Schamanen. Aber nicht nur auf den Schlittenbrettern erscheint dieser Baum, sondern auch auf den Mastspitzen der großen Wanderboote, ferner auf den über der Tür befindlichen Brettchen der Kajüte und – seltener – als Zeichnung auf der Tür des Zeltes[8], wo ich ihn selbst allerdings nie gesehen habe. Aber auch das Schamanenszepter ist bei den Jenissejern nichts anderes als eine Darstellung dieses Schamanenbaumes. Der Name für dieses Szepter ist Ta-uks, d. h. »Stab« oder »Stock«, mit welcher Bezeichnung auch jeder gewöhnliche Holzstock bedacht wird.[9] Das jenissejische Schamanenszepter besteht aus einem dünnen, meist flachen Eisenstab von 95 bis 110 cm Länge. Das Oberteil hat gewöhnlich die Form eines Dreizacks, jedoch gibt es

auch noch verschiedene andere Abwandlungen. In der Querrichtung werden verschieden zahlreiche Bälkchen angebracht, deren Zahl ein Zeichen für die mehr oder minder große Macht des betreffenden Schamanen ist. Nach den oben wiedergegebenen Berichten wird darin ein Hinweis auf denjenigen Ast des Schamanenbaumes zu erblicken sein, auf dem der Schamane großgeworden ist. Manchmal werden kleine Glöckchen an die Äste gehängt, und den nach oben gerichteten Zweigenden wird die Form von menschlichen Köpfen gegeben, was allerdings bei keinem der von Anučin veröffentlichten Stücke der Fall ist. Der oberste Querbalken befindet sich über der Stelle, wo der Stab vom Schamanen in die Hand genommen wird, und auf diesem Balken liegt der Daumen. Unten läuft der Stab in zwei »Füße« genannten Teile aus, die zur Seite gebogen sind. Wenn der Schamane nicht mit dem Trommelschlegel auf den Stab schlägt, so vollführt er damit folgende Handlungen: er stößt ihn in die Erde und macht dann ihn abstoßende Bewegungen nach vorn, worauf ebensolche nach rechts und und links folgen, und so fort. Beim Übergang zu schnelleren Bewegungen auf der Stelle und im Kreise faßt er den Stab näher dem unteren Ende an und schüttelt ihn über dem Kopfe, worauf er einen Menschen darstellt, der jemand anderen damit schlägt. Anučin, der diese Beobachtung mitteilt, bemerkt, daß er einen solchen Tanz mit dem Schamanenstab nur bei zwei großen Schamanen gesehen hätte.[10]
Beim Tode eines Schamanen wird sein Kultstab zerstört: der Oberteil und alle Balken werden abgebrochen und als Talismane verteilt, der eigentliche Hauptteil des Stabes jedoch wird in der Nähe des Grabes des Schamanen in die Erde gesteckt. Den Oberteil erhält das nach dem Schamanen älteste Mitglied der Sippe in absteigender Linie; wenn dieses jedoch bereits einen solchen Dreizack besitzt, so erhält ihn das nächstjüngere Sippenmitglied. Diese Dreizackspitzen werden gewöhnlich als Abschluß auf den Mast der großen Wanderboote gesteckt. Wenn ein Jenissejer überhaupt über

Dreizackiger Schamanenstab – Wetterfahne der Keten

keinen solchen Oberteil von einem Schamanenstab verfügt, so schmiedet er sich unbedingt selbst eine Mastspitze von gleicher Form. Betreffs dieser Oberteile vom Schamanenszepter auf den Mastspitzen der jennissejischen Wanderboote teilt Anučin folgende Äußerung der Jenissejer mit: »Auf der russischen Kirche befindet sich ein Kreuz, auf dem Mastbaum der Jenissejer jedoch ein Schamanenstab«[11], womit dieser also deutlich als religiös-nationales Symbol gewertet wird.

Am Vorabend des Tages, an dem der Schamane eine Séance veranstalten will, steckt er seinen Kultstab beim Zelteingang in die Erde, und zwar etwa einen Meter vom Eingang entfernt, rechts der Türöffnung. Aus solchem Anlaß erklären die Jenissejer scherzhaft: »Bei unserem Schamanen ist ein Baum gewachsen, und rasch!« Aus den Sagen über den mythischen Schamanen Doch ist zu ersehen, daß auch bei ihm an der Zelttür ein Baum gestanden hätte, auf dem der Adler dieses Schamanen saß. Der Name dieses mythischen Schamanenbaumes ist Sendadoks, was »Schamanenbaum« bedeutet. Nach Anučin gibt es zwei Versionen von Erwähnungen bezüglich des Adlers des Schamanen Doch, wonach er sowohl auf einem Baume als auch auf dem Schamanenszepter sitzend geschildert wird, und zwar beide Male in ein und derselben Erzählung.[12]

In Zeiten von Epidemien werden richtige Schamanenstäbe oder Nachbildungen von ihnen in Holz auf die Wege gestellt, die zum Lagerplatz der Jenissejer führen, um die Krankheitsgeister abzuwehren. Die gleichen Holzdarstellungen des Stabes werden außerdem auch auf dem Grabe eines an einer epidemischen Erkrankung Verstorbenen aufgestellt, und zwar am Kopfende. Anučin bildet einen solchen Talisman ab, einen Erlenast, der gewöhnlich zwischen 50 und 150 cm lang ist. Der obere Teil ist von der Rinde befreit, während der Unterteil mit sieben Ringen versehen ist, die als Abbilder der sieben Himmel gelten sollen. In die Zwischenräume wird häufig eine Menschengestalt eingeschnitten. Beispiele solcher Stücke befinden sich im Leningrader Museum für Anthropologie und Ethnographie der Akademie der Wissenschaften der UdSSR. Manchmal werden diese Talismane auch schwarz gefärbt, wobei dann die sieben Ringe eine rote Bemalung erhalten.[13]

In diesem Zusammenhang muß noch eine Zeremonie der Jenissejer erwähnt werden, während welcher von oben durch das Rauchloch eine junge Lärche in das Zelt geholt wird. Dieses Fest findet zu Beginn der Jagdsaison statt, von

welchem Zeitpunkt an die Jenissejer ein neues Jahr rechnen. Ich habe zwar diesen Baum im Zelt gesehen und Teile einer schamanischen Vorführung besucht, konnte jedoch nichts Näheres über Sinn und Bedeutung der Feierlichkeiten in Erfahrung bringen. Es dürfte sich dabei um eine Art Neujahrsfest gehandelt haben.[14]
Ganz im Osten Sibiriens nun, bei den alten Kamtschadalen, finden wir die gleiche Zeremonie aus dem Anfang des 18. Jahrhunderts bezeugt[15], nur ist es dort kein Nadelbaum, sondern eine Birke, die an einem Riemen durch das Rauchloch in die Winterwohnung hinabgelassen wurde.
Auch bei den tungusischen Golden im Amurgebiet kennt man einen besonderen Schamanenbaum Mo, der so dargestellt wird, daß sich in der Mitte des Stammes die Sonne befindet. Neun Vögel sind an den Zweigenden zu erblicken. Ein weiterer goldischer mit dem Schamanentum verknüpfter Baum heißt Konguru-zagde.[16] In der Ursprungslegende über das Schamanentum bei den Golden heißt es, daß die ersten Menschen und deren Nachkommen unsterblich waren. Die Kinder des Sohnes des ersten Menschenpaares starben zwar, aber anstelle jedes verstorbenen Menschen erstand ein neuer, so daß das Menschengeschlecht bald übermäßig zahlreich wurde, und das Urelternpaar sich wegen dieses Zustandes Sorgen machte. Der Sohn der ersten Menschen, Doldču-Chodai, faßte nun den Entschluß, für sich die Unsterblichkeit aufzugeben, da dann das Wiedergeborenwerden aufhören würde. So geschah es dann auch, bis eines Morgens drei Sonnen am Himmel erschienen, woraufhin die Menschen vor Hitze umkamen, die Erde Feuer fing, und das Wasser in den Strömen zu kochen begann. Des Nachts aber erschienen drei Monde, so daß die Menschen keinen Schlaf finden konnten. Nun begann der Alte, sich ein Haus aus dem weichen Oisastein zu errichten, wo er Schutz vor den mörderischen Strahlen fand. Dann stellte er sich einen starken Bogen sowie Pfeile her und schoß sowohl zwei Sonnen als auch zwei Monde ab, so daß die Natur wieder ihr al-

tes Aussehen annahm. Jetzt mußten nun die vielen Toten begraben werden, eine Arbeit, die jedoch von den beiden Alten nicht bewältigt werden konnte. Jetzt fährt die Sage fort:

»Voll Sorge erfüllt, legte sich der Alte schlafen. Im Schlaf sieht er einen großen Baum, dessen Stamm so stark ist, daß Hunderte Menschen ihn nicht umfassen können. Dieser Baum (Konguru-zagde) besitzt eine Rinde aus Amphibien, seine Wurzeln sind riesenhafte Schlangen, seine Blätter sind runde Metallspiegel (Toli), seine Blüten bestehen aus kleinen Glocken (Suruonča-kongokto), und sein Wipfel besteht aus einer Vielzahl metallischer Geweihe (Timo-suktči-choja). Als der Alte aufgewacht war, verschwieg er seiner Frau gegenüber diesen Traum, ergriff Bogen und Pfeile und begann, den Konguru-zagde zu suchen. Er war noch nicht lange unterwegs, als er plötzlich einen Baum vor sich erblickte. Der Alte blieb stehen, zielte und schoß einige Geweihpaare herunter, die er in seinem Beutel versteckte. Ferner schoß er auch einige Metallspiegel und Glöckchen herab. Nachdem er seine Beute nach Hause gebracht hatte, schloß er die Fenster, die Tür und alle sonstigen Öffnungen, und nur das Rauchloch (Čonko) vergaß er zu schließen. Nun begann der Alte, seine Beute aus dem Beutel hervorzuholen, aber kaum hatte er ein Geweih ergriffen, als es ihm aus den Händen durch das Rauchloch davonflog. Das gleiche begab sich mit den anderen Teilen des Baumes. Daraufhin verbarg der Alte seinen Sack unter den Schlafpritschen und legte sich darauf. In der Nacht hatte er einen Traum. Es erschien ihm ein wie der Mond weißer alter Mann mit einem bis zur Erde reichenden Bart und sprach zu ihm: »Du bist ausersehen, ein großer Schamane zu werden, aber du allein könntest sowieso allen auf der Erde Umgekommenen nicht helfen. Öffne das Rauchloch deines Hauses und gib den von dir erbeuteten Teilen des Baumes Konguru die Freiheit. Die Teile werden in die verschiedensten Gebiete der Erde fliegen, wo sie Menschen finden werden, die würdig sind, zu großen Schamanen geweiht zu werden. Behalte du je ein Exemplar von allen Gegenständen des Schamanenbaumes, nimm sie, verbirg sie und geh dann in den Wald, um die Felle von Bär, Wolf und Luchs zu erlangen. Dann nähe dir eine Mütze (wobei der Alte ihm eine Mütze zeigte). Oben auf der Fellmütze befestige ein Geweih und ein Glöckchen, und an Brust und Rücken bringe Metallspiegel an; sie werden deinen Körper vor den Pfeilen der Feinde des Schamanentums schützen. Aus den Surunči und Kongokto (d. h. also wohl aus den »Glocken«) stelle dir einen Gürtel her. Der Gürtel und die Trommel werden dich, wann immer du es wünschst, in das Land Buni (das Jenseits) bringen. Deine Helfer werden der Burchan (= Gott) Buččuc und der Vogel Koori sein, auf dem du immer wieder in das Land Buni zurückkehren kannst«.[17]

Neuerdings sind durch W. Stötzners Forschungsreise zu den Solonen in der Nordmandschurei religiöse Zeichnungen auf Tüchern bekannt geworden, die gleichfalls Bäume mit darauf sitzenden Vögeln darstellen, neben denen rechts und links Sonne und Mond, aus Silber- und Goldpapier bestehend, aufgeklebt sind.[18]

Die am weitesten südlich gelegene Entsprechung zu den hier behandelten Schamanenbäumen und ähnlichen mythischen Bäumen dürfte der Mastbaum auf dem Seelenschiff und der ganz ähnlich gebildete Wunderbaum Garing des Seelenlandes der Dajak in Südostborneo sein. Die Blüten dieses Baumes bestehen aus Gold, und die Zweigenden sind vortreffliche Lanzen.

Chronologisch am frühesten belegt ist im Osten die Darstellung eines ganz ähnlichen Baumes aus dem China der früheren Hanzeit (206 v. Chr. bis 8 n. Chr.). Im ehemaligen Berliner Staatlichen Museum für Völkerkunde befand sich ein Dachziegel, auf den mich seinerzeit Herr Dr. W. Eberhardt freundlich hingewiesen hatte, der einen Baum mit zwei unten rechts und links zum Stamm blickenden Vierfüßern darstellt, die allerdings nicht genau gedeutet werden können.

Der Baum besitzt sieben Zweige, die wieder an die sieben Himmelsschichten erinnern, und es ist kaum wahrscheinlich, daß es sich hier um das Abbild irgendeines gewöhnlichen Baumes handelt, schon wegen des auch sonst bezeugten religiös-symbolischen Charakters der altchinesischen Kunstäußerungen. Außerdem gibt es in der chinesischen Überlieferung den berühmten Baum Fu-sang, auf dessen Zweigen sich neun Sonnen befinden, wozu noch eine weitere Sonne auf dem Wipfelzweig kommt. Diese Sonnen werden als Vögel gedacht und ebenso wie in der oben erwähnten goldischen Sage von einem Schützen abgeschossen.[19] – Auch auf der Insel Nias sowie auf Formosa spielt ein »Menschheitsbaum« eine wichtige mythologische Rolle.
Nun hat Uno Harva einige Fälle behandelt[20], die eine besonders enge Beziehung des Schamanen zu einem mythischen Baum ausdrücken. Als Ajȳ-Tojon den ersten Schamanen schuf, ließ er vor der Tür seiner Wohnung einen achtästigen heiligen »nie umstürzenden« Baum wachsen, unter dessen Ästen die Kinder dieses Gottes selbst, die »lichten Geister-Menschen« (wohl die Seelen vor ihrer Geburt. – H. F.) wohnen. Außerdem ließ der Gott auch auf Erden drei Bäume wachsen und stellte, unter ihnen sitzend, alle für das Schamanentum notwendigen Gegenstände her. »Als Erinnerungszeichen dafür hat jeder Schamane hier auf Erden seinen Turū, seinen Schamanenbaum, der dann zu wachsen beginnt, wenn der Betreffende zum Schamanenamt berufen wird, und der bei seinem Tode umstürzt. Nicht so verhält es sich mit dem vor der Wohnung des Obergottes befindlichen Tyspät turū, denn dieser wird weder älter, noch stürzt er jemals um«.[21]
Über die Golden schreibt Harva: »Die Golden, die von drei Weltenbäumen sprechen, von denen der eine im Himmel steht, der andere im Totenreich und der dritte auf der Erde, erklären, daß der erste Schamane, Khado, vom letzteren Baume die Schamanengeräte erhielt. Ferner sagt man, daß jeder Schamane bei den Golden, Orotschen und Oroken ei-

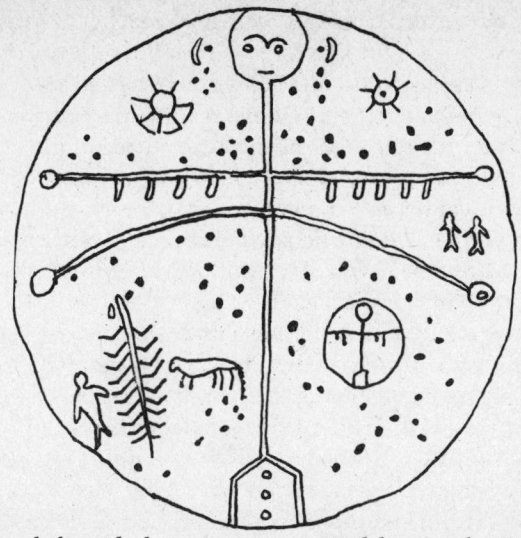

Trommel der Abakantataren mit Weltbaum als Weltriese. Bemerkenswert die Schamanentrommel im rechten unteren Teil, die das kosmische Bild wiederholt. Links wohl ein hängender Kultbaum.

nen besonderen Baum hat, von dem das Leben des Betreffenden abhängt«.[22]
Schließlich führt Harva noch die Meinung der nördlich von Obdorsk beheimateten Tundrajuraken an, wonach der Schamane seinen »heiligen Platz« hätte, wo sein Baum steht, an den zwei mannesgroße Götterdarstellungen (Sjaidai) gelehnt wären, die den Baum bewachen. »Wenn jemand den Baum des Schamanen fällt, so stirbt der Schamane. Aber dies gelingt nicht, denn wenn man versucht, den Baum mit der Axt anzuschlagen, so trifft man in seinen eigenen Fuß. Nach dem Tode des Schamanen vertrocknet sein Baum im Laufe eines Jahres. Wenn ein anderer Zauberer erfährt, daß jener Baum dann gefällt werden muß, so schlägt er ihn um,

opfert und verfertigt daraus Sjaidai (Götzen) für die Samojeden«.[23]

Die nahe Beziehung des Lebens des Schamanen zu den letzterwähnten Bäumen legt es wohl nahe, sie sinngemäß mit den bereits behandelten »Tiermüttern« in Beziehung zu setzen, denn wenn eine solche »Tiermutter« von dem Geisterselbstschuß eines anderen Schamanen getroffen wird und stirbt, so muß der betreffende Schamane ebenfalls sterben.[24] Hier liegt also dieselbe innige Beziehung des Schamanen sowohl zu der »Tiermutter« als auch zu dem Baum vor.

Wir haben nun die »Tiermutter«-Idee auf totemistische Vorstellungen zurückgeführt. Der letzterwähnte »Schamanenbaum« im Sinne Harvas dürfte mithin wohl ebenfalls auf ein altes Totem, diesmal aber pflanzlicher Natur, zurückgehen. Daß in dem nordeurasiatischen Kulturkreis mit solchen Gegebenheiten zu rechnen ist, geht aus den bei den Turkmenen vorkommenden pflanzlichen Totems hervor. Neben vielen Haus- und Wildtiertotems sowie noch Sonne und Mond, erscheinen bei ihnen nämlich auch Hirse und Mohrrübe als Totems.[25]

Nun geht es, unter Berücksichtigung der oben wiedergegebenen Überlieferungen von Jakuten, Tungusen und Jenissejern usw. jedoch wohl nicht recht an, nur die letzterwähnten individuellen von Harva besprochenen Schamanenbäume als solche zu bezeichnen.[26] Die von uns erwähnten Bäume führen diese Bezeichnung ebenfalls zu Recht, denn sie gelten als Geburtsstätte und Ort des Schutzes für die Schamanen. Sie stellen allerdings die Anwendung der »Weltbaum«-Idee auf das Schamanentum dar und sind mithin vielleicht aus den vorderasiatischen Hochkulturen nach Nordasien abgesickert. Es ist auch nicht ausgeschlossen, daß die individuellen Schamanenbäume im Sinne Harvas ebenfalls aus der so weitverbreiteten Weltbaumidee stammen und ein individualistisches Umbildungsprodukt derselben darstellen, denn gerade dieser Zug zum Individuellen ist charakteristisch für das Nordasiatentum, und wir finden in der sogenannten »Schamanenkrankheit« und deren Kulminationspunkt, in dem mystischen Zerstückeltwerden, d. h. also in der schamanischen Selbstinitiation, die gleiche Tendenz wirksam, insofern als ein einst (wenn wir die Sache so richtig sehen) allgemein geübter Brauch im nordasiatisch-jägerischen Kulturbereich einen ausgesprochen individualistischen Charakter angenommen hat. Auch im gesellschaftlich-organisatorischen Bereich ist eine entsprechende Richtung immer wieder erkennbar.[27]

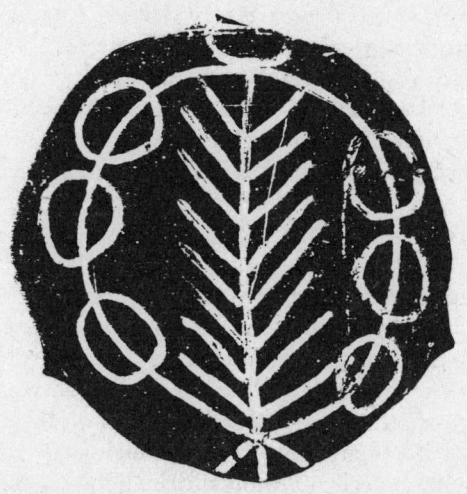

Baumdarstellung auf einer Trommel der Sojoten, eines Turkvolkes

DIE SCHAMANENTROMMEL
(Heino Gehrts)

Die Trommel der nordeurasischen Völker, deren sich vom Nordkap bis zum Stillen Ozean der Schamane bediente, war zumeist die siebförmige Rahmentrommel. Aus einem Holzbrett wurde der Rahmen gebogen, oval oder kreisförmig, und durch eine hölzerne Strebe in der Hauptrichtung in Form gehalten. Von ihr aus verliefen gegebenenfalls Seitenstreben aus Holz oder Eisen bis an den Rahmen. Die Hauptstrebe diente als Griff, war jedoch, über diese Funktion hinaus, auch bedeutungsvoll. Bei den Altaiern hatte sie meist Menschengestalt und hieß »Herr der Trommel«. Das Holz ward von verschiedenartigen Bäumen genommen, Fichten, Birken, Lärchen und Weiden. Bespannt war die Trommel mit der Haut eines Tieres, Hirsch, Reh, Ren, Bär, Rind, Pferd, oder auch mit Darm oder Blase eines Fisches. Fast so wichtig wie die Trommel selbst war der Schlegel, der sie zum Tönen brachte; er bestand aus Holz oder Bein und war oft mit Fell überzogen.

Hans Findeisen ist in diesem Kapitel der Frage nachgegangen, wo diese Art der Trommel, die eine so weite Verbreitung gefunden hat, entstanden sein mag. Er weist hin auf die bildliche Wiedergabe von Trommeln in den vorderasiatischen Kulturen, die schon seit knapp 5000 Jahren bezeugt sind, unter ihnen auch Rahmentrommeln, erinnert an den Reichtum chinesischer Trommelformen mit ebenfalls schon alten Zeugnissen – wobei auch Indien zu erwähnen wäre –, vermag aber nirgends die nordeurasische Trommel direkt anzuschließen. Auch in der Frage des Alters bleiben wir auf Vermutungen angewiesen. Das älteste Zeugnis für den Norden war damals ein typisch lappischer beinerner Trommelschlegel in Hammerform, der auf einer Insel der Barents-See gefunden worden war und auf die Zeit um 500 v. Chr. datiert werden kann. Seither ist ein wichtigeres und älteres Zeugnis für die Rahmentrommel selber hinzuge-

Schamane der Negidal-Tungusen, Ende 19. Jahrh.

kommen, nämlich eine Felszeichnung vom Steilufer der Oka, die in die Angara mündet, einen Nebenfluß des Jenissej, also aus einem Gebiet nordwestlich von Irkutsk. Diószegi, der das Bild als erster gesehen und gezeichnet hat, äußert die Ansicht, daß die Form nächstverwandt sei mit der alten bemalten ketischen Trommel, und Okladnikov hat die dortigen Felsbilder auf die Bronzezeit datiert. Auf demselben Felsen findet sich auch das Bild eines Schamanen – mit einer Geweihkrone, mit Andeutung der Rippen wie bei manchen noch jüngst verwendeten Schamanentrachten, in tänzerischer Gebärde, mit erhobenen Armen.[1]

Hergestellt wurde die Trommel entweder von dem Schamanen selbst, des öfteren aber von kunstfertigen Stammesgenossen nach seinen Anweisungen. Diese hatte er indes nicht aus sich selbst, sondern sie stammten von den Geistern, die ihn berufen hatten, vom Vorfahrenschamanen oder, bei den Turkvölkern der Altai- und Sajan-Gebirge, vom Heiligen Berge des Stammes. Wurde in den alten Kulturen oft schon der bloße Gebrauchsgegenstand nicht ohne Weihe angefertigt, so versteht es sich, daß in der Herstellung eines so wichtigen Gerätes wie der Trommel, deren Wirkung bis in den höchsten Himmel reichen sollte, alle Einzelheiten in weihevoller Weise gemäß den Weisungen des initiierenden Geistes ausgeführt wurden. Dadurch ward von Anfang an ein hoher Beziehungsreichtum in der Trommel verankert, dessen sich der Schamane ständig bewußt blieb. Gerade ihren Werdegang wird er, wenn er zum ersten Male schamanisiert, im Gesang wieder entfalten und damit die vielfältige Lebendigkeit der Trommel, die aus ihrer Entstehungsgeschichte herrührt, stiften und befestigen. Bei den Jakuten und anderen Stämmen hieß diese Séance geradezu die »Belebung der Trommel«. Der Baum, der das Holz hergab, und das Tier, das im Fell weiterlebte und tönte, lieferten und waren ja nicht bloßes Material, sondern wurden als Opfer- und Seelenwesen empfangen, deren Dasein ohnehin nicht mit dem Fällen oder Erjagen beendet war. Daher gilt es, ihr Le-

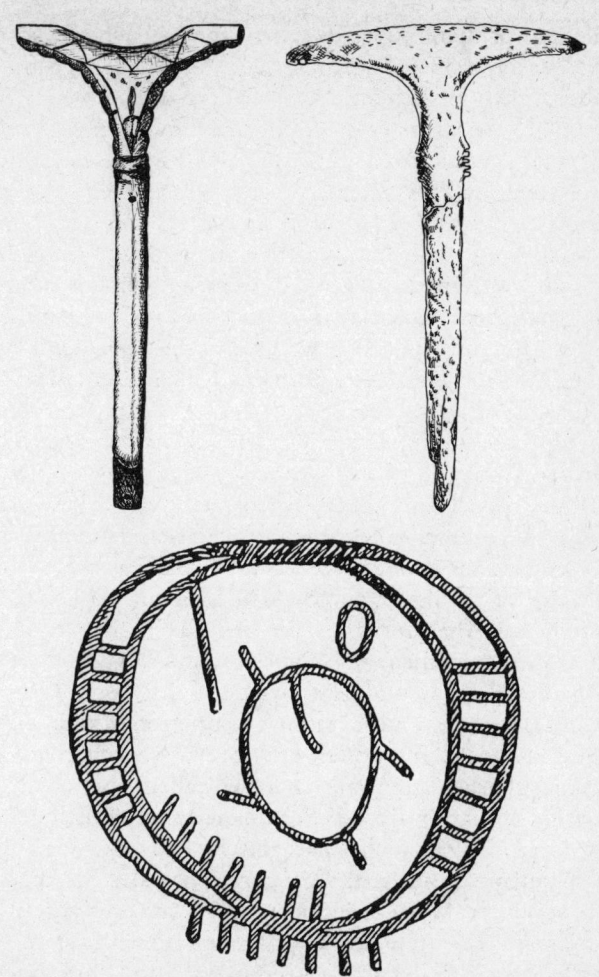

Oben: »Moderner« Trommelschlegel (schwedische Lappen) und einer vor 2400 Jahren, gefunden auf der Olenij-Insel in der Barents-See. Unten: Bronzezeitliche Schamanentrommel, Felszeichnung von der Oka (Diószegi, Tracing Shamans)

ben von vornherein zu gewinnen und zu sichern, so daß diese Wesen dem Schamanen nicht nur in der Trommel, sondern auch als helfende Geister beistanden. Bei einigen Stämmen wird auch der Baum für den Rahmen nicht gefällt, sondern das Scheit dazu mußte so sorgfältig herausgeschnitten werden, daß die Wunde verheilte und er lebendig weiterwuchs. Dieser Baum des Schamanen blieb auch später sein Baum und sein Leben und wurde für ihn zum Himmels- und Weltenbaum. Hätte ihn jemand gefällt, so wäre es dem Schamanen ans Leben gegangen und ebenso auch, wenn es einem Feinde gelungen wäre, die Seele des Tieres, das für die Trommel das Fell hergegeben hatte, einzufangen. Sie mußte daher in besonderer Weise gesichert werden.
Die Trommel konnte auch mit Schellen versehen sein und ebenso mit klappernden Eisenbehängen von symbolischer Kraft und Bedeutung. Mit Vorliebe nahm der Schamane sie von der Trommel eines toten Vorfahrenschamanen. Ein weitverbreiteter Brauch war es auch, das Trommelfell zu bemalen, so bei den Eskimos, den Lappen, bei den Turkvölkern des Altai und auch bei den Keten. Die Trommel zeigte im allgemeinen ein Bild des Kosmos, oft als Dreiwelt mit Himmel, Erde und Unterwelt und mit deren Gottheiten, Hilfsgeistern und Dämonen –, im großen und ganzen mithin so, wie sich die Welt und ihre Wesenscharen in der Stammesüberlieferung spiegelten, vor allem aber auch, wie sie in der Initiation für den Schamanen anschaulich geworden waren. Es gab auch schamanische Provinzen, in denen der Schamane, je nach dem Ziel der Séance, das Trommelfell in besonderer Weise neu bemalte.[2] Das bronzezeitliche Trommelbild deutete Diószegi unter Hinweis auf rezente Parallelen so, daß der große Kreis in der Mitte die Sonne bezeichnete, der kleinere darüber den Mond, die Linie, die vom größeren Kreis aus nach innen verläuft, den »Weg des Schamanen«. Die vier von der Sonne nach außen weisenden Striche sind ihre Strahlen.[3]
Die Bilderwelt auf den rezenten Trommeln ist meistens weit

Lappentrommel (nach Manker, Zaubertrommel)

reichhaltiger. Erwähnen wir die uns nächste, die lappische. Auch sie zeigt in der Mitte das Sonnenbild mit vier davon ausgehenden Strahlen. Die horizontal verlaufenden scheiden das Trommeloval in eine niedere und eine obere Welt, in deren oberstem Felde der höchste Gott dargestellt wird. Merkwürdigerweise ist das Sonnenbild in der Mitte nicht ein Kreis, sondern eine Raute, von deren Spitzen jene Strahlen ausgehen. Zwei lappische Schamanen, die man anfangs des 18. Jahrhunderts bewogen hatte, ihre Trommeln, und das heißt ihr Schamanentum aufzugeben, aber deren Bilderwelt zu erläutern, haben gerade zu diesem Zentrum keine Angaben gemacht und waren auch sonst mit ihren Auskünften zurückhaltend. Wir dürfen wohl annehmen, daß sie nicht nur das zentrale Geheimnis wahren wollten, sondern auch vor dem Versuch verzagten, einen zentralen schamanischen Gehalt missionarischer Gesinnung begreiflich zu machen.[4] Die vielfältigen Bilder der lappischen Trommel erklären sich auch daraus, daß sie nicht nur Wesenhaftes anzeigen sollten, sondern auch Tatsächliches, also zum Beispiel eine Renherde in ihrer Hürde oder einen Biber vor seinem Bau. Denn die lappische Trommel, die übrigens in jedem Hause vorhanden war, auch wenn der Hausherr nicht Schamane war, diente auch der Divination. Ein Anzeiger ward auf das Trommelfell gelegt, und das Bild, zu dem er hüpfte, wenn es geschlagen ward, gab Antwort auf die Frage des Hausvaters.

Die altaischen Trommeln haben zumeist nur eine horizontale Scheidelinie, die oft den Namen *Himmelsgürtel* oder *Regenbogen* führt; die obere Randlinie trug als Himmelswölbung den Namen *Milchstraße*. Nach einer Angabe aus dem Tubastamm spricht der obere Teil der Trommel, wenn sie geschlagen wird, mit dem Himmelsgott, der untere mit dem Unterweltsgott –, ein wunderbares kosmisches Gespräch des Schamanen.[5] Ein sagaischer Schamane, also aus einem Gebirgsvolke um den Oberlauf des Jenissej, berichtete etwas höchst Bedeutungsvolles von seiner eigenen

Trommel: die Querlinie habe aus zwei roten Parallelen bestanden mit einer weißen Zickzacklinie dazwischen, und eine vertikale weiße Linie habe diese horizontalen durchkreuzt. Die Doppellinie bezeichnete der Gewährsmann als den »fernen Weg des Schamanen« (besser: Fernenweg?), die Vertikale als »›Bogensehne‹; sie sollte ihm als Richtweisung dienen, wenn er unbekannte Wege betrat oder auf seiner Trommel zu den Geistern flog«.[6] – Eine höchst bedeutende Aussage, weil nach ihr der Weg des Schamanen wie der Pfeil auf der Bogensehne liegt, und solches in einem Trommelrund, das den Kosmos spiegelt. Es könnte so scheinen, als nähme mit diesen Angaben das Schamanentum teil an der großartigen Bogenmystik Asiens – von Alt-Indien bis zur Zen-Philosophie Japans, nach der das Selbst der gerichtete Pfeil ist, den das All zu seinem Weg bestimmt, ein All, das beim gespannten Bogen anschaulich umfaßt wird von Sehne und Bogenholz.

Von der viergeteilten Trommel dieses Sagaiers sei hier noch angeführt, wie sie bemalt war. Im oberen Felde rechts war der Orion aufgetragen – als Wegweiser für den Schamanen auf der Erde und in der Oberen Welt; der Kuckuck, der für den Schamanen, wenn er in der Oberwelt weilte, die Verbindung mit der Erde hielt; der Sperling, der für die Verbindung zwischen Sonne, Mond und Sternen sorgte; der Rabe als Reisegehilfe des Schamanen, der auch die Seele des Erkrankten, wenn sie schon mit den Kindern des Bergherrn spielte, packte und in die Trommel trug; die Birke, mit deren Hilfe der Bergherr unter anderem den Ursprung der Krankheit herausfand; der Schamane selbst; neun junge Männer; sieben Mädchen, Töchter des Bergherrn, Helferinnen des Schamanen, durch die er auch mit ihrem Vater sprach. Im oberen Felde links standen Sonne und Mond, den Weg des Schamanen während der Séance zu erleuchten; das Sternbild des Großen Bären, das dem Schamanen half, sich zurechtzufinden. Im unteren Felde rechts gab es einen berittenen Jäger, der beim Zusammenstoß mit einem anderen Schamanen den Schutz übernahm; sieben graue Wölfe, die er brauchte, wenn er für den Besitzer einer von Wölfen angefallenen Herde schamanisierte; neun schwarze Hunde, die über ausgetriebene Krankheitsgeister herfielen; ein Bär, der »Herr des Tores«, der der Krankheit wehrte, die in einen Menschen einzudringen suchte. Dieser Bär war auch befreundet mit dem Herrn des Feuers und sprach dieselbe Sprache wie er. Im unteren Felde links schließlich waren Schlange, Eidechse, Regenwurm und Frosch eingezeichnet. Die ersten drei waren Helfer bei Frauenkrankheiten, mit ihrer Hilfe konnte der Schamane aber auch die höchsten Berge besteigen. Der Frosch half bei der Heilung von Geschlechtskrankheiten, und außerdem sprach er dieselbe Sprache wie der Herr des Sees. – In dieser Beschreibung erscheint die Trommel weniger als ein »mythologisches«, vielmehr als ein sehr praktisches Instrument –, bei dem trotzdem die Polarität oben = unten durch Gestirne, Berggeister und Vögel einerseits sowie durch die Elementarwesen, Feuer und Wasser, und die Erdentiere andererseits klar erkennbar bleibt.

Der Klang der Trommel verhilft dem Schamanen dazu, die Trance zu erreichen, die ihm die Ekstasis, die Seelenfahrt, ermöglicht. Es versteht sich, daß in Kulturen ohne Trommel andere akustische Instrumente für sie eintreten können, die Rassel oder der Schellenbaum etwa. Dort, wo Trommelklang den Schamanen mit sich fortreißt und er sich auf den Schwingen ihrer Töne emporgehoben fühlt, wird die Trommel als seelebeflügelnder Vogel erlebt, als Zauberroß, als Zauberren oder -hirsch. Die Vorstellung, daß der Schamane auf der Trommel reitet, also auf dem Wesen, das sie durch die *Belebung* wurde, ist weit verbreitet. Mongolen, Burjaten, Jakuten, Altaiern erschien die Trommel als ein Pferd, und bisweilen ward sie auch mit einem Pferdenamen gerufen.[7] Doch ist das Bild wandelbar. Bei den Evenken, dem Hauptstamm der Tungusen, stellte sich für die Sippe ihr Leben, der Sinn ihres Daseins hier und drüben als ein

Strom dar. Aus diesem Grunde verband sich bei ihnen mit der Trommel das Bild eines Bootes, mußte doch dort der Schamane die Wesensschichten auf einer Stromfahrt erreichen.[8]

Es entspricht der Wesentlichkeit und der Welthaftigkeit der Trommel, daß sie nicht nur vielerlei zu sein vermag, sondern daß sie auch vielerlei in sich aufnehmen und enthalten kann: die Bilder auf ihr sind nicht bloße Illustration. So haben der Trommelrahmen oder der Griff besondere Löcher, und sie galten als Erdspalten oder Höhlen, vermutlich als Sitze von allerlei Wesen.[9] Bei den Schoren hat der Griffstab beiderseits drei Öffnungen, und der Schamane erklärte, daß durch sie die Geister, die er ruft, in die Trommel fliegen und am Ende der Séance auf der anderen Seite wieder hinaus.[10] So wie der indianische Kultführer in der Mitte der Ritualhütte die Mächte der Welt aus den sechs Hauptrichtungen versammelt, so sammelte der Schamane gegebenenfalls zur Séance die Mächte der Welt in seiner Trommel. Radloff hat einer solchen Zeremonie bei den Altaiern beigewohnt und geschildert, wie der Schamane eine Geistermacht nach der anderen anruft und sie in seine Trommel aufnimmt, so daß sie am Ende schwer wird von Welt und an seinem Arme hin- und herzuschwanken beginnt.[11]

Bei alledem ist nicht zu vergessen, daß die Trommel auch in schamanischer Verwendung ein Musikinstrument war, das, in Verbindung mit der Stimme des Schamanen, mit seinem Gesang, ganz außerordentliche Wirkungen erreicht hat. Von dieser Seite her gesehen, war die Séance nicht nur eine mediale Sitzung, sondern ein künstlerisches Ereignis von höchster Vollendung, von dem sogar negativ voreingenommene Beobachter mit Ergriffenheit berichtet haben.[12] Jedesmal erlebte die Runde in einer solchen Darstellung des Schamanen ein tiefaufwühlendes kosmisches Drama, in das der Beisitzer in ganz anderer Weise als der Zuschauer vor unseren Orchestern und Bühnen, durch seine eigene Phantasie, mit hineingerissen wurde. Der Schamane selbst erlebte dergleichen durch seine Trommel. Einen Tschuktschen verweist der initiierende Geist in die Wildnis, dort werde er auf seine Trommel stoßen. Er findet sie, beginnt sie zu schlagen, und »da sah er die ganze Welt, die beiden Ufer des Anadyr und die ganze Tundra«.[13]

Das oben erwähnte Schamanenboot erinnert an ein bei uns vorkommendes Märchenmotiv, an das Boot, das zu Wasser und zu Lande fährt und dessen Bau die Bedingung dafür ist, daß der Held die Königstochter freien kann (AT 513B). In anderen Märchentypen kann er die geforderten Aufgaben nur mit Hilfe eines Zauberreittieres erfüllen, eines Fuchses, Wolfes, Bären, Löwen, zumeist aber des wunderbaren sprechenden Pferdes –, markante Parallelen zur schamanischen Vorstellungswelt, wenn auch die Trommel, das reale Mittel zum Zauberritt, bei uns nicht erhalten blieb. Doch hat bei den Ungarn, deren schamanische Vorzeit noch nicht so weit zurückliegt, die Anschauung, daß die Trommel ein Táltos ist, ein Zauberroß, bis in unsere Tage fortgelebt.[14]

> Pferd zum Fahren, Roß zum Reiten,
> du mein hoffnungsvoller Wagen!
> Fluges Flügel, goldner Sturmwind!
> Werde lärmend, brausend, tosend
> durch den höchsten Himmel stürmen.
> Von dem Saum der Purpurwolke
> jag' ich, Kopf nach unten, in die Weite.
> Von des goldenen Gewölkes Simse
> flieg ich, Flügel spreitend, in die Weite.[15]

MEDIUMISMUS UND SCHAMANISTISCHER KULTURSTIL

Im Zusammenhang mit dem Schamanentum wurde in der Literatur immer wieder von der Epilepsie gesprochen. Es wird, meine ich, nachgerade Zeit, diesen Zusammenhang als unzutreffend zu erkennen, ganz abgesehen davon, daß der Begriff der Epilepsie sehr komplex ist. Bereits die »von äußeren Ursachen im wesentlichen unabhängige Periodizität« der anfallsartig auftretenden epileptischen Störungen spricht gegen die Annahme, daß wir es bei den Schamanen mit Epileptikern zu tun haben, denn sie verfügen ja gerade über die Fähigkeit, ihre »Anfälle« bewußt herbeizuführen, was absolut im Gegensatz zu den epileptischen Anfällen steht. Ferner geht wirkliche Epilepsie zwar ebenfalls mit einer Veränderung des gesamten Seelenlebens einher, wie wir solche bei den Schamanenkandidaten auch vorauszusetzen haben, aber die Richtung dieser Veränderung steht wiederum in direktem Gegensatz zu der, welche als Folge der Epilepsie geschildert wird. Letztere macht sich in »geistiger Schwerfälligkeit, Vergeßlichkeit, Einengung des Gesichtskreises und Selbstsucht« bemerkbar.[1] Die Schamanen dagegen sind gerade geistig besonders rege, sind sie doch die Dichter religiöser Anrufungen, Hymnen usw., müssen doch gerade sie den gesamten kultischen Stoff ihres Stammes bis in ihr höchstes Alter besser beherrschen als womöglich jeder andere. Sie sind auch meist besonders gute Kenner der Sagen und Märchen. Auch haben die Schamanen für ihren Lebensunterhalt in gleicher Weise zu sorgen wie die anderen Stammesgenossen, so daß sie ihre kultische, seelsorgerische und sonstige geistige und geistliche Tätigkeit noch neben dem üblichen Nahrungserwerb auszuüben haben, mithin also von vornherein viel mehr Kräfte und Fähigkeiten ausbilden müssen als die anderen Stammesgenossen. Und was schließlich die Selbstsucht betrifft, so ist diese überhaupt nicht mit dem Schamanenberuf zu vereinbaren, da dieser eine wahre Schule des Altruismus ist, und die Schamanen jederzeit zu Kranken und Hilfsbedürftigen zu eilen haben, eine Verpflichtung, zu deren öffentlicher Anerkennung sie sich bei manchen Völkern während der Weihe geradezu verpflichten müssen. – Mit Epilepsie hat das Schamanentum mithin überhaupt nichts zu tun.

Was besagt nun ferner die immerwährende Erwähnung der »Hysterie« der Schamanen seitens der rationalistisch-hochmütigen Forschung besonders des 19. Jahrhunderts einer so gewaltigen Schöpfung gegenüber, als welche das Schamanentum betrachtet werden muß? – Mit der üblichen Sicht dieses Jahrhunderts kommen wir aber auch dem Wesen der »Hysterie« nicht näher, geschweige denn dem weitschichtigen und tiefgegliederten Komplex des Schamanentums.

Die immer wieder – reichlich vereinfachend – als »Hysterie« bezeichneten Vorgänge weisen nun jedoch Bilder auf, die uns hier angehen, und hinter denen ein metaphysisches Problem greifbar wird, wie von Carl Ludwig Schleich erkannt worden ist. Hier werden Vorgänge produziert, bei denen »durch Vorstellungseinwirkung etwas Positives, Gewebsveränderndes, Formumwandelndes oder Formabschaffendes vor sich geht. Wo also eine produktive, pathologische Gewebsumbildung statthat«. Und dann ist jene »Hysterie« u. a. durch Erscheinungen charakterisiert, »wo krankhafte Zustände imitiert werden mit einem Symptomenkomplex, von welchem der Kranke keinerlei Kenntnis haben konnte, den er aber doch haarscharf, völlig identisch mit dem des realen Krankheitsbildes reproduziert. – Im ersteren Falle, dem der Gewebsproduktion durch den hysterischen Impuls, liegt das metaphysische Problem der Inkarnation vor, im zweiten, der des mediumistischen Schauens, eine Art Hellsehen von Krankheitsmöglichkeiten«. Und an einer anderen Stelle erklärt Schleich die Hysterie geradezu als eine »Phantasiekrankheit«, wodurch mit einem Schlage klar werde, warum sie eine Krankheit der künstlerischen, affektiven, vornehmlich ein Phantasieleben führenden Geistnaturen sei.[2]

Auf dem zuletzt angedeuteten Wege dürften wir auch der Psyche der Schamanen näherkommen, denn gerade die so übel beleumundete »Hysterie« ist nach Fanny Moser »ein dynamogener Faktor ersten Ranges«, der alle physischen und psychischen Fähigkeiten »in erstaunlichster Weise zu steigern, herabzusetzen oder umzuwandeln« vermag. »Ähnlich wie von der Suggestion kann man von ihr sagen, daß durch sie fast jede Bahn des Zentralnervensystems ... erschließbar und jede psychische Leistung möglich ist. Sie verfügt also ihrerseits über Kräfte, deren Grenzen und Quellen unbekannt sind und zu ähnlicher Steigerung führen können wie auch bei Geisteskranken, von denen Lombroso erklärte: ›Der Psychiater kann nicht umhin zu erkennen, daß der Verrückte alle geistigen Kräfte anspornt und die psychische Tätigkeit fast bis zur Höhe des Genies aufregt‹.« Es ist ohne weiteres klar, daß bei den Schamanen, wenn man sie schon als »Hysteriker« betrachten wollte, was mir aber ebenfalls nicht angängig erscheint, in erster Linie die Überleistungen der sogenannten »Hysterie« zum Ausdruck kommen, die deutlich auch an die doppelten und vielfachen Persönlichkeiten geknüpft erscheinen, die sich als vom Oberbewußtsein losgerissene oder an der Verbindung mit diesem verhinderte Elemente und Komplexe darstellen, zu einem kräftigen Eigenleben gelangen und immer weitere Teile des Ich assimilieren und zu größter Selbständigkeit entwickeln, bis sie schließlich in den »sekundären Persönlichkeiten« ihre Vollendung erreichen, wie Fanny Moser meint. Aber: bis zur Entwicklung einer vollausgebildeten und mit Bewußtsein ausgestatteten »sekundären Persönlichkeit« sei – nach der gleichen Autorin – der Weg ein langer, und nur selten werde dieses Stadium erreicht.[3]

Wenn wir nun die Schamanen unter diesem Gesichtspunkt betrachten wollten, hätten wir wohl dieses Stadium als fast immer realisiert anzunehmen. Es könnte geradezu die Vor-

aussetzung dafür bilden, um als wirklicher Schamane anerkannt zu werden. Die sich gelegentlich über mehrere Jahre hinziehende sogenannte »Schamanenkrankheit« würde dann geradezu jene Zeitspanne darstellen, die benötigt wird, um eine bzw. mehrere solcher sekundären Persönlichkeiten zu voller Entfaltung zu bringen. Auch die immer wieder von den Schamanen gemachte Mitteilung, daß der durch sie sich äußernde Geist Erklärungen abgibt, von denen ihr Bewußtsein nichts weiß[4], wäre dann ganz dazu angetan, uns die Vorstellung fester fassen zu lassen, daß dieser Geist, d. h. zunächst natürlich der schamanische Ahnengeist oder jener weibliche Geist, mit dem so viele Schamanen in einer dauernden Liebesgemeinschaft leben, eine vollentwickelte sekundäre Persönlichkeit sein könnte.
Fragen wir nach den okkulten Fähigkeiten der Schamanen, von denen immer wieder berichtet wird, also etwa von Fernschau und Vorschau, so müssen wir leider feststellen, daß mit der notwendigen Akribie untersuchte Fälle fehlen. Uns, die wir an der Typik des schamanischen Komplexes interessiert sind, muß es hier genügen, daran festzuhalten, daß sowohl die Eingeborenen als auch viele Russen den Schamanen derartige okkulte Kräfte zuschreiben. Sie werden es nicht ohne Grund getan haben und tun, und die diesbezüglichen Überlieferungen ordnen sich ja auch vollkommen gemäß den uns sonst bekanntgewordenen Fakten der Parapsychik ein. Es liegt deshalb also auch absolut kein Grund vor, den Schamanen derartige Fähigkeiten absprechen zu wollen, wenn es auch, was die wissenschaftliche Beglaubigung bestimmter Vorkommnisse betrifft, schlecht bestellt ist und wir gern über experimentell korrekt nachgeprüfte Fälle verfügen würden. Doch werden auch sonst mancherlei erstaunliche Geschichten von den Schamanen berichtet, und kein Geringerer als W. G. Bogoras hat einen solchen Vorgang miterlebt und ihn geschildert. Eine bis zum Gürtel nackte Schamanin hätte sich zu dem Reisenden und seinen Begleitern gesetzt und durch ihren Gesichtsausdruck zu

verstehen gegeben, daß ein Geist in ihren Körper eingedrungen wäre. »Dann nahm sie einen großen, runden Stein, den sie mit den Händen zu drehen und zu pressen begann. Es kamen dann aus dem Stein kleine, glatte Steinchen heraus, was ungefähr fünf Minuten dauerte. Ein Häufchen solcher kleinen Steine war entstanden, während der große Stein in den Händen der Schamanin sich weder in der Größe noch in der Form verändert hatte. In der Meinung, daß dieses Experiment irgendwie vorbereitet gewesen wäre, bat ich sie, dasselbe zu wiederholen. Sie tat es ganz mühelos. Trotz der aufmerksamen Beobachtung konnte ich das Geheimnis ihrer Kunst nicht ergründen.«[5]
Erwähnt seien auch einige Fakten, die uns aus Westturkestan bekannt geworden sind. Dort sollen im Zusammenhang mit der Berufung zum Schamanen Steine in den Hof fliegen, die Kleidung soll ohne natürlichen Anlaß zu brennen beginnen, die Überschuhe verlassen selbständig ihren Platz, Kopftücher beginnen zu fliegen, aufeinandergelegte Decken fallen herunter usw.[6] All das sind nun aber Erscheinungen, die uns aus der mediumistischen sowie aus der Spukforschung wohlbekannt sind.[7]
Wenn wir nun die der Psychologie der Schamanen gewidmeten Ausführungen noch einmal an uns vorüberziehen lassen, möchten wir zunächst unsere negativen Feststellungen zusammenfassen. Wir können erklären, daß die Schamanen keine Epileptiker und keine Psychopathen im modernen psychiatrischen Sinne sind. Sie sind auch keine Schizophrenen, denn diese werden meist pflegebedürftig, während die nordasiatischen Schamanen ihr ganzes Leben hindurch selbständig im Kampf ums Dasein stehen, Jäger, Fallensteller, Fischer, Viehzüchter oder Bauern sind und ihre vielseitige therapeutische usw. Tätigkeit unter Einhaltung zahlreicher überkommener Formen ausüben, wozu ein wirklicher Geisteskranker einfach nicht fähig wäre. Wenn sich schamanisch-animistische Denkinhalte mit solchen des Spaltungsirreseins parallelisieren lassen, so will man von psychiatri-

scher Seite darin atavistische Vorgänge erblicken (Storch, Götz). Das bedeutet aber für uns, daß die Archaik als solche kein Krankheitsbild darstellt. Und wie steht es ferner mit der »hysteroiden« Erlebnisform der Schamanen? Die Hysterie ist selbst recht verschiedenen Beurteilungen unterworfen worden. Je mehr wir uns aber der Moderne nähern, um so mehr hat man in ihr nicht nur absolut negative Elemente festgestellt. Gewiß manifestieren sich in der »Hysterie« vom Oberbewußtsein nicht mehr kontrollierte tiefenseelische Strebungen. Aber ist denn die Tiefenperson eine als krank zu bezeichnende Wesenheit? Sind unsere Träume krankhafte Äußerungen bzw. Schöpfungen?

Berücksichtigen wir schließlich noch die okkulten mit den Schamanen verknüpften Fähigkeiten, so werden wir auf einen Weg gewiesen, der uns die Schamanen als das erkennen läßt, was sie als psychische Typen wirklich sind, und wir haben gewiß ein Recht, zu erklären, daß die Schamanen Nordasiens unseren spiritistischen Medien entsprechen, und daß sie die damit verknüpften besonderen Fähigkeiten im Interesse ihrer Sippen- und Stammesgenossen ausüben. Der gesamte Schamanismus der Nordasiaten trägt somit als Erlebensform einen mediumistisch-spiritistischen Grundcharakter. Dieser ist gekennzeichnet durch das Intätigkeittreten von Trance- bzw. sekundären Persönlichkeiten, wobei die Qualitäten dieser sekundären Persönlichkeiten jene der primären, oberbewußten Persönlichkeit häufig überragen und auch sogenannte okkulte Fähigkeiten der Schamanen zu mobilisieren vermögen. Hieraus dürfte sich auch die Vielseitigkeit der Begabungen heilender und künstlerisch-schöpferischer Natur der Schamanen erklären sowie die Autorität, die ihnen in so hohem Maße von ihren Sippen- und Stammesgenossen übertragen worden ist.

Wir stehen hier vor Fragen, denen wir als Ethnologen kaum ausweichen können, denn wenn dieser Wissenschaft ein über die Materialsammlung bezüglich der Psyche sogenannter archaischer Völker hinausgehender Sinn zukommen soll, so ist es doch der, auch Schlußfolgerungen nicht zu scheuen, die uns zu einer absolut notwendigen neuen Theorie des Menschen führen sollen. Daß diese neue Theorie des Menschen jedoch nicht materialistisch sein kann, liegt nach allem Vorgebrachten auf der Hand. [Daher erklärt der Verfasser auch, nach einer Erörterung der Begriffe Ekstase, Trance, Somnambulismus, wir brauchten] keine physiologische Theorie der Trance, sondern eine psychologische und sind der Meinung, daß man die Dinge nur so zu sehen hat, daß die psychischen Vorgänge als die primären und die physiologischen als die von diesen hervorgerufenen sekundären aufzufassen sind. Letztere brauchen uns mithin keineswegs allzusehr zu interessieren.

Das Medium Alfred M. aus meinem Augsburger Freundeskreis, dem ich für seine Mitteilungen vielerlei Dank schuldig bin, hat seine eigenen Trancezustände sehr genau beobachtet und den Vorgang folgendermaßen geschildert: Es entsteht bei ihm zunächst ein Druck auf die Brust, ganz wie bei einem Alptraum, der ja auch als die Tätigkeit eines Geistwesens gegenüber dem Träumenden aufgefaßt wird (Alp = Albe). Nach seinen Erlebnissen versucht nun die aufgetretene »Intelligenz«, bzw. der Dämon usw., den »Astralkörper« (u. a. auch der indischen Lehren)[8], bzw. den »Fluidalkörper« (der Durvilleschen Experimente)[9], der den eigentlichen Träger des Lebens, einschließlich seiner höchsten Funktionen, darstellen soll, aus ihm (d. h. dem Körper) zu verdrängen, um sich an dessen Stelle zu setzen, womit er die Macht über die Sprechwerkzeuge usw. des Mediums gewinnt. Währenddessen befindet sich der »Fluidalkörper« des Mediums neben diesem und verfügt auch häufig über die Fähigkeit, die Umwelt, einschließlich der »Fluidalkörper« der »Jenseitigen« der verschiedensten Artung zu erkennen. Während unserer Trancesitzungen hörten wir immer wieder eine solche »Intelligenz«, bzw. ein durch das Medium sprechendes Ich erklären: »Ich bin jetzt gerade dabei, den Astralkörper des Mediums zu verdrängen«. Oder: »Ich habe nunmehr den Astralkörper des Mediums vollständig verdrängt und habe das Medium völlig in meiner Gewalt«. Diese Worte selbst wurden natürlich nicht mehr in der üblichen Sprechweise des Mediums gegeben, sondern in der für das betreffende (andere) Ich charakteristischen Art, die sich, wenn dasselbe Ich in verschiedenen Sitzungen auftrat, immer gleich blieb.

Die eindeutigen Erlebnisse der Medien und auch der Schamanen sprechen tatsächlich niemals von einer Ichspaltung, wie wir sie mit dem Begriff der sekundären Persönlichkeit voraussetzen, sondern durchweg von dem Eindringen in den Schamanen oder in das Medium, bzw. von der Inbesitznahme des Körpers des Mediums durch ein bereits bestehendes Ich, meist die »Seele« eines Verstorbenen. Auch diese Erklärung der Medien verdient es natürlich nicht, einfach in Bausch und Bogen verdammt zu werden. Auch mit dem üblichen besserwissenden Lächeln ist es nicht getan, zumal Oesterreich ganz richtig erklärt, daß, wenn überhaupt jemand etwas über das Zustandekommen der Phänomene wisse, es die Iche sein müßten, welche als wirksame Potenz dahinterstehen, wer immer sie sein mögen; die somnambule Seele des Mediums, irgendwelche Geister oder wer sonst. »Selbstverständlich ist mit dem Befragen noch nicht gegeben, daß wir den Antworten nun auch ohne weiteres Glauben schenken, aber sie könnten doch richtig sein oder uns wenigstens neue Anregungen geben, denn mehr wird die phänomenproduzierende Potenz über ihr Zustandekommen doch wohl wissen als wir«.[10]

Adolf Bastian, der bedeutende Völkerkundler (1826–1905), hat einmal erklärt: »Oft hat man es erfahren, daß Leute, die bis dahin weder Talente noch Rednerfertigkeiten gezeigt hatten, in dem konvulsivischen Delirium[11] plötzlich in wohlgefügtem Zusammenhang sich über die wichtigsten Dinge ausließen und sich auf das gründlichste über ihnen bis dahin ganz fremde Gegenstände, über die verwickeltsten Fragen äußerten, in jener hyperbolischen und bilderreichen

Sprache, wie sie im Unterschiede von dem Volksdialekte nur im Besitze der Häuptlinge und Redner zu sein pflegte.«[12] Der ungeheure Reichtum der Bastianschen Beobachtungen in allen Weltteilen macht seine Ansicht ganz besonders bedeutsam. Hier wird also von Überleistungen gesprochen, die so mancher unserer Psychologen aus einem Defekt abzuleiten sich bemüht hat. Daher erwächst aus dem ungeheuren Tatsachenreichtum, den die Ethnographie während eines Jahrhunderts hat sammeln können, eine großartige Aufgabe für neue psychologische Schulen. Sie werden diesen Reichtum für sich entdecken und im Sinne eines neuen Bildes vom Menschen auswerten.

Personen mit der Begabung, ekstatische oder Trancezustände ziemlich rasch zu erreichen, sind nun eben auch die nordasiatischen Schamanen. So erlebte ich beispielsweise an der Steinigen Tunguska den jenissejischen Schamanen Dupdullan Kamoski, wie er mir eine Heldensage vortragen wollte. Er saß mir gegenüber am Tisch. Sehr bald geriet jedoch sein Oberkörper in rhythmische Schwingungen, und nach wenigen Minuten bereits hatte er seine ursprüngliche Absicht vergessen und sang nun anstelle der Heldendichtung seine schamanischen Hymnen, mehr oder minder im Moment neu geschaffene Schilderungen vom Verhalten bestimmter ihm sichtbarer Geister und ihrer Gespräche mit ihm usw. Den so erlebten Zustand des Schamanen bei seinen Schöpfungen dürfen wir nach allem fraglos eben als »ekstatisch« bezeichnen, denn sein Wachbewußtsein und seine darin gefaßten Absichten waren bereits von Impulsen verdrängt worden, die ihren Ursprung in anderen, tieferen Schichten der Seele hatten.

Die übliche, von uns bereits verschiedentlich abgelehnte Beurteilung der Schamanen als vom Teufel Besessene, als bedauernswerte Kranke oder als staatlich zu bestrafende Scharlatane, mit der wir uns auseinandersetzen mußten, hat uns nun dahin gebracht, in ihnen, als in Medien, weitgehend genialisch-schöpferische Züge erkennbar werden zu lassen.

Da nun die Schamanen-Medien vorwiegend von solchen, die Qualitäten des Oberbewußtseins weit in den Schatten stellenden Fähigkeiten des »Unterbewußten« getragen werden, dürften bei ihnen durchschnittlich mehr geniale Künstler usw. zu zählen sein als in jedem anderen Milieu!
Und wie haben wir uns das Auftreten der okkulten Fähigkeiten bei den Schamanen und Medien zu erklären? Wie fügen sich Telepathie, Hellsehen, Einwirkungen auf die Materie (wie von Bogoras beobachtet) in das Bild ein, das wir von dieser Personengruppe gezeichnet haben? Die Schamanen-Medien sind also zunächst Künstler, weil der Mensch von einer künstlerisch arbeitenden seelischen Potenz aufgebaut und erhalten wird, die auch die Leistungen dieser ihrer Schöpfung veranlaßt und durchdringt. Diese Potenz verfügt aber auch über der oberbewußten Persönlichkeit nicht zugängliche tiefe Einsichten in den Aufbau und die Funktionsweise der »Natur« überhaupt. Dieser selben Potenz kommt ferner die Fähigkeit zu, Wirkungen in der Natur zu vollziehen, die über die der physikalischen Gesetzmäßigkeit hinausgehen, da sie selbst ein über der Natur stehendes Etwas darstellt, das die Materie nach Belieben handhabt und sie, etwa bei Apportphänomenen[13], dematerialisiert und wieder rematerialisiert. Für diese Potenz existieren deshalb auch die Begriffe Raum und Zeit nicht, oder in einer abgewandelten Form, denn sonst wären räumliches Hellsehen und Zukunftsschau (zweites Gesicht; Prophetie) nicht möglich.[14] Diese Potenz ist mithin nicht aus der Natur ableitbar, sondern stellt den zeit- und raumlosen geistig-schöpferischen Wesenskern des Menschen dar und dürfte deshalb als eine Unterkraft (vielleicht eine Art Spaltpersönlichkeit?) des das All durchwaltenden göttlichen Geistes selbst anzusehen sein.
Schamanentum und Mediumismus gehören so zu den bedeutsamsten Forschungsbereichen überhaupt, weil sie uns Einblicke in Mächte erschließen, zu denen wir sonst nur noch durch Yoga und Mystik Zugang erhalten. Weshalb

diese kreativen Mächte in deutlicheren Manifestationen fast immer nur sporadisch auftreten, wissen wir nicht. Da sie aber in großen Kulturkreisen charakterbestimmend werden konnten, wie z. B. in Nordasien, dürfen wir die Hoffnung hegen, daß sie sich auch einmal wieder in unserer eigenen, im Übermaß auf Bewußtheit bezogenen Kultur durchsetzen werden.
Wir haben uns nicht gescheut, auch die durch die Tatsachen des Schamanismus-Mediumismus angeregten erkenntnistheoretischen und metaphysischen Probleme kurz zu streifen. Mir scheint, daß die Ethnologen sehr froh darüber sein können, daß sie durch ihr Material bezüglich des mediumistischen Schamanentums, das ja nicht nur in Nordasien beheimatet ist, in einen engeren Kontakt mit der Parapsychologie kommen dürften. Die Zusammenarbeit beider Disziplinen stelle ich mir in der Zukunft für beide Teile als sehr fruchtbringend vor. Bozzanos Buch »Übersinnliche Erscheinungen bei Naturvölkern«, Bern 1948, kann dabei nur als eine skizzenhafte Vorarbeit gewertet werden. Sie ist aber von großer Bedeutung, weil hier ein mit dem bisherigen parapsychologischen Material aufs engste vertrauter Fachmann spricht, den auch die Ethnologie ernstzunehmen hat.

Vergleichende Schlußbetrachtung

So sehr auch das gesamte von uns besprochene Material an Traditionen, Riten und subjektiven Erlebnissen der Schamanen im Sinne einer Stützung der spiritistischen Hypothese interpretiert werden könnte – im Gegensatz zu der von uns in den Vordergrund gerückten »animistischen« Deutung (im parapsychologischen Sinne) des Wirksamwerdens von Trancepersönlichkeiten – so sehr ferner die bedeutenden Mattiesenschen Forschungen[15] allgemein für die spiritistische Hypothese sprechen mögen, die ja als Glaubenspostulat auch fast allen Religionen eigen ist, so muß bezüglich des Schamanentums doch das Folgende erklärt werden: Wenn schon das Problem der »Identifizierung« eventuell vorhandener Geister von Abgeschiedenen sogar in unseren europäischen, meist gut kontrollierbaren, Verhältnissen, fast unlösbar erscheint, d. h. meist auch über telepathische Einwirkungen »animistisch« interpretiert werden kann, um wieviel komplizierter müssen sich europäischen Forschern alle solche Versuche innerhalb des ihnen doch sehr fremden nordasiatischen Kulturmilieus darbieten. Abgesehen von den sprachlichen Schwierigkeiten, die sich einem da entgegentürmen, sind den nur vorübergehend anwesenden Forschungsreisenden »im Feld« die verstorbenen Personen, also zunächst einmal die schamanischen Ahnengeister, die sich in den Trancezuständen der Schamanen manifestieren könnten, ja überhaupt nicht bekannt gewesen. Die europäischen Forscher können also nicht einmal beurteilen, worin etwa der besondere persönliche Charakter einer bestimmten Trancemitteilung beruht, die als Hinweis auf die Äußerung eines tatsächlich Abgeschiedenen gedeutet werden könnte. Solche eventuellen Identifizierungen zu beurteilen, ist also der europäische Schamanismusforscher an Ort und Stelle einfach nicht in der Lage.

Viel wesentlicher ist aber noch folgendes: Das Schamanentum der Nordasiaten ist eine seit Jahrhunderten, wenn nicht Jahrtausenden überlieferte Kulturerscheinung, die mit immer wiederholten (wenn auch jedesmal individuell etwas abgewandelten) Stoffgruppen operiert, wie etwa mit dem visionären Zerstückelungsritual, dem Schamanenbaumgedanken, der Idee der Weltallsschichtung usw. usw. Diese Bilder werden doch wohl auch darum von den Schamanenkandidaten immer wieder neu belebt und erlebt, weil sie bereits dem festgeformten Schatz schamanistischer Überlieferungen angehören, ohne ihren Ursprung in Tranceerlebnissen zu haben. Doch unsere europäischen Medien kennen die Mehrzahl dieser Traditionen nicht. Wenn jedoch diese eine allgemein menschliche bzw. menschheitliche Voraussetzung dafür wären, daß Mediumität möglich wird, dann müßten sie in ähnlicher Form auch bei uns auftreten. Nun erlebt allerdings das Augsburger Medium Alfred M., mit dem ich längere Zeit zusammenarbeiten konnte, gelegentlich in der Trance ebenfalls Bedrohungen durch gewisse »Dämonen«, aber Zerstückelungsvisionen der von uns oben geschilderten Art standen keineswegs am Anfang seiner mediumistischen Tätigkeit, und diese Feststellung dürfte auch für unsere anderen Medien wohl durchweg zutreffen. Im nordasiatisch-schamanischen Zerstückelungsritual liegt also ein Stoff vor, der als fester Bestandteil der schamanischen Tradition eines bestimmten Völkerkreises angehört, der also kulturelles Überlieferungsgut ist und kein »naturwissenschaftliches« Faktum widerspiegelt.

Auf jeden Fall aber spiegelt sich im Schamanentum, wie wir es – was bestimmte Formen seiner Erscheinung betrifft – verhältnismäßig ausführlich geschildert haben, die Tätigkeit seelischer Regionen, die vor allem als die Quellen künstlerischer Kreativität und sogenannter okkulter Fähigkeiten angesprochen werden können. Man gewinnt fraglos den Eindruck, daß von den Schamanen Nordasiens immer wieder auch spontane Neuschöpfungen auf den Gebieten der Dichtkunst, des Musikalischen, des Dramas und des Tanzes zutage treten. Das gesamte Schamanentum wird von solchen Impulsen durchwaltet und nimmt damit eine ausgesprochen musische Form an. Diese aber in den Urwäldern und Tundren des Nordens bei Völkern mit sehr einfacher materieller Ausrüstung als normbildend erkannt zu haben, ist ein geisteswissenschaftliches Ergebnis von einiger Tragweite. Die musische Gestalt des nordasiatischen Schamanentums zeigt uns mit nicht zu überbietender Klarheit, daß der schöpferische Geist und seine Gebilde zutiefst den Charakter einer sonst immer als »primitiv« oder gar als »krankhaft« geschilderten großen kulturellen Weltprovinz der Altmenschheit (vor der europäisch-amerikanischen Technisierung) bestimmt haben.

Diese Einsicht läßt uns die Dominanz der Ratio in unserer eigenen Kultur als eine Spezialisierung erkennen, die in ih-

rer Einseitigkeit Gefahren mit sich gebracht hat und die um so gefährlicher ist, als die Intoleranz und Aggressivität dieser unserer rationalen Kultur alle anderen Kulturen mit Vernichtung bedroht.
Theoretisch müßte es möglich sein, eine harmonische Kultur auszubilden, die der Ratio sowohl als auch den Künsten möglichst gleiche Entfaltungsmöglichkeiten bietet. Die Geschichte und die Völkerkunde haben allerdings gezeigt, daß bisher alle Kulturen gerade durch einen Stil ausgezeichnet sind, und »Stil« hieß oft nichts anderes, als daß ganz bestimmte Seiten des Daseins zu einer Vorherrschaft gegenüber allen anderen gelangen, die sie durchtränken, sich assimilieren und zeitweilig auch zurückdrängen.[16] Es gehörte vielleicht ebenfalls zu den Aufgaben einer umfassenden Kulturwissenschaft, demgegenüber das Bild einer harmonisierten Kultur zu entwerfen, die zu schaffen der Anstrengungen aller Einsichtigen wert wäre.
Nordasien bietet dagegen ein Bild des genauen Gegensatzes zu unseren Zuständen: eine Technik, die auf denkbar einfachster Stufe stehengeblieben ist, wogegen die Künste absolut wertbestimmend sind und die vorwiegend künstlerischen Impulsen gehorchenden Medien-Schamanen auch sozial auf der obersten Stufe der Gesellschaft stehen, bzw. noch vor kurzem standen, einer Stufe, die bei uns von den Politikern, Militärs und den Industriellen eingenommen wird. Beide Kulturformen sind höchst einseitig entwickelt, d. h. sie verfügen beide über einen voll ausgeprägten Stil. Für die Menschheit wäre es aber wichtig, daß der eine Stil den anderen nicht vernichtet, sondern daß beide sich im höheren Interesse durchdringen.
Das Schicksal des musisch-medialen Stiles in Nordasien dürfte allerdings bereits so gut wie besiegelt sein, denn er, der technisch und organisatorisch denkbar schwach ist, steht gerade der bestorganisierten und aggressivsten Gemeinde des technisch-rationalen Stiles, seiner materialistischen Kriegersekte sozusagen, gegenüber.

Wenn wir also – vom allgemeinsten kulturkritischen Standpunkt aus – den wuchernden irrationalen Schöpferkräften der nordasiatischen musisch-schamanischen Weltprovinz allein keineswegs das Wort reden wollen, so dürfte es doch wichtig sein, daß wir Kenntnis von den ihren Stil bestimmenden Tatsachen haben, bzw. gewinnen. Dieses wäre um so wesentlicher, als wir selbst ja ebenfalls Nutznießer und Leidtragende eines Kulturstiles sind, der alles andere als vollendet, d. h. harmonisiert, ist, sondern der gerade die Kräfte vergewaltigt und mißachtet, als deren Wirkung uns Dichtung, Musik, Tanz, Schauspiel, »übersinnliches« Erkennen und – Philosophie geschenkt worden sind, Werte, die seit langem schon kein allgemeines Anliegen mehr unserer »modernen« Staatsvölker darstellen. Die Vernichtung dieser hohen geistigen Errungenschaften bei den alteinheimischen nordasiatischen Völkerschaften wäre somit nicht nur ein lokal bedeutungsloser Verlust »abergläubischer« Meinungen dem Untergang ohnehin geweihter »primitiver« Volkstümer, sondern stellt einen weiteren Schritt auf dem Wege zu immer umfassenderer geistiger Verarmung der Menschheit als solcher dar.
Wem geistiges Schöpfertum noch etwas bedeutet, der wird das Schamanentum der Nordeurasiaten nur mit Hochachtung und tiefster innerer Bewegung betrachten können. Ich möchte hoffen, daß seinem Verständnis durch die hier vorgelegte knappe Darstellung ein gangbarer Weg bereitet sein könnte.

ZWEITER TEIL

DOKUMENTE

1.
SÉANCE AM FELSENKAP

Die Trommel lag unter dem Zeltdach auf einem hölzernen Brett. Ukwun nahm sie herunter, versuchte mit einem Fischbeinschlegel, ob sie straff gespannt sei und traf nun die nötigen Vorbereitungen für die heilige Handlung.
Die Zeremonie war nun in vollem Gange. Beide Lampen waren ausgelöscht worden, und im Polog herrschte jetzt ein Grabesdunkel. Diese Finsternis aber war gleichsam von Leben erfüllt und voll der verschiedenartigsten Laute. Der rasche und von kurzen Pausen unterbrochene Ton der Trommel erinnerte an militärischen Alarm.
Ukwun barst fast vor Eifer, und aus seiner Kehle drangen die seltsamsten und kompliziertesten Gesänge. Er ahmte das Schnarchen eines Walrosses und das Geschrei eines Adlers nach, brüllte wie ein Bär, schnatterte wie eine Taucherente und heulte im Unisono mit dem draußen wütenden Sturme. Aber die Zuhörer schrien vergeblich: »Hytsch, hytsch! Recht so!« um ihn anzufeuern und seine Macht vor den herangerufenen Geistern in ein möglichst vorteilhaftes Licht zu stellen. Die Geister des vorbeirasenden Sturmes schenkten aber seinem Rufen anscheinend keine Beachtung und hatten keine Lust, auch nur einen Augenblick innezuhalten und Antwort zu geben. Vielleicht wollten sie sich noch über der schutzlosen Tundra austoben und mißbilligten Ukwuns Vorhaben, das ihre Beschwichtigung zum Ziele hatte.
»He-he-he-he-he! He, he!« rief Ukwun zuletzt mit gedehnter Stimme, »He, he! Ich bin ein Mensch, ich bin ein Suchender, ich bin ein Rufender! . . .«
Er beschloß nun, von den einfachen Gesängen zu den Beschwörungen überzugehen, die für weit wirksamer gehalten werden.
»Kleines Fischchen Wäkan!«, begann er in einem lauten und gedehnten Rezitativ zu singen. »He, he! Es wuchs heran, es

wurde größer als ein Walfisch. He! Es liegt inmitten des offenen Meeres. Sein Hals wurde gleichsam zu einer Insel, sein Rücken dehnte sich wie das Festland aus. He, he, he! Wenn du beim Vorbeifliegen mit deiner Flügelspitze an das Land Ljuren stößt, gib Antwort!«
Aber der Sturm fegte wieder vorbei, ohne auf den Zuruf zu achten.
»Über der Quelle des laufenden Wassers, auf der Spitze des weißen Gebirgskammes, beim krachenden Gletscher lebt der Blitz, die Mutter des Bergechos. Sie fliegt am Himmel entlang und donnert mit ihren eisernen Flügeln. Unter ihren Füßen sprüht hellrotes Feuer hervor . . . Solltest du aus diesen engen Klüften gekommen sein, so gib Antwort!«
Aber auch dieser Ruf blieb ohne Erwiderung.
»Hinter den Grenzen der durch die Sonne beschienenen Erde, hinter dem Gestade des traurigen Landes des Abends liegt das Gebiet der ewigen Finsternis. Das Gespenst des Mondes ersetzt dort die Sonne. Dieses Gebiet ist zugedeckt wie ein riesiges Zelt. Drinnen vollziehen die Geister ihre Zeremonien . . . Wenn du aus dem schwarzen Zelte der Geister dich losgerissen, alle Hindernisse gesprengt hast und in rasendem Laufe über die weite Tundra gejagt bist, um in vollem Schwunge über die Mündung des großen Flusses zu setzen, so gib Antwort!
An dem vorgeschobenen Kap, wo die Erdteile sich treffen, wendet sich die Strömung des Meeres wieder zurück.[1] Und hier, auf den Gewässern zwischen den beiden Kontinenten, kreuzen sich die Wege der umwohnenden Völker . . . Zwischen den zusammenschlagenden Felsen liegt der Berg der Vögel[2] . . . Wenn es dir auf deinem Fluge durch die Kiefer der steinernen Falle, welche soviel fliegende Scharen totschlägt, gelungen sein sollte, die grauen Federn auseinander zu wehen, so gib Antwort!
Sprich, rede, rede! Wer scharrt mit der riesigen Schaufel den Schnee am Rande der Eiswüste auseinander, um die Augen jedes lebenden Geschöpfes zu blenden? . . . Gib Antwort!«

Der eben vorbeijagende Windstoß drehte sich plötzlich gleichsam um die Zeltspitze. Nach einigem Zaudern veränderte er seine Richtung und begann nach unten zu drängen, indem er durch die dichte äußere Hülle fuhr und sich dem Polog näherte. Die Geister hatten sich entschlossen, den beharrlichen Beschwörungen des Zauberers nicht länger Widerstand zu leisten und waren nunmehr zur Antwort bereit. Die im Polog sitzenden Leute vernahmen immer deutlicher die dem Zischen ungeheurer Blasbälge gleichenden Seufzer des Windes. Einen Augenblick danach stürzte er in den Polog, durchfuhr ihn vom oberen linken Winkel zum unteren rechten, drang zum zweiten Male durch die dicke Pelzhülle und verschwand zuletzt in den innersten Tiefen der Erde.
Die im Polog Sitzenden spürten jedoch nicht den geringsten Hauch echter, von draußen kommender Schneeluft. Der wirkliche Wind war draußen geblieben, und im Polog war nur sein Uwyryt[3] erschienen, der sich ganz in Geräuschen erschöpfte. Der durch den Polog fegende Windstoß war ein Strom winselnden Geheuls und keuchenden Gewimmers, der, nachdem er vorbeigejagt war, irgendwohin in die Tiefe fuhr und so schnell verschwand, wie er aufgetreten war.
»Ehe! He, he, he, he!«, rief Ukwun wieder mit gedehnter Stimme. »Er spricht, daß er von Norden gekommen sei.« Anscheinend hatte das durch das Zelt jagende Geräusch für ihn einen deutlicheren Sinngehalt als für alle übrigen.
Jajak schnaubte ungeduldig. Die Geister machten sich anscheinend über Ukwun lustig, denn ihre Äußerungen waren allen Anwesenden auch ohne jede übernatürliche Hilfe verständlich.
»Sonne, erhebe deine Arme«, begann Ukwun von neuem, »zeige dem Monde deine Fausthandschuhe[4]. An deinem Arme krieche ich nach oben, erreiche den schwankenden Schoß der Wolken. Von den Wolken steige ich zum durchsichtigen Himmel empor. Am Firmament entlang gehend, gelange ich bis zur Öffnung des Himmels. Durch die Spalte

erreiche ich den Stern des hineingesteckten Baumes, den Polarstern ... Bewohner der Dämmerung, helft mir! Bewohner der Morgenröte, helft mir! Bewohner des Ostens, helft mir! Bewohner des Morgens, helft mir! ... Zur Morgenröte kommt die Abendröte auf Besuch: sie schwimmt auf dem sandigen Flusse der Milchstraße nach unten ... Der Morgenstern wandert dahin in Gestalt eines Nomadenzuges ... Bei den Elentierjägern, dem Doppelsternbild des Luchses, nehme ich eine dreifach geflochtene Fangschlinge, bei dem glänzenden Stern der Venus ergreife ich eiserne Fesseln ... Scheitel des Himmels, gib deine Scheren her, um seine Schwungfedern zu beschneiden und auszuzupfen ... Ich werfe auf ihn das dreifach geflochtene Lasso, umwinde ihn mit den eisernen Fesseln und binde ihm die eiserne Kette um den Leib.«

Jeden Satz seiner Beschwörungen wiederholte Ukwun dreimal, wobei er ihn mit den mannigfaltigsten Tönen begleitete, wie sie seine Stimme nur immer hervorbringen konnte. Der Schlegel dröhnte mit solcher Wucht auf das angespannte Trommelfell, daß man sich wundern mußte, wie diese dünne Bespannung unter solchen Schlägen nicht einfach zerriß.

»Von der Windseite her erschien bei meinem Zelte ein Rentierbulle mit einem siebenendigen Geweih«, fuhr Ukwun fort. »Er wittert den bitteren Duft meines Rauches, er atmet den Geruch meines Lagers ein ... Laß mich auf dir Platz nehmen für eine lange Reise: Alle Länder werde ich durcheilen, die Tundren und die Gebirge werde ich durchforschen, um das von seiner Frau errichtete Zelt zu entdecken ...

Ein altes Walroß schlief allein auf einer Eisscholle ein, wobei es sich mit seinen Stoßzähnen am Rande der Scholle festhielt ... Trage mich über das weite Meer! Ich werde in allen Buchten und Flußmündungen Umschau halten, um den von seiner Frau verfertigten Polog zu finden.

Eine graue Eule mit breiten Flügeln sucht in den Eisspalten nach Nahrung! Auf ihren Flügeln fliege ich auf die Suche;

ich werde neun Himmel und neun verschiedene Welten durchforschen, um das von seiner Frau angezündete Herdfeuer zu finden.«

»Wo bist du? Wo bist du?« heulte Ukwun mit wütender Stimme. »Erscheine, erscheine, erscheine! . . .«

Auf der Ukwun gegenüberliegenden Seite des Pologs war plötzlich ein ungewöhnlicher Laut zu vernehmen, der einem hysterischen Schluchzen glich.

Janta schauderte zusammen und schmiegte sich fester an ihren Bräutigam an, da dieser Laut gerade über ihrem Haupte ertönte.

Gleich nach dem ersten Laute ertönte ein zweiter, und sofort nach diesem vernahm man ein solch betäubendes Schnauben, daß es sogar das Schlagen von Ukwuns Schlegel übertönte, der in der gegenüberliegenden Ecke wütend auf dem Trommelfell herumtanzte. Der Geist des frischen Windes fühlte sich in der stickigen Luft des Pologs anscheinend nicht besonders wohl. Als das Schnauben endlich aufhörte, ergoß sich über den Köpfen der Leute eine abgebrochene Reihe von sonderbaren, bebenden, keuchenden, fast krampfhaften Lauten, welche versuchten, sich zu kurzen und unverständlichen Wörtern zusammenzufinden.

»Kotero, tero, muro, koro, poro!« bemühte sich der Geist in irgendeiner unbekannten Sprache zu reden.

Ukwun stellte das Trommeln auf eine kurze Weile ein.

»Wie?« sagte er zu dem unbekannten Wesen, das im Dunklen sprach.

»Poro!«, sagte der Geist.

»Ko! (= ich verstehe nicht)«, antwortete Ukwun.

»Poro, poro!« fuhr der Geist mit einer Nuance von Ungeduld fort. Er legte anscheinend einen besonderen Nachdruck auf dieses Wort.

»Seit meiner Geburt bin ich dumm«, sagte Ukwun kläglich.

»Wenn Geister sprechen, sind meine Ohren wie verstopft. Wenn ihr doch in verständlichen Worten zu mir reden würdet!«

»Poro!«, antwortete der Geist eigensinnig. Er wollte offenbar kein anderes Wort aussprechen.
»Ach!«, sagte Ukwun verzweifelt. »Mein Geist ist zu grob dazu, um dies zu verstehen. Wenn man einen Dolmetscher herbeischaffen könnte, so würde seine Weisheit hier bestimmt von Nutzen sein.«
Der Sitte der Schamanen gemäß bat er die Geister, einen Dolmetscher herbeizurufen, um die Sprache der himmlischen Sphären in gewöhnliche Worte zu übertragen.
Wieder fegte ein Windstoß durch den Polog. Diesmal jedoch fuhr er nicht wieder hinaus, sondern verweilte bei der Wand, wo eben die Stimme des Geistes erklungen war.
»Nun, da bin ich!«, ertönte eine neue Stimme. »Ich bin da! Ich bin gekommen. Jawohl! Sprecht jetzt nur, was ihr wollt? Ich will mich beeilen!«
Der neue Besucher redete in der Sprache der Tschuktschen, aber seine Stimme war im Klang auffallend der Stimme des Geistes ähnlich, der vorher gesprochen hatte. Es war dasselbe dumpfe, keuchende Flüstern, das mühsam aus der unbekannten Kehle drang und das immer nur die erste Hälfte eines Wortes auszusprechen vermochte. Die zweite Hälfte verlor sich in Schnauben und Schnarchen, und dem Zuhörer blieb nichts anderes übrig, als den genauen Sinn der Rede selbst zu erraten.
»Kotero, tero, poro!«, fing der erste Geist wieder an, der indessen seinen Platz gewechselt hatte und sich nun links über dem Haupte Jajaks aufhielt.
»Er spricht: Ich bin der Geist der Barmherzigkeit«[5], sagte der Dolmetscher mit gepreßter und erstickter Stimme. »Lebt ruhig, fangt keinen Streit an!«
Kitelkut, der unweit von Ukwun saß, rückte geräuschvoll auf seinem Platze. In den Worten des geheimnisvollen Gastes war eine unbestimmte Anspielung auf seinen Streit mit Jajak enthalten.
»Manyra kuli, retyk, potero, tero!«, begann der erste Geist wieder.

»Er sagt«, erklärte der Dolmetscher, »ich bin der Geist der Barmherzigkeit. Wenn ihr kein Verständnis für eure gegenseitige Lage habt, zu was dienen euch dann Jagd und Fischfang?«
Jetzt spielten die Geister anscheinend auf die ungleiche Fettverteilung an. Wie es bei solchen Gelegenheiten immer der Fall zu sein pflegt, wollten sie sich als Beschützer des Mannes zeigen, der als ihr Vermittler auftrat. Trotz ihrer Unbestimmtheit waren die Anspielungen der Geister allen Zuhörern so gut verständlich, als wenn sie in den deutlichsten Worten ausgesprochen worden wären.
»Blödsinn!«, sagte plötzlich Kitelkut. »Das ist ein Geist der Kerek, nicht der Tschuktschen.«
In seiner Stimme äußerte sich unbeugsamer Eigensinn. Der alte Händler hielt die im Polog sprechenden Geister genau so für wirkliche Wesen wie die Leute, mit denen er in den benachbarten Siedlungen zu tun hatte, verhielt sich aber dafür ihnen gegenüber fast ebenso ungezwungen wie im Verkehr mit Menschen. Die zahllosen Gebräuche, die von den Ahnen auf ihn übergegangen waren, beobachtete er mit derselben Sorgfalt wie das seiner Familie anheimgefallene Erbgut. Er zündete die heiligen Feuer an, sammelte die Speisereste und vernichtete sie, vollbrachte die Libationen von Blut, bestrich die Amulette mit Fett und opferte Hunde bei den religiösen Zeremonien. Er hatte jedoch nicht die geringste Lust, seine Lebensweise den Befehlen von oben gemäß zu ändern, zumal solche Befehle bei den Tschuktschen zu häufig sind, als daß man ihnen eine besonders ernsthafte Bedeutung beizumessen pflegt. Im Hinblick auf die Götter und die Geister hatte sich Kitelkut eine eigene Theorie zurecht gelegt, die ihm zwar nur dunkel bewußt war, nichtsdestoweniger aber tief in seiner Seele Wurzel gefaßt hatte. Nach dieser Theorie waren die Götter, wenn sie einmal den ihnen gebührenden Tribut von ihm erhalten hatten, nicht mehr berechtigt, sich in seine Beziehungen zu den anderen Menschen und in sein Leben überhaupt einzumischen.

Obendrein ergriffen die von Ukwun herbeizitierten Geister ganz offen Partei für die Interessen des hinteren Zeltes, und Kitelkut war vollkommen überzeugt, daß dies keine wirklichen Geister waren, sondern aller Wahrscheinlichkeit nach nur die Hausgötter Anjekas, welche diese aus ihrer Heimat mitgebracht hatte.
Ukwun jedoch kamen die Worte des alten Händlers wie eine Lästerung vor.
»Das ist ja Sünde!«, rief er sogleich in seinem Winkel. »Rede nicht! Du bringst mich nur in Verlegenheit! Du leistest den Geistern Widerstand, und diese können sich dann vielleicht an mir dafür rächen.«
In seiner Stimme äußerte sich Furcht. Die mit dem Betragen der Zuhörer unzufriedenen Geister der Tschuktschen pflegen nämlich ihren Grimm an den Schamanen auszulassen.
»Was verlangt er denn?«, fragte Kitelkut schroff.
Er war bereit, den Geistern einen gewissen Tribut zu gewähren, damit sie sich nicht länger in seine Angelegenheiten einmischten.
Ukwun setzte den Schlegel und die Trommel wieder in Gang. Er sang und trommelte mit verdoppeltem Eifer und wollte anscheinend die unangenehmen Worte des Hausherrn wieder gutmachen. Die Geister aber waren, wie es schien, wegen Kitelkuts Bemerkung beleidigt und hatten beschlossen, mürrisches Stillschweigen zu wahren. Alle Anstrengungen Ukwuns, sie wieder zum Sprechen zu bringen, waren vergebens. Dies dauerte ungefähr eine Viertelstunde.
Plötzlich fuhren alle Anwesenden, die den ergebnislosen Gesängen Ukwuns zuhörten, zusammen. Als Antwort auf die Lieder des Alten ertönte im gegenüberliegenden Winkel des Pologs eine andere Stimme, die ebenfalls Beschwörungen sang, die der Herbeizitierung überirdischer Kräfte dienten. Es war dies nicht eine Geisterstimme, denn dafür war sie zu deutlich und zu laut. Sie drang aus der Brust mit einer Fülle und einer Leichtigkeit, welche vor allem eine kräftige

Lunge und gut entwickelte Stimmbänder verriet und jedenfalls mit dem Röcheln der Gäste Ukwuns gar nicht zu vergleichen war. Die Töne dieser Stimme erfüllten den Polog, ergossen sich über seine Wände und Ecken, drängten hinaus und fluteten, da sie keinen Ausgang fanden, vorwärts und rückwärts. Sie bebten wie eine gefangene Schwalbe, bis es den Anwesenden schließlich vorkam, als ob diese Stimme schon nicht mehr der äußeren Welt angehörte, sondern irgendwo in ihrem eigenen Innern ertönte.
Ukwun war nicht weniger überrascht als die anderen und versuchte zwei- oder dreimal, mit dem neuen Sänger zu wetteifern, geriet jedoch in Verwirrung, brach ab und verstummte. Er hörte sogar mit seinem Trommeln auf, das jetzt keinen Sinn mehr hatte. Die neuen Gesänge stockten nun ebenfalls für einen Augenblick.
»Tritt mir deinen Platz ab!«, sagte Nuwats befehlende Stimme laut, denn er war es, der Ukwuns Gesänge übertönt hatte. Man konnte hören, wie er und Ukwun die Plätze wechselten. Darauf schlug der Schlegel wieder mit fieberhafter Geschwindigkeit auf das Fell, und eine ganze Explosion von Tönen brach über die Zuhörer herein. Der junge Schamane hatte den alten abgelöst und wollte sich nun seinerseits mit den Geistern des Windes messen.
Nuwat jedoch verschwendete nicht viel Zeit auf einleitende Worte. Ukwuns Gesänge hatten ihm schon den Weg freigemacht, und er fühlte sich bereits in der richtigen Stimmung, um sofort zu Beschwörungen überzugehen.
»Mein Nachen«, begann er, »ist leicht und schnell! Im Flug überholt er die Vögel. Ein kleiner Vogel ist der Kajanalgin, auch ihn überholt er. Zwei meiner Seelen[6] sagen: Halten wir uns an den beiden Seiten des Nachens fest und fliegen wir in unbekannte Länder! Es tut mir wohl, mit euch zu fliegen, auf einem ausgebreiteten Fell zu sitzen, inmitten der hölzernen Umfassung, und mit Rudern aus Fischbein zu rudern . . . Ho, ho, ho, ho, hoi!«
Er begleitete sich auf dem gespannten Trommelfell, welches

sein Lied besang. Jetzt aber berührte der Fischbeinstab die klingende Oberfläche nur leicht und entlockte ihr leise, rollende Töne, die klangen, als ob von dieser elastischen Haut kleine, runde Kügelchen absprangen und wieder zurückfielen, um dann von neuem zurückgeworfen zu werden. Diese Töne übertönten Nuwats Worte nicht, sondern hoben sie nur noch stärker hervor.
»Das Haupt des Fliegenden in der Finsternis ist mein Haupt ... Seine Hände sind meine Hände ... Seine Füße sind meine Füße ... Seinen Körper eignete ich mir an; mein eigener Körper jedoch verwandelte sich in einen alten Baumstumpf und fiel auf das Kap mitten in das Treibholz ... Mein Lied ist schön. Meine Seelen fliegen in verschiedenen Richtungen dahin. Selbst unsichtbar, überblicken sie alles Seiende und tragen das Wissen in meine Brust, so wie die Vögel die Nahrung in das Nest tragen.
Schon seit langem sehne ich mich danach, auf meinem runden Segel nach oben zu fliegen, immer weiter hinauf!«
Seine Stimme brach plötzlich ab. Die Zuhörer hielten in Erwartung des Kommenden den Atem an.
Man vernahm ein leichtes Röcheln, dann ein Geräusch, das durch die Trommel verursacht wurde, die zusammen mit der sie haltenden Hand auf das unter Nuwat ausgebreitete Fell hinabfiel. Weiter war kein Laut mehr zu hören. Die Seele des jungen Schamanen hatte offensichtlich auf eine gewisse Zeit ihre sterbliche Hülle verlassen und sich auf die geheimnisvolle Reise gemacht, welche er vordem so begeistert besungen hatte.
Es vergingen zwei oder drei Minuten in schweigender Erwartung.
»Machen wir Licht!«, sagte Kitelkut in mürrischem Tone. »Dann können wir wenigstens rauchen.«
»Welwuna, Welwuna!«, schrie die Hausfrau unverzüglich. »Gib Feuer her! Seehundsschnauze, zünde einen Kienspan an! Oder bist du etwa taub geworden?«
Es war jedoch nicht so leicht, Welwuna aufzuwecken. Von

der langen Tagesarbeit ermüdet und gleichgültig gegen die Schamanenzeremonien, welche sich außerdem hinter der zottigen Wand des Pologs abspielten, schlief sie wie eine Tote. Sie lag auf der Erde ausgestreckt da und hatte ihre Füße näher an das niederbrennende Feuer herangeschoben. Füße, welche in abgenutzten Stiefeln aus Rentierleder steckten, die anscheinend nicht den geringsten Schutz vor der Kälte boten. Janta kroch eiligst aus dem Polog und brachte Feuer. Das purpurrote Auge der Lampe verbreitete im Polog seinen Schein und beleuchtete den in einer Ecke liegenden jungen Schamanen. Kitelkut neigte sich schnell zu seinem Sohne, aber Ukwun warf ihm sogleich einen Schal über das Gesicht, den er eigens zu diesem Zwecke bereitgehalten hatte. Es ziemte sich nicht, daß andere Leute das Gesicht eines von seinen Seelen verlassenen Menschen betrachteten. Kitelkut konnte gerade noch bemerken, daß die Augen des jungen Schamanen geschlossen waren und daß die fest zusammengepreßten Zähne hinter seinen halbgeöffneten Lippen etwas hervorstanden.
Nuwat lag auf dem Rücken. Seine Schultern und sein Kopf waren an die aus Pelzwerk bestehende Wand des Pologs gelehnt. Mit der einen Hand hielt er den Griff der neben ihm liegenden Trommel umklammert, während die andere Hand, welche den dünnen Fischbeinstab mit der schaufelartigen Erweiterung am Ende hielt, ihm auf die Brust gefallen war und etwas seitwärts herabhing.
Die im Polog befindlichen Leute rauchten ihre Pfeifen eiligst zu Ende und warteten schweigend auf das Erwachen des Schamanen. Ringsumher herrschte völlige Stille, welche nur vom fernen Heulen des Sturmes und vom leisen, aber mühsamen Knistern der hellen Flamme gestört wurde. Der finstere Blick Kitelkuts und das ängstliche Auge Jantas waren mit gleicher Aufmerksamkeit auf die unbewegliche menschliche Gestalt gerichtet, deren Haupt sich undeutlich unter der Decke abzeichnete.
Endlich drang unter dem Schal ein schwacher, langgezoge-

ner Seufzer hervor. Nuwats Seelen waren von ihrer Reise in die überirdischen Welten zurückgekehrt.
»Lösch das Feuer aus!«, sagte Ukwun schnell.
Seine Hände waren beschäftigt. Er füllte eine Pfeife mit starkem Tabak ohne jede Beimischung von Holzspänen. Diese Pfeife mußte dem jungen Schamanen sofort nach seinem Erwachen gereicht werden.
»Macht schneller!«, fügte Ukwun ungeduldig hinzu. »Er steht schon auf!«
In der Tat zog Nuwat den Schal von seinem Gesichte weg und erhob sich auf seinem Sitze zur selben Zeit, als Janta den letzten Rest des brennenden Moosdochtes im zähen Inneren des Trans erstickte.
»E – he!«, seufzte Nuwat von neuem. Seine Hand, die noch den Schlegel fest umklammert hielt, erhob sich und machte eine mechanische Bewegung zur Trommel hin, fiel aber gleich wieder herab. Der dünne Fischbeinschlegel streifte das Trommelfell nur leicht, indem er ein dumpfes und unangenehmes Geräusch verursachte. Ukwun steckte dem jungen Schamanen die angerauchte Pfeife in den Mund. Nuwat machte gierig ein paar Züge hintereinander. Bei dem schwachen Licht, das über dem hölzernen Pfeifenkopf aufflammte und wieder erlosch, trat sein Antlitz für einen Augenblick aus der Finsternis hervor. Es schien den Anwesenden todesbleich und glich dem Gesicht eines Verschiedenen. Seine Augen waren immer noch geschlossen.
Aber die erregende Wirkung des starken Rauchtabaks gab ihm sofort sein Bewußtsein und seine Stärke wieder.
»Eh, he, he, hej!«, seufzte er zum dritten Male und diesmal schon aus voller Brust.
Gleich darauf folgte eine betäubende Salve von Trommelschlägen, als ob der junge Schamane einen Siegesmarsch trommeln wollte, um seine Rückkehr aus den überirdischen Sphären zu feiern.
»Ich bin wieder da, wieder da, wieder da!«, sagte er gedehnt, »ich bin auf dem Schlitten einer Sternschnuppe vom

Himmel heruntergefahren. Ich bin auf dem Meere geschwommen wie ein schwimmender Pelz. Ich bin aus dem Inneren der Erde hervorgedrungen wie das Horn eines Teufelshirsches (Mammut), wenn er sich in den Steilwänden an Flußufer einen Gang gräbt . . . Da bin ich wieder . . .«
Er befand sich in einem Zustand stärkster Erregung. Seine Stimme bebte und vibrierte, seine Sätze wechselten mit hysterischen Seufzern ab. Er bekam gleichsam keinen Atem mehr. Nachdem er die letzte Silbe eines Satzes in die Länge gezogen hatte, brach er plötzlich ab, machte einen tiefen und gierigen Luftzug und setzte dann seinen Bericht fort.
»Ich erhob mich über die Grenzen der Welt«, sprach Nuwat. »Meine Füße wandelten auf der Rückseite des Himmels. Meine Augen sahen die Zelte der überirdischen Länder. Mich an meinen Kahn schmiegend, schwebte ich über unbekannten Ländern. Selbst unsichtbar, schaute ich umher.
Ich sah, wie der abnehmende Mond mit dem zunehmenden zusammenstieß, und einer von ihnen tot herunterfiel.
Ich sah, wie der Osten und der Westen miteinander wetteiferten, wer über eine mit scharfen Knochensplittern gefüllte Spalte springen könne.
Ich sah, wie die Geister des Nordlichts Ball spielten . . . Ihre Beine kennen keine Ruhe . . . Der Schnee unter ihren Füßen erstrahlt in feurigem Glanze.
Ich sah die Töchter der Dämmerung, die ein buntes Gewand trugen. Ihr Kragen ist mit Sonnenstrahlen umsäumt. Die Öffnungen ihrer Ärmel sind mit feurigem Glanz erfüllt.
Ich sah die Herrscherin der Welt, die Reiche Frau, die auf einem Haufen von Bibern sitzt . . . Bei jedem Seufzer kommen zehn Biber aus ihren Nasenlöchern hervor. Sie tut sie in Beutel, verteilt sie ringsumher und errichtet so ein buntes Zelt um sich herum.
Ich sah die Schönheit der überirdischen Welt, aber Narginen[7] sprach zu mir: Verweile nicht hier! Schau, daß du wieder hinabkommst!

Ich stieg bis zu den Tiefen des dritten Abgrunds hinab, wo die Schatten alles Seienden leben«, sprach Nuwat.
»Ich sah den Schatten unserer Erde, das Gespenst des Meeres, das Spiegelbild der Uferfelsen . . . Die Seelen unserer Zelte waren dorthin vor mir hinuntergestiegen und lehnten sich an die Felswand zwischen umhergestreuten Steinen.«
Die Zuhörer saßen mit angehaltenem Atem da. Vor ihren Augen erschienen die neuen und seltsamen Bilder, die ihnen Nuwat beschrieb, in handgreiflicher Deutlichkeit. Sie schwebten mit ihm über den Abgründen der Welt, wobei sie sich an den glatten Handhaben der ihnen als Kahn dienenden Trommel festhielten.
»Die Leute eines toten Stammes brachten hinter den Zelten Opfer dar«, fuhr Nuwat fort. »Das Feuer von ihrer Herdstelle stieg als dünne, rauchlose Säule empor. Ich trat hinzu und begann mit ihnen zu essen.
Da kamen zwei von Mitternacht hergejagt. Sie kamen auf scheckigen Rentieren herbeigefahren. Die Kufen ihrer Schlitten waren von der langen Fahrt zerfetzt. Die Hufe der Rentiere waren vom Galoppieren abgewetzt. Ich blickte auf sie, mein Verstand trübte sich, und mein Körper verlor seine Kraft und wurde wie Wasser.«
»Weshalb sind ihre Augen nach rückwärts gewendet?«, fragte ich. »Weshalb ist der Bauch der Rentiere aufgeschlitzt und weshalb schleifen sie ihre Eingeweide hinter sich her?« Als sie bei der Feuerstelle ankamen, sah ich ihre Gesichter. Der eine hatte einen Strick um den Hals. Seine Augen waren die Augen Katyks. Sein Hals war der Hals eines Erdrosselten. Wen suchten sie unter den Bewohnern der Unterwelt? Der Schnee begann zu schmelzen und floß wie Blut. Ein ganzer See bildete sich zwischen den Zelten.«
»Blut, Blut!«, schrie Nuwat plötzlich, die Stimme erhebend. »Ich sehe Blut an den Pfosten unseres Hauses.«
Die Anwesenden schauderten aufs neue zusammen. Nuwats Worte bezogen sich anscheinend schon nicht mehr auf seine Vision.

»Was für Blut denn?«, fragte Korawija, der nicht ganz überzeugt war.
»Dort im Zelt auf den Pfosten ist ein frischer Fleck«, schrie Nuwat. »Laßt mich! Ich will ihn sehen.«[8]
Er sprang ungestüm nach vorn in die vordere Abteilung des Zeltes hinaus.
Das grelle Licht drang ihm in die Augen und blendete ihn für kurze Zeit. Welwuna, die beim halberloschenen Feuer aufgewacht war, warf jetzt einen Armvoll Holz hinein. Die Flamme loderte auf und züngelte zu den drei dicken Pfosten empor, die sich oben vereinigten und die Hauptträger von Kitelkuts Zelt darstellten.
Korawija folgte seinem Gefährten.
»Nun, wo ist denn das Blut?«, fragte er erstaunt. »Schau doch her, die Pfosten sind ja ganz rein.«
Nuwat jedoch, der beim Scheine des Feuers von seinen Phantasien plötzlich zum Bewußtsein der Wirklichkeit zurückgekehrt war, verstand nun selbst seine vorige Aufregung nicht mehr.
»Mich friert es!«, sagte er, statt zu antworten. »Gehen wir in den Polog zurück.«
Korawija zündete am Holzfeuer einen Kienspan an und nahm ihn mit. Jetzt, da der Zauber gestört war, konnte man im Polog wieder die Lampe anzünden. Das auffallende Benehmen Nuwats hatte übrigens auf die Zuhörer keinen besonders tiefen Eindruck gemacht. Kitelkuts Antlitz war vollkommen ruhig. Diese Leute, die von der Jagd lebten, waren es zu sehr gewohnt, Blut zu sehen und zu vergießen, als daß es sie beunruhigt hätte, wenn sie einmal überflüssigerweise daran erinnert wurden.
Ihre Gedanken bewegten sich anscheinend in einer ganz anderen Richtung.
»Was ist nun mit dem Wind los?«, fragte Jajak, aus dessen Stimme Enttäuschung klang. »Hast du etwa den Geist der Winde nicht gesehen?«
Nuwat ließ sich wieder auf seinem Platze nieder und be-

mühte sich, seine Gedanken zu sammeln, um den Faden seiner Visionen wieder aufzunehmen. Nach einigen Sekunden gelang ihm dies. Aber er fühlte in sich keinen genügend starken Aufschwung mehr, um sich von neuem von der Erhabenheit der von ihm geschauten Bilder hinreißen zu lassen. Außerdem fühlte er eine starke Müdigkeit, und das Bedürfnis nach Schlaf, das ihn den ganzen Abend bedrückt hatte, kehrte nun mit verdoppelter Gewalt zurück. Er schloß seine Augen, um sich besser erinnern zu können, merkte jedoch, wie schwer ihm die Lider geworden waren, und wie ein plötzlicher Nebel die ihm vor Augen stehenden Bilder verhüllte. Dessen ungeachtet mußte die verlangte Beschwörung so oder so zu Ende geführt werden.
»Ich fand den Geist der Winde nicht«, sagte er matt, »weder auf der Feste des oberen Himmels noch in den unterirdischen Tiefen der Welt. Darauf flog ich über unsere Erde hin. Ich fand ihn schließlich inmitten des Weißen Meeres: Er sitzt auf einer Eisscholle und bewegt seine Ärmel. Aus dem einen fällt Schnee heraus, aus dem anderen kommt der Wind hervor . . .
»Ich spreche zu ihm: Alter, warum machst du den Wind?« –
»Mir fehlt ein Hund im Gespann!«
»Was für ein Hund?« fragte Kitelkut.
»Ich fragte ebenfalls«, sagte Nuwat. »Er spricht: Die Geister und die Menschen lieben alles Scheckige.«
»Einen scheckigen Hund?«, sagte Kitelkut und dachte nach. »Wenn sich daraufhin der Wind legen sollte, könnte man wohl einen solchen Hund opfern.«
Diese Frage berührte die rituelle und praktische Seite der Religion, und er fühlte sofort festen Boden unter seinen Füßen.
Jajak runzelte die Stirn. Auch in seinem Gespann befand sich ein scheckiger Hund. Er dachte, daß es auch ihm nicht schaden würde, dem »Herrn« dieses Landes ein Opfer darzubringen; um so mehr, als er sich bis jetzt ziemlich wenig um ihn gekümmert hatte. Aber er konnte angesichts der be-

vorstehenden Reise den Hund nicht entbehren, und was die
russischen Waren anbelangte, die den Geistern so gut gefallen, so wußte er nicht einmal bestimmt, wieviel davon auf
seinen Anteil entfallen würde.
Die Schamanenzeremonie war zu Ende. Nuwat legte nun
die Trommel an ihren früheren Ort zurück und ließ sich
dann auf seinem alten Platze an der Wand nieder. Die anderen legten sich auch hin, so gut ein jeder konnte. Im Polog
war es so eng, daß kaum Raum genug für alle zum Liegen da
war. Janta legte sich zusammen mit den Kindern rechts auf
der den Zelteigentümern vorbehaltenen Seite nieder. Drei
Männer lagen dicht zusammengepreßt auf der linken Seite.
Ukwun fand mit seinem Weibe in der Mitte Platz. Er hatte
die Beine eingezogen, um den neben der Lampe stehenden
riesigen Kessel mit kalter Fleischbrühe nicht umzustoßen.
Dafür aber war es im Polog so warm, daß die Schlafenden,
der überflüssigen Pelzkleider ledig, es sich auf den weichen
Fellen wohl sein lassen konnten, während draußen das win-
terliche Unwetter in ungeschwächter Wut weitertobte.

2.

DIE SCHWANFRAU ALS STAMMUTTER
DER BURJATISCHEN SCHAMANEN

Irgendein Tangkalshing, ein Burjate, lebte einstmals bei den
Chorin-Burjaten im Osten an einem Orte gleichen Namens.
Er hatte fünf Söhne und fünf Töchter. In der Nähe seines
Wohnplatzes befand sich ein See. Zu diesem See kamen
einmal fünf Schwäne herbeigeflogen. Die Leute sahen sie
und dachten: »Die wollen nach Norden fliegen, es sind
Zugvögel.«
Als Tangkalshing sie sah, bemerkte er, daß es fünf Mädchen
waren, die sich entkleideten, um zu baden. Da kam ihm der
Gedanke einem dieser Mädchen die Schwanenkleider weg-

zunehmen. Er schlich sich deshalb unbemerkt zum Ufer, ergriff eines der Kleider und versteckte sich hinter den Sträuchern.
Nachdem die Mädchen zu baden aufgehört hatten, ergriff jedes ihr Kleid und war, nachdem es sich angezogen hatte, plötzlich wieder ein Schwan. Das eine Mädchen jedoch suchte vergeblich nach seinem Gewand. Nachdem es dieses nirgends hatte finden können, begann es zu weinen und sagte:
»Wenn jemand mein Kleid weggenommen hat, der gebe es mir zurück!«
Denn ohne ihr Kleid kann sie nicht fliegen. Die anderen vier Schwanenmädchen flogen endlich fort, nur das eine blieb nackt am Ufer zurück. Und es sagte weiter:
»Derjenige, der mein Kleid weggenommen hat, möge sich von mir erbitten, was es auch sei, ich gebe es ihm!«
Da kam Tangkalshing herbei und und sagte, daß er ihr Kleid entwendet hätte. Aber er brachte ihr nur die Unterhosen und das Leibchen, den Rock jedoch nicht. Dann machte er ihr den Vorschlag:
»Werde meine Frau!«
Sie war schließlich damit einverstanden. Und er legte den Rock in einen Eisenkasten.
Das Schwanenmädchen gebar ihm fünf Söhne und fünf Töchter. Diese fünf Kinder werden allgemein folgendermaßen genannt: Tangkhalshne tabang tasharne gurbung, wobei »Tasharne« vielleicht der Name der Frau ist. »Tabang« ist im Burjatischen die Bezeichnung für »fünf«, und »gurbung« die Bezeichnung für »drei«. Über diese letzteren drei gibt es keine Nachricht. Zwei von ihnen starben wahrscheinlich, und man weiß nichts von ihnen. Der älteste Sohn hieß Choriodé und die älteste Tochter Chobshe. Eine andere Tochter war Jabshe. Andere Söhne waren Helüng und Hölüng. Auch Saran war ein Sohn. Ob Tabshe ein Sohn oder eine Tochter war, ist nicht bekannt, und eben so unbestimmt ist Bitcho.

Einmal nun sagte die Schwanenfrau zu ihrem Mann:
»Wir haben nun soviele Kinder. Mache Milchbranntwein, wir wollen trinken!«
Und sie begannen, den Tarassun auszutrinken. Da sagte die Frau zu ihrem Mann:
»Wieviele Jahre wir zusammen gelebt haben, soviele Kinder haben wir. Jetzt fliege ich nicht mehr weg von dir. Jetzt kannst du mir ruhig einmal den Rock, den du mir damals weggenommen hat, wiedergeben.«
Tangkalshing öffnete die Kiste, wo er den Rock verborgen hatte und gab ihn ihr. Dann tranken sie weiter Tarassun. Sie saßen in der Jurte, dem runden burjatischen Filzzelt. In der Mitte lagen drei große Steine, und darauf die Schüssel, der Brennereiapparat. Jetzt zog die Frau den Rock an und schrie dreimal mit Schwanenstimme:
»Gü, gü!«
Die älteste Tochter war damit beschäftigt, den Tarassun-Apparat einzulehmen. Und gerade in diesem Augenblick flog die Schwanfrau weg. Die Tochter ergriff sie noch gerade an den Beinen, als sie aus dem Rauchloch davonfliegen wollte und kam mit ihren Lehmhänden daran. Seit dieser Zeit haben die Schwäne keine roten, sondern etwas schmutziggelb aussehende Beine. Die Tochter konnte sie aber nicht mehr festhalten, und sie entkam. Sie machte noch einige Kreise über der Jurte und sprach:
»Meine Kinder, meine Töchter, werdet Schamaninnen; meine Söhne, werdet Schamanen!«
Darauf flog sie weg. Und ihre Kinder wurden Schamanen. Seitdem erscheinen überhaupt erst Schamanen. Mit ihnen beginnt der Schamanismus.
Diese Schamanen fanden das Bestehen der Götter schon vor. Es waren acht außerordentlich große Schamanen. Sie konnten sich unsichtbar machen, konnten sich den Kopf abschneiden und dabei schamanisieren, sie konnten sich den Leib aufschlitzen und dabei schamanisieren, und sie konnten fliegen.

Als sie gestorben waren, wollten sie zu den fünfundfünfzig Himmeln fliegen, um an dem Schöpferwerk teilzunehmen. Als sie nun so dahinflogen, lebte bei den Kudinischen Burjaten ein großer Schamane namens Gabne Barlak. Seine Frau hieß Suutän Njilcharachschan.
Diese beiden sahen die Tangkalshingkinder wegfliegen, und sie merkten auch, wohin sie fliegen wollten. Das aber sahen die beiden nicht gern, weil Menschen zu den Göttern wollten, und sie meinten, daß die Tangkalshingkinder auf Erden bleiben und nicht im Himmel leben sollten. Deshalb sagten sie zu ihnen:
»Bleibt auf Erden und werdet Schöpfer der hiesigen Welt. Werdet Helfer der fünfundfünfzig Himmel!«
Gabne Barlak zeichnete fünf von ihnen auf Goldplättchen und sagte:
»Bleibt hier, hier werden die Menschen euch anbeten!«
Außer Tangkalshing lebte da noch ein Burjate namens Als'chng. Er war etwas älter als ersterer und hatte zehn Kinder, vier Töchter und sechs Söhne. Diese wollten ebenfalls mit den Tangkalshingkindern wegfliegen. Barlak zeichnete auch diese, und sie blieben daraufhin auf Erden. Diese Zeichnungen werden gehalten, damit eine Frau viele Kinder bekommt. Und wenn eine Frau erkrankt, betet der Mann zu diesen Zeichnungen, damit sie wieder gesund wird. Diese Kinder des Als'chng haben keine bestimmten Namen. Ihre Onkel und Tanten waren richtige Schwäne.

3.

DER ADLER BRINGT LEBENSKRAFT
UND ALLWEISHEIT AUF DIE ERDE

Vor langen, langen Zeiten, im grauen Altertum, lebte einmal ein Tunguse mit seiner Frau. Sie lebten in Freundschaft miteinander, und sie hatten von allem zur Genüge. Aber dieses glückliche Leben dauerte nicht lange. Der Tunguse begann, seine Frau zu hassen, und seit dieser Zeit war ihr Familienleben zerstört. Die Tungusin konnte gegen den finsteren Willen ihres Mannes nichts ausrichten und verließ ihn.
Nachdem der Gott Issege-Malan-Tengri, der »Vater Kahlkopf-Himmel«, dem Adler Lebenskraft und Weisheit gegeben hatte, schickte er ihn auf die Erde hinab, um die irdischen Menschen zu beschützen, Ordnung herbeizuführen, Wohlbefinden jeder Art zu verbreiten und sie vor bösen Geistern zu bewahren. Als der Adler nach langem Umherstreifen über dem menschenleeren Raum auf der Erde angekommen war, setzte er sich nicht weit von dem Zelt des Tungusen nieder. Die Kinder des Tungusen jedoch, die in dem unbekannten Vogel nicht ihren Beschützer erkannten, wollten ihn mit Pfeil und Bogen erschießen. Als der Adler den bösen Gedanken der Kinder des Tungusen erkannte und sich der Gefahren eines weiteren Aufenthaltes auf der Erde bewußt geworden war, beschloß er, wieder zu Issege-Malan-Tengri zurückzukehren. Nach seiner Rückkehr zu diesem berichtete er: »Ich kann nicht Beschützer der irdischen Menschen werden, denn sie erkennen mich nicht als solchen und haben mich sogar beinahe erschossen.«
Nachdem Issege-Malan-Tengri den Adler angehört hatte, befahl er ihm, von neuem auf die Erde zurückzukehren und sowohl Lebenskraft als auch die Allweisheit dem ersten ihm begegnenden Menschen, gleichgültig welchen Geschlechtes, zu übermitteln.

Der erste Mensch, den der Adler nunmehr auf der Erde traf, war gerade jene Tungusin, die sich von ihrem Manne getrennt hatte. Sie schlief unter einer Birke; manche sagen allerdings auch, daß es eine Kiefer gewesen wäre. Der Adler übermittelte ihr die Lebenskraft sowie die Allweisheit und kleidete sie in das Schamanengewand »Orge«. Als sie erwachte, besaß sie schon eine solche Kraft, daß sie auf der Innenfläche ihrer Hand alles das erblicken konnte, was auf der Welt vorging. Als erstes machte sie den Grund der Scheidung von ihrem Manne ausfindig. Es erwies sich, daß sich unter der linken Schulter ihres Mannes ein Alban versteckt hielt, ein böser Geist, ein Abkömmling von Erlen-Chan, dem Beherrscher der den Menschen feindlichen Götterwelt. Der Alban verwandelte sich tagsüber in einen Floh, in der Nacht in ein ungewöhnlich schönes Mädchen, das ihren Mann verführte, was auch der Grund ihres Familienunglückes war. Die Tungusin wollte sich an dem Alban rächen, aber letzterer war ihr an Kraft nicht unterlegen, und nachdem er die ihm drohende Gefahr in Erfahrung gebracht hatte, entfloh er zu Erlen. Der wieder zu sich gekommene Tunguse erinnerte sich sofort seiner geliebten Frau, und als sie sich zu ihm begab, kam er ihr sogar entgegen. Und von da ab lebten sie wieder in glücklichem Familienleben zusammen. Sie bekamen einen Sohn, der den Beinamen Buchli-Chara-Bö erhielt, d. h. »Der Hochwürdige Schwarze Schamane«. Dieses war der erste männliche Schamane.
Buchli-Chara-Bö war ein großer, vollkommener Schamane, der eine »geschlossene Trommel« besaß und über die Lebenskraft verfügte. Nicht weit von ihm entfernt wohnte ein kinderloser Mann, der im Streit mit seiner Frau lebte. Buchli-Chara verkehrte mit den Burchanen, den guten Gottheiten. Einmal überlistete er sie; während eines ihrer Ausgänge schwebten sie über dem Schornstein der streitenden Nachbarn. Buchli-Chara bat die Burchane, nach unten zu blicken und fragte: »Was geht da eigentlich vor?«
Die Burchane blickten hin, kraft welchen Vorganges der

Familienzank zwischen den beiden Eheleuten aufhörte und ihnen ein Sohn geboren wurde.
Die westlichen guten Chane, eine Gruppe helfender Gottheiten, verlangten für das neugeborene Kind Opfergaben. Buchli-Chara wollte mit ihnen nicht rechnen, woraufhin die Chane die Seele des Kindes entführten, die jedoch von Buchli-Chara immer wieder entdeckt wurde. Da die Chane gegen Buchli-Chara irgendetwas Ernsthaftes nicht unternehmen konnten, beklagten sie sich bei Issege-Malan-Tengri. Darauf entführte Issege-Malan-Tengri die Seele des Kindes persönlich und lachte über Buchli-Chara, ob dieser imstande sein würde, sie auch diesmal zu finden. Nachdem Buchli-Chara die Seele des Kindes bei den östlichen und westlichen Chanen gesucht hatte, begab er sich hinauf zu Issege-Malan-Tengri. Dieser saß gerade zu Hause, hatte die Seele des Kindes in eine Flasche getan und ergötzte sich an ihrer Betrachtung. Ohne sich lange zu bedenken, verwandelte sich Buchli-Chara in eine Wespe, kroch durch ein Astloch in das Haus und stach Issege-Malan-Tengri in die Stirn. Dieser stöhnte vor Schmerz auf und ließ die Flasche fahren. Buchli-Chara benutzte diesen Augenblick, ergriff die Seele des Kindes, setzte sich auf seine Trommel und flog auf die Erde zurück. Issege-Malan-Tengri geriet in Zorn darüber, daß die von ihm geschaffenen Menschen sich als so widerspenstig erwiesen, ergriff einen Stein von der Größe einer menschlichen Faust, zerkaute ihn mit seinen rechten Backenzähnen zu Funken und warf ihn dem Schamanen hinterher. Wie groß und gewaltig auch die Kraft des Schamanen war, so erreichte der Stein ihn doch zwischen Himmel und Erde. Wegen Mißachtung gegenüber den westlichen Chanen und wegen Ehrverletzung gegenüber den Tengri sandte Issege-Malan-Tengri den Buchli-Chara auf die Nordseite, zerschlug seine Trommel in zwei Teile und befahl ihm, ununterbrochen an einer Stelle auf einem flachen Steine so lange zu tanzen, bis sein Körper vollständig zertanzt wäre, wobei Issege-Malan-Tengri ihm prophezeite:

»Zur Zeit, wenn dein Körper bis zur Hälfte abgetanzt ist, werden die Menschen auf Erden Träume haben, und jeder wird schamanisieren, gleichgültig, ob er wirklich ein Schamane ist oder nicht. Sobald dein Körper vollkommen abgerieben sein wird, verschwindet überhaupt das ganze Schamanentum.«
Seitdem ist eine lange Zeit vergangen. Buchli-Chara tanzt und tanzt noch immer auf dem Stein, und von ihm ist nur noch der Oberteil des Schädels übrig geblieben.

4.

DER SOHN DES ARMEN UND DIE TOCHTER DER SONNE

In alten Zeiten lebte einmal, wie es heißt, ein reicher Kaufmann. Er lebte, so sagt man, nicht an der russischen Straße, sondern an einer wenig bekannten Örtlichkeit. Ihm nachfolgend kamen viele Leute hinzu und siedelten sich dort ebenfalls an. Nachdem er diesen Ort gefunden hatte, wurde er reich; deshalb hieß er auch der reiche Kaufmann. Unter so vielen Menschen, wie werden da nicht auch Arme sein? Bei den Armen nun gebar in der Mitte des Winters die Frau einen Sohn. Und bald darauf starb der Vater des Neugeborenen.
Jener Kaufmann aber lebte etwa so wie ein Zar. So als wäre er ihr Herr, und er ist es, der ihnen im Notfall Rat erteilt. So lebt er. Wie lange ist es schon her, daß sie so lebten! Dieser Kaufmann hatte eine Frau; jene Frau hatte noch niemals Kinder geboren. Und nun jetzt, während er zusammen mit dieser seiner Frau lebte, begann jener Kaufmann sich mit ihr zu streiten. Seine Frau sagte: »Unsere Sonne geht nur immer oben entlang.« Ihr Mann antwortete darauf: »Unsere Sonne steigt ins Meer hinab, und verschwindet im Wasser.«

So stritten sie, und dann ließ ihr Mann sie ein sehr großes geschriebenes Schreiben lesen, wo gesagt war, die Sonne sei ins Wasser hinabgestiegen. Aber seine Frau sprach: »Dem Schreiben glaube ich nicht!«
Indem er sich auf diese Weise mit seiner Frau verzankt hatte, schwuren sie nach alter Weise und redeten. Mit einem Schwur, mit einem Eide, schrieben sie einen Brief, was demjenigen geschehen sollte, der die Wette verlieren würde. Das heißt also, sie müßten einen solchen Menschen finden, der in Erfahrung brächte, wie die Sonne über der Welt hinzieht. Der Kaufmann dachte aber so: Wenn von seinen Leuten sich ein guter Mensch auf den Weg machte und dabei sterben würde, so wäre das doch schade! Deshalb wählte er gerade die schlechtesten von allen seinen Leuten aus. Er schickte mithin jemand aus, den Sohn des Armen zu holen. Jener kam zu diesem Knaben und sprach: »Dein Zar ruft dich, gehe schnell hin.« Den Kaufmann nannten sie ihren Zaren. »Weshalb mag er dich denn wohl rufen?« So sprechend sagte die Mutter zu ihrem Sohn: »Gehe hin!« Ihr Sohn ging zu dem Zaren, zu jenem Kaufmann und fragte ihn: »Weshalb hast du mich gerufen?«
Nachdem der Kaufmann und seine Frau von ihren Plätzen aufgestanden waren, erzählten sie ihm alles. »Wir haben, ohne uns auch nur ein einziges Mal im Leben gezankt zu haben, gelebt; und erst jetzt haben wir uns miteinander gestritten; über die Wege der Sonne sind wir uneins geworden. Einer von uns sagt, daß sie oben entlang ginge, der andere, daß sie, indem sie unten entlang zöge, sich ins Wasser hinabbegibt. Und siehe, indem wir darüber miteinander stritten, haben wir einen Schwur getan, sowohl der Mann als auch die Frau. Dadurch daß wir einen Eid geschworen haben, haben wir uns durch diesen Eid gebunden. Wenn sich ein Mensch zur Sonne begibt, um sie auszuforschen, und nachdem er die Gebräuche der Sonne in Erfahrung gebracht hat, wieder zurückkehrt, wenn er dann sagt, daß sich die Sonne ins Wasser hinabläßt, dann muß ich Frauenmensch, durch

meinen Eid gebunden, sterben. Wenn sie aber, ohne sich ins Wasser hinabzulassen, nur oben entlang zieht, dann muß ich Männermensch kraft meines Eides sterben. Diesetwegen haben wir dich gerufen, dich den Sohn des Armen. Versichere nicht: »Ich weiß es nicht!«, sage nicht: »Ich gehe nicht!«; trotz alledem werden wir dich zu gehen zwingen und dich wegschicken. Ob du nun hier stirbst oder dort umkommst, ist es dir nicht gleichgültig? Wenn du hier stirbst, werden dich die Hunde fressen, wenn du im fernen Lande, in der Fremde stirbst, so werden dich die Würmer fressen. Wenn deine Antwort sein wird, daß du nicht gehen wolltest, so werde ich dir hier an Ort und Stelle den Kopf abschlagen. Sage deine Antwort, wie wird sie sein? Wenn du dich an dem verabredeten Tag nicht auf den Weg machst, werde ich dir gleichfalls den Kopf abschlagen.«

Auf diese Worte sprach der Knabe mit Tränen: »Morgen früh werde ich mich auf den Weg begeben. Es ist sehr bitter für mich, mir hier, wo ich stehe, den Kopf abschlagen zu lassen. Besser schon sterbe ich als Verirrter in fernem Lande.« Nachdem er dieses gesagt hatte, ging der Knabe wieder fort. Mit Tränen ging er nach Hause. Seine Mutter fragte ihn: »Weshalb weinst du denn?«

»Der Zar und seine Frau haben sich miteinander gestritten. Einer von ihnen sagt, daß sich die Sonne gelegentlich ins Wasser hinabbegibt, sie dagegen behauptet, daß die Sonne nur oben entlang dahinzieht. Zur Entscheidung dieses Streites schicken sie mich nun weg. Gute Leute sind ihnen zu schade, um sie wegzuschicken, da er sie nicht von der Arbeit entfernen will; mich aber, wenn ich dort auch sterbe, mich schätzt er weniger als einen Hundedreck. ›Ich schlage dir den Kopf ab‹, sagte er, ›wenn du dich morgen nicht auf den Weg begibst!‹«

Nachdem sie so miteinander gesprochen hatten, saßen sie weinend jeder in einer anderen Ecke ihres Hauses. Arme Leute, was wird wohl jetzt mit dem Armen geschehen!? Der Abend brach an, und die Mutter sagte zu ihrem Sohne:

»Nun, schlafe nur; am Morgen versuchst du, dich auf den Weg zu begeben.«
War die Alte überhaupt eingeschlafen oder nicht, es war erst Mitternacht, als sie ihren Sohn aufweckte: »Es ist Zeit, stehe auf!« so sagte sie. »Besser, du kommst im fernen Lande um als daß du hier durch die Hand eines Menschen stirbst.« Sie gab ihrem Sohn zu essen, sammelte seine Kleider zusammen, zog ihm das letzte, was sie hatten, an. Mit dem Essen wurde er fertig. »Nun, geh hinaus«, sprach sie. Sie folgte ihrem Sohne und trat auf die Straße hinaus. Von der Außenseite gingen sie zur Ecke des Hauses, die zur Nachtseite hin blickte. »Nun höre, ich werde dir etwas sagen!« Dabei legte die Mutter ihrem Sohn ein Kügelchen in die rechte Hand, das sie aus der Tasche geholt hatte.
»Wenn du dieses Kügelchen vor dir auf die Erde wirfst und es zurückläuft, so gehe nicht weiter; wohin es rollt, dorthin gehe auch du. Gib deine Kräfte nicht zu rasch aus und lauf ihm nicht zu schnell nach, das Kügelchen wird dich schon nicht im Stich lassen. Wo du einschläfst, da wird es neben dir liegen. Wenn du dich vom richtigen Weg abwendest, so wird es anfangen, sich zu regen. Wenn du ihm auf diese Weise folgst, so wird es dich schließlich zu einer Landzunge im Meer bringen. Wenn es, nachdem es dich zum Ufer geführt hat, nicht weiterrollt, so halte dort an. Und dort also, wenn du die Erde mit einem Blick überschaust, wird das ganze Land mit nichts anderem als mit Knochen bedeckt sein. Nachdem du dich umgeschaut hast, wirst du erkennen, daß es Elchknochen sind. Es werden sehr alte Knochen sein, die schon zur Hälfte verrottet sind. Nachdem du viele von diesen Knochen zusammengesammelt hast, mußt du sie in der Reihenfolge hinlegen, in der sie sich während des Lebens innerhalb des Tieres befunden haben. Dieses mußt du auf jeden Fall tun. »Was werde ich denn nun aber damit anfangen?«, wirst du denken und dabei dastehen und hinblicken. Von der Stelle, wo du stehst, in Richtung des Waldes schauend, wirst du sehen, daß da eine Anhöhe sein wird.

Wenn du dort hingehst, wird oben ein glatter Stein liegen. Wenn deine Kraft nicht ausreicht, um ihn anzuheben, so wirst du ihn hiermit hochheben!« und sie gab dem Sohn einen Eisenstock. »Unter diesem Stein wird ein eiserner Hammer liegen; wieviel Pfunde er wiegen wird, weiß ich nicht; wird deine Kraft für ihn ausreichen oder nicht, ich weiß es nicht; vielleicht aber gelingt es dir auch, und du hebst ihn hoch. Dann nimm ihn über die Schulter, gehe zu jenen Knochen, und schlage mit dem Hammer mit voller Gewalt auf den Stirnknochen in die Mitte des Elchgeweihes. Wirf den Hammer wieder über die Schulter und blicke zur Seite nach jenen Knochen hin. Die Knochen werden sich, nachdem sie Sehnen bekommen haben, miteinander vereinigt, zusammenlegen. Wenn du genügend Kraft hast, so schlage nunmehr stärker als das erste Mal auf den Stirnknochen.

Dann, nachdem du den Hammer über die Schulter genommen hast, steh wieder da und blicke hin. Das Skelett wird sich mit Fleisch bedecken, ein Fell wird ihm wachsen, und es wird so groß sein wie ein Berg. Wenn du Kraft genug hast, so schlage ein weiteres Mal noch stärker als vorher zu; und wenn dein Hammer beim dritten Mal gerade niedergefallen sein wird, wird das Tier, indem es sich an vier Stellen auf seine Füße stützt, aufstehen, wobei es schweratmend nach allen Seiten um sich blicken wird. ›So lange wie die Welt geschaffen worden ist, habe ich dagelegen; für welche und für eine wie geartete Angelegenheit hast du mich wieder aufgeweckt? Sprich deine Worte und deine Rede eilends‹, so wird es sprechen. Ach, ich bin in einer Todesnot gekommen. Ich werde dir alles erzählen, so sprichst du zu ihm und erzählst ihm, was dir begegnet ist. Und damit ist meine ganze Rede beendet; jetzt aber mach dich auf den Weg, mein liebes Söhnchen! Während ich noch auf dich blicke, wirf dein Kügelchen zur Erde.«

Während der Sohn das Kügelchen noch in der Hand gehalten hatte, bestand es aus Stoff. Als es aber auf die Erde gefallen war, wurde es strahlend gleich der Sonne. Und alles, was der Knabe tat, war, daß er ihm nachging. So schritt er weiter und weiter, wobei er den Winter am Schneegestöber und den Sommer an den Regenfällen erkannte. Wo das Kügelchen hinläuft, dort geht auch er hin. Während der Wanderschaft schlief er ein. Wenn er aufwachte, lag sein Kügelchen ebenfalls dort. Wenn er sich zu der Seite des Kügelchens hinbewegte, so begann dieses wieder weiterzurollen, es weiß selbst, in welche Richtung. Nachdem es nun so gerollt und weiter gerollt war, führte ihn das Kügelchen zu einem Vorgebirge am Meere. Als er nun direkt zum Ufer herantrat, sah er, daß da nur Treibholz liegt. Und weiter führt ihn auch das Kügelchen nicht, wenn auch der Knabe es in die entgegengesetzte Richtung oder in Richtung des Wassers hinwarf. Nachdem er sich so eine Zeitlang abgequält hatte, gab er es auf: Wohin schickt es mich denn, wenn es nicht weitergeht? Als er nun aufmerksamer um sich blickte, gewahrte er, daß die angeschwemmten Baumstämme in Wirklichkeit alte Knochen waren. Schon beim Liegen fielen sie auseinander, und die Würmer hatten sie von unten benagt. »Nun, jetzt werde ich also dieses hier zusammensammeln!« Und dann sammelte er die Knochen. Wenn er die Gelenke nicht richtig miteinander vereinigen konnte, so suchte er andere Knochen dafür aus. Wieviele Tage er so Knochen auflas, woher soll man das wissen? Vielleicht waren es auch mehrere Jahre, die er so Knochen zusammensammelte; es ist nicht bekannt geworden. Aber dennoch legte er sie endlich zusammen. Nicht ein einziges Gelenk hatte er mehr falsch zusammengesetzt; alles war, wie er dachte, nun richtig zusammengestellt. Indem er sprach: »Das habe ich jetzt also richtig gemacht«, begann er nach der Waldseite hin Ausschau zu halten. Dort war eine Anhöhe zu erblicken. Als er dort hingegangen war, lag obenauf ein glatter Stein auf der Erde, wie es sich zeigt. Wieviel Tage er sich damit abgab, mit Hilfe des Eisenstabes, von unten her sich dagegen stemmend, den Stein fortzubewegen, wer könnte das wohl in Erfahrung bringen? Nachdem er ihn bei Seite gerückt hatte, sah er, daß da ein eiserner Hammer lag. Diesen Hammer ergriff er und nahm ihn mit großer Mühe über die Schulter, wobei er beinahe zur Erde gefallen wäre, so schwer war er. Nachdem er den Hammer in die günstigste Lage gebracht hatte, schritt er in Richtung zu den Knochen hin. Er kam herbei und schlug mit dem Hammer auf den Stirnknochen zwischen dem Geweih, und nachdem er den Hammer wieder über die Schulter gelegt hatte, blickte er hin mit dem Gedanken, daß die Knochen sich wahrscheinlich wieder in einzelne Stücke zerstreut haben müßten. Als er aber hinschaute, hatten sich die Knochen, die bis zum letzten durch Sehnen miteinander verbunden waren, fest zusammengeschlossen und miteinander vereinigt. Und nachdem er wieder Kräfte gesammelt hatte, schlug er von neuem zu, wobei er wie ein Bär brummte und wie ein Löwe brüllte. Nachdem er den Hammer über die Schulter gelegt hatte, blickte er wieder hin. Da lag das Skelett, mit Fleisch bewachsen, mit Fell bekleidet, als vollständiger Körper vor ihm! Und noch stärker als das letzte Mal schlug er zu, wobei er nach Wolfsart heulte und wie ein Bär brüllte. Gerade eben war sein Hammer niedergefallen, als jenes Tier aufsprang, wobei es sich mit seinen vier Beinen auf die Erde stützte und gleich einem Bullen des wilden Rentieres den Hals ausreckte. Und da stand jener Knabe voll Schrecken, ohne zu wissen, wo er sich verstecken sollte.

»Seit jenen Zeiten, in denen die Erde geschaffen wurde, habe ich hier gelegen. Um wessentwillen hast du mich aufgeweckt? Sprich schnell deine Worte und sage deine Rede!«
»Ach, weshalb sollte ich dich denn ohne wichtigen Grund aufwecken?! Alles werde ich dir erzählen«, so sprach er.
»Von demjenigen, den wir als unseren Zaren ansehen, von jenem reichen Kaufmann mit Todesdrohungen gezwungen, bin ich hierhergekommen. Seitdem sie zusammen lebten, hatte er mit seiner Frau nie den geringsten Streit gehabt. Vor kurzem jedoch hatte jener Mensch mit seiner Frau eine Mei-

nungsverschiedenheit. Und zwar stritt er sich mit ihr über folgendes: Der eine sagte, daß die Sonne sich gelegentlich ins Wasser hinabließe; sie dagegen meinte, daß die Sonne nur am Himmel entlangzöge. Und siehe, siehe, um diesetwillen von dem Zaren weggeschickt, wandere ich über die Erde. Würde ich denn, wenn es nach meinem eigenen Willen gegangen wäre, hergekommen sein? Aber die Frau des Armen, meine Frau Mutter, sagte: Ehe du durch den Zaren stirbst, ist es besser, indem du in jenes Land gehst, auf dem Wege dorthin umzukommen, und indem sie so sprach, schickte sie mich weg. Wenn es wirklich so ist, daß die Sonne sich ins Wasser hinabläßt; wenn ich es gesehen habe und nach der Rückkehr erzähle, so muß seine Frau sterben. Der Mann aber muß sterben, wenn die Sonne oben entlangzieht; solch einen Schwur haben sie getan. Und das ist auch alles, was ich zu sagen vermag. Meine Mutter hat mir von dir erzählt: Er zeigt es dir.«
So unterhielten sie sich bis zum Anbruch des Abends. Kaum war es Abend geworden, als sich ihre Sonne zur Erde hinabbegab. Da schritt eben jenes Tier mit den Worten: »Setz dich rittlings auf mich!« in das Wasser hinein, so daß allein noch der Rücken zu sehen war. Indem es im Wasser dahinschwamm, setzte sich der Knabe auf dem Rücken zurecht. »Und das ist auch alles; wir haben uns nun auf den Weg gemacht. Komm, laßt uns von hier Ausschau halten. Der Zar hat doch die Wahrheit gesagt, daß die Sonne sich ins Wasser hinabbegibt. Niemals wird der Schein unserer Sonne schwächer. Jetzt stehen wir gerade in der Mitte des Meeres. Du denkst vielleicht, daß wir auf der Erde stehen? Jetzt geht die Sonne unten entlang. Unter dem Wasser erscheint alles in hellem Lichte. Nun, schau jetzt nur hin!«
Als jener Knabe von seinem Sitze aus hinblickte, stieg unsere Sonne in das Wasser hinab; am Grunde des Wassers entlang bewegte sich unsere schon eine Ewigkeit funkelnde Sonne. Darauf aber, nachdem sie bei ihnen vorübergezogen war und sich wieder nach oben zum Himmel erhoben hatte

und aus dem Meer herausgestiegen war, wurde sie wieder zur Sonne.
»Nun, hast du gesehen?«, fragte das Tier.
»Ja, ich habe es gesehen«, sprach der Knabe.
Indem sie so miteinander redeten, kehrten sie in Richtung des Vorgebirges zurück und kamen zu eben der Stelle, wo sie übernachtet hatten. Und hier zerfiel sein Tier, der Elch, wie vorher, wieder vollkommen: sowohl das Fleisch verschwand als auch das Fell, und nichts als die Knochen liegen da. Der Knabe brachte den Hammer auf die Höhe zurück, deckte ihn wieder mit dem Steine zu. Nachdem er dieses getan hatte, beschloß er, nach Hause zurückzukehren, indem er das Kügelchen vor sich herlaufen ließ. Und drei Jahre nach seinem Auszug kam er wieder zu Hause an. Kaum war er zu Hause angekommen, als er in Schlaf fiel. Am Morgen stand er auf und kam zu seinem Zaren.
»Siehe an, du bist wieder zurückgekommen, wie es scheint? Sei gegrüßt!«, sprach jener. »Jetzt Mensch, der du in der Ferne gewesen bist, erzähle! Werden wir deine Worte und Reden zu hören bekommen?«
»Wird etwa ein Mensch, der weit gegangen ist, ohne Worte sein? Irgendetwas habe ich schon zu erzählen«, sprach jener. »Wenn ich meine Worte sprechen würde, werdet ihr mich stehend oder sitzend anhören?«
»Zu beiden Enden unseres Tisches werden wir uns hinsetzen, und wir werden unsere Hände zu beiden Seiten des Heiligenbildes legen, unter dem wir unseren Schwur abgelegt haben.«
»Wunderbares habe ich gesehen, seltsame Dinge habe ich erblickt. Indem ich dahinzog wie ein rasches Pferd trabt, kam ich, nachdem Winter und Sommer vergangen waren, zum Gestade des Meeres. Auf einem Weidenboot fuhr ich gerade bis zur Mitte des Meeres. Nachdem ich in der Mitte angekommen war, hielt ich an. Von der himmlischen Seite her stieg unsere Sonne ins Wasser hinab. Im Verlaufe der Nacht zog sie unter mir hinweg, und am Morgen stieg sie

aus dem Wasser empor und wurde wieder zum Tageslicht. Und das, Herr, ist alles, was ich darüber zu sagen habe.«
Kaum hatte jener gesprochen, als sich die Frau in Richtung ihres Gatten hin, ihres Herren, verneigte, da sie von der Richtigkeit seiner Ansicht überzeugt worden war. Und als der Knabe seine Erzählung darüber geschlossen hatte, wie die Sonne ins Wasser hinabsteigt, verstarb jene Frau. Sie aber plauderten noch miteinander und saßen zusammen. Nachdem der Knabe alle Worte gesprochen hatte, ging er hinaus. Ihr Gebieter, der Zar, rüstete seine Frau mit allem Notwendigen aus, wobei die Richtung nach der Sonnenseite beobachtet wurde; darauf wurde sie begraben. Und die Menschen gehen an ihrer Begräbnisstätte vorbei. Wer vorbeigeht, der geht mit einem Gebet vorbei; wer vorbeigeht, geht vorbei und verneigt sich dabei.
»Da sie durch eine Erzählung über die Sonne gestorben ist, möge der Ajy der Sonne ihren Odem erhalten«, und indem sie so sprechen und sich einander dieses zuflüstern, gehen sie vorbei.
Und dann lebten die Menschen wieder so, wie sie früher gelebt hatten. Und sie erstaunten, wie er es mit angesehen hatte, daß die Sonne unter dem Wasser herbeikommt. Die Leute wußten, daß jener Knabe anfänglich ein sehr schlechter Mensch gewesen war, einer der allerärmsten; wie hat er, ohne daß er irgendein Wissen erhalten hätte, zu einem so wissenreichen Menschen werden können? Und sie waren voll Verwunderung und sprachen:
»Wie ist es möglich, daß jener Mensch, dem niemand Lehren übermittelt hat, nachdem er alles in Erfahrung gebracht hatte, wieder zurückgekehrt ist?«
Nachdem sie in dieser Weise eine gewisse Zeit gelebt hatten, mußte der Zar eine Volksversammlung einberufen. Wieviele Menschen auch da waren, alle versammelte er um sich.
»Ich habe jetzt, um mir einen Rat zu erbitten, euch alle miteinander versammelt. Als eure Herrin noch am Leben war, lebte ich wie ein Mensch. Jetzt aber, und das werdet auch ihr

schon gesehen haben, wenn ihr mich betrachtet habt, lebe ich jetzt etwa in menschlicher Weise? Und darüber, um euch zu befragen, habe ich euch miteinander versammelt: gebt mir Ratschläge, wo, und an welchem Orte, ich wohl am besten eine Frau für mich finden könnte.«
»Ja, tatsächlich, du sprichst die Wahrheit«, sprachen seine Leute.
»Wo es dir auch immer einfallen würde, eine Braut zu suchen, dafür sind weise Männer aller Art vorhanden. Wenn du den Wunsch hast, auf dem Wasser zu reisen, so werden wir ein auf dem Wasser fahrendes Schiff, wenn aber auf der Erde, dann ein auf der Erde fahrendes Schiff bauen. Dir, dem Großen, geziemt es etwa, ein namenloses, sippenloses Mädchen zur Frau zu nehmen? Solltest du etwa eines aus einem unberühmten Orte nehmen?«
»Ich, der ich mich nicht für einen gewöhnlichen Sterblichen halte, lebe so wie alle anderen Menschen; wie wird mir daher eine von Menschen gewöhnlich geborene Frau ebenbürtig sein? Meine frühere Frau war mir an Bedeutung nicht entsprechend, daher konnte sie, als sie nur ein von mir gesprochenes Wort gehört hatte, dieses nicht ertragen und starb. Deshalb beabsichtige ich nicht, eine Frau aus dem Irdischen zu nehmen.« Darauf sprach sein Volk: »Sprich deinen hehren Gedanken selbst aus; woher beabsichtigst du, sie zu nehmen?« Darauf sprach er folgendes:
»Da ist doch dieser Mensch, nachdem er es selbst mit angesehen hatte, zurückgekommen und hat erzählt, daß die Sonne unter dem Wasser entlangzieht. Ich habe nun, indem ich alte Schriften durchlas, erfahren, wie die Sonne erstmalig eingerichtet war: wie es sich gezeigt hat, besitzt die Sonne eine Tochter, solche Schriften habe ich durchgelesen. Um sie zu holen, möchte ich jenen Menschen, der die Gebräuche der Sonne geschaut hat, den Sohn des Armen, hinsenden. Wenn er zurückkehrt, ohne sein Ziel erreicht zu haben, ohne sie gefunden zu haben, an eben diesem Tage werde ich ihm den Kopf abschlagen.« Und indem er sprach: »Habe ich

recht, meine Leute?« fragte er auf diese Weise sein Volk. Daraufhin sprachen sie alle bis zum letzten: »Recht so!«, und sprangen auf. »Am dritten Tage begib dich auf den Weg«, sagte er zu jenem Jungen. »Spreche ich recht so, daß er sich am dritten Tage auf den Weg macht, mein Volk?« sprach er. Und indem sie »Recht so!« riefen, sprangen sie von ihren Plätzen auf.
Tränenden Auges begab sich der Sohn des Armen nach Hause. Mit Tränen trat er ins Haus ein. Seine Mutter fragte ihn:
»Worüber weinst du denn?«
»Wenn ich mich am dritten Tage nicht auf den Weg begebe, so wird der Zar mir den Kopf abschlagen. Da er den Wunsch hat, die Tochter der Sonne zu seiner Frau zu machen, schickt er mich von neuem fort. Und wenn ich, ohne dieses Mädchen gefunden zu haben, zurückkehre, so wird er mir auf jeden Fall den Kopf abschlagen.«
Darauf sprach seine Mutter folgendes:
»Leg dich schlafen; der Zar hat das ausgedacht, um dich aus der Welt zu schaffen; sicher waren seine Gedanken dies, dich damit zugrundezurichten!«
Der Junge aber schlief ein. Um Mitternacht weckte die Mutter ihn; er trank Tee und saß da:
»Nun, was ist da zu machen? Am besten ist es, du gehst wieder zu derselben Örtlichkeit, wo du schon gewesen bist«, sprach sie.
»Und wie lange soll ich dir denn noch gute Lehren geben? Wenn du an jenem Ort angekommen bist, so sammle dieselben Knochen, die du schon einmal gesammelt hast, von neuem zusammen. Und dann, wie du das Tier durch Hammerschläge erweckt hast, so wecke es wieder auf. ›Nachdem du mich nicht einmal richtig hast ausschlafen lassen, weshalb quälst du mich eigentlich?‹ Mit diesen Worten wird es aufspringen. Darauf sprich wiederum deine Worte: ›Wegen der größten und äußersten Not bin ich hergekommen‹, so sprich.

›Und wenn ich ohne Erfolg zurückkehre, so wird der Zar mir den Kopf abhauen. Irgendwo besitzt die Sonne eine Tochter; und damit ich um sie für ihn freie, schickt er mich; wo ich nun sterben werde, ist es nicht ganz gleichgültig? Meine Mutter hat mich hergeschickt, indem sie dabei auf dich verwies. Möge er mein Kind in schweren Tagen und Jahren unter seinen Schutz nehmen! das hat sie mir befohlen.‹ Dieses sagst du zu dem Tier.«
Die Mutter beendete ihre Rede, und der Sohn begab sich auf die Wanderschaft. Und wiederum also zog er von dannen. Eine Ewigkeit geht er und folgt dabei wieder dem Kügelchen. Geht er etwa lange dorthin, zu jenen Örtlichkeiten? Dort aber begann er die Knochen zusammenzulegen und schlug dem Elchskelett auf die Stirn. Indem der Elch sein Maul öffnete, sprach er:
»Nicht einmal richtig liegen läßt du mich hier; weshalb hast du mich aufgeweckt? Sprich schnell deine Worte und deine Rede, wenn du mich nun schon geweckt hast!«
»Ja, auf Grund des Befehls jenes Zaren bin ich wieder hierhergekommen. Es heißt, daß die Sonne zusammen mit einer Tochter ihr Leben verbringt. Unser Zar, der Kaufmann, hat mich hergeschickt, um für ihn um die Hand dieser ihrer Tochter anzuhalten. »Mit einer Frau, die mir gleich ist und von einem Menschen geboren worden ist, werde ich nicht schlafen«, so sagt er. Mit diesem Befehl hat er mich weggeschickt, und wenn ich nun ohne sie wieder zurückkehre, so wird er mir auf jeden Fall den Kopf abhauen lassen. Meine Mutter hat mich wieder zu dir geschickt. »Die Ursache des Todes ist die gleiche bei allen Menschen; möge das Tier mein Kind in schweren Tagen und Jahren unter seinen Schutz nehmen«, solches zu sagen hat sie mir geboten. Und aus diesem Grunde bin ich wieder hergekommen. Wenn du nach meinen Worten und Reden fragst: das ist eben auch alles, was ich zu sagen habe.«
»Nun, und ich bin schon lange tot, und auch du bist des Todes! Die Sonne wird ihre Tochter, wenn man sie bittet, nicht

hergeben; oder ich werde sie wohl nur herbringen können, wenn ich sie ihr mit Gewalt abnehme. Warte bis zum morgigen Morgenrot und bleibe hier an dieser Stelle sitzen. Ich aber werde auf jenen Wegen dahineilen, auf denen sich die Sonne unter die Erde hinabbegibt.«
So sprach das Elchtier und machte sich auf den Weg. Nichts weiter sprach es und begab sich fort. Der Junge wartete und blieb dabei sitzen. Dann kam der Morgen, und es wurde hell. Zur Zeit des Sonnenaufganges erhob sich die Sonne an zwei Orten aus dem Meere. Eine der Sonnen erhob sich wie gewöhnlich nach oben zum Himmel; die andere Sonne jedoch stieg nicht den Himmel hinauf, sondern kam auf der Oberfläche des Meeres sich fortbewegend immer näher herzu. Als der Knabe hinschaute, sah er, daß gerade nur die Enden vom Geweih des Elchtieres erkennbar sind. Es kam näher herbei, und er sah, daß es etwas trägt. Und da kam es auch zu dem Vorgebirge und ließ es herab, wobei es sprach: »Sohn des Armen, wegen deines großen Kummers habe ich mich selbst abgequält! Einem anderen Menschen als dir hätte ich sie auch nicht hergebracht; nun aber ist auch das Ende meiner Kräfte da! Deiner Mutter übermittle einen Gruß, erzähle ihr, wie ich mich dorthin begeben habe, sage ihr, daß ich nur aus Verehrung für deine Mutter so viele Qualen ausgestanden habe!«
Und indem er das Mädchen bei der Hand ergriff, schritt der Junge aus, seinem Hause zu, und ging dahin. Wird er etwa nachzählen, wie lange er so geht? Und es ist richtig, daß er wieder nach drei Jahren, nachdem er sich von zu Hause wegbegeben hatte, zurückkehrte. Als er beim Hause seiner Mutter angekommen war, trat er ein. Und die Tochter der Sonne ist aber auch wirklich eine Tochter der Sonne; das ganze Haus erstrahlte, und die Farbe der Kleidung war in dem Maße hell, daß sie in der Nacht wie am Tage Tee tranken und zusammen saßen! Schließlich wurde es Abend, und sie legten sich schlafen.
Von seiner alten Mutter ging der Sohn des Armen zu seinen

Zaren und führte das Mädchen an der Hand. Der Zar tötete vierzig Kühe; am dritten Tag wollte er einen Hochzeitsschmaus veranstalten. »Zur Halbtagsstunde lade ich ein«, sagte er und schickte Briefe in jedes Haus. Drei Tage lang warteten nun alle. Da kam endlich die Halbtagsstunde heran. Die Stunde der Einladung ging vorbei, und die Sonne wurde abendlich. Kaum war der Abend angebrochen, als der Sohn des Armen einschlief, in der Erwartung, daß man zur Hochzeit bitten würde. Am Morgen stand er auf. Da kam ein Mensch, ein Befehlshaber, zu ihm, und nachdem er seinen Tee ausgetrunken hatte, sprach er:
»Sieh mal, der Kaufmann, dein Herr, fordert dich auf, zu ihm zu kommen. Gewinnt er, der reiche Kaufmann, dein Herr, etwa ohne Pein eine Frau für sich? Komm schnell, er ruft dich!«
Sie gingen und traten bei dem Zaren ein. Als sie eingetreten waren, sammelte er Menschen für eine Versammlung zusammen.
»Nun, also, Sohn des Armen, bist du wohl gekommen?« so sprach er.
»Wir werden dir den Fall erklären, setz dich nur ordentlich hin. Wenn ich auch eine Frau erlangt habe, so werde ich doch noch nicht so schnell mit dieser Frau zusammen sein. Meine Braut besitzt nämlich für Festtage und für den Tag, an dem sie heiratet, schon fertiggestellte Kleider, die in zwei Körben bereit liegen, wie es sich erwiesen hat. Die in ihrem Lande getragene Kleidung und die in unserem Lande getragene Kleidung sind voneinander verschieden, wie es sich erweist. Man trägt in jenem Lande Kleider ohne Nähte, so zeigt es sich. »Bis dahin, ehe meine Kleider nicht hierhergelangt sind, werde ich mich dir nicht ergeben«, so sagt sie. »Und nur dann, wenn du sie gefunden und hierhergebracht hast, werde ich deine Frau werden«, so sagt sie. Welchen Menschen könnten wir noch außer dir, um sie zu holen, auswählen, als dich, den Sohn des Armen? Und jetzt versuch' es, und begib dich auf den Weg. Wenn du, falls du sie

nicht gefunden hast, eine List anwendest, so werde ich dir den Kopf abschlagen, und du wirst den morgigen Tag nicht mehr erleben. Morgen machst du dich unwiderruflich auf die Reise!«
Der Sohn des Armen verließ wieder das Haus. Tränenden Auges kam er zu Hause an. »Worüber weinst du denn?«, fragte ihn die Mutter wieder. »Weshalb denn weinen? Im Verlaufe deines Lebens wirst du noch viele Qualen zu erdulden haben! Dein Kummer ist wahrscheinlich, wie ich mir denken kann, folgender: Die Tochter der Sonne hat ihre gewohnte Kleidung vergessen? Solange diese nicht hier ist, wird sie keine Gewalt ihres Mannes über sich anerkennen«, so sprach sie. »Ist es nicht so?« »Jawohl«, sprach ihr Sohn. »Wenn ich mich nicht morgen auf den Weg begebe, wird der Zar mir den Kopf abschlagen.« – »Nun, was sitzt du noch da? Schlafe! Ist es etwa das erste Mal, daß du die Befehle des Zaren zu erfüllen hast?«
Er schlief ein. Um Mitternacht weckte ihn seine Mutter: »Nun begib dich auf den Weg«, sprach sie, »an eben denselben Ort! Wie du die Knochen früher zusammengesammelt hast, so wecke es wieder auf! Nun, und jetzt gehe, was soll ich dir noch weiter sagen? Du kennst jene Örtlichkeiten gut, geh wieder dorthin! ›Meine Mutter sendet dir eine tiefe Verbeugung‹, so sage, wenn der Elch aufwacht!«
So machte sich denn der Sohn des Armen auf den Weg, und nachdem er lange gegangen war, kam er zu eben dem gleichen Ort. Wie er schon früher die Knochen zusammengesucht hatte, so sammelte er sie wiederum zusammen; wie er das Tier schon früher geweckt hatte, so weckte er es auch dieses Mal. Dreimal schlug er mit dem Hammer zu, und da erwachte das Tier.
»Sogar nicht einmal richtig hinlegen kann ich mich; weswegen quälst du mich eigentlich? Deine Reden und Worte sprich nur schnell!« – »Ach, ich werde es dir schon erzählen«, antwortete er. »Wegen dieser nichtigen Hochzeit des Zaren komme ich wieder.«

»In was für einer äußersten Not befindet er sich denn? Sprich schnell!« – »Die Tochter der Sonne, jene, die der Zar zu seiner Frau machen will, jenes Mädchen hat in ihrem Heimatland ihre Staatskleider vergessen. »Solange diese nicht hier sein werden, werde ich niemandem Gewalt über mich zugestehen«, so sagte sie. »Sobald sie hier sein werden, werde ich auch deine Frau. Da ich nun schon einmal hier bin, werde ich solange warten.« Der Zar hatte schon vierzig Kühe für die Hochzeit schlachten lassen und er, durch die Worte jener Frau erzürnt, befahl, daß ich zu ihm kommen sollte. Nachdem er alles berichtet hatte, erklärte er mir: »Wenn du dich nicht morgen auf den Weg machst, werde ich dir den Kopf abschlagen.« Aus Angst davor bin ich nun wieder mit einem Gruß zu dir gekommen. Meine Mutter sagte dazu: »Möge er doch in schweren Tagen des Jahres ein Schutz für meinen Sohn werden!«, und indem sie so sprach, sendet sie dir eine tiefe Verneigung. »Wenn er dich dem Leben zurückgibt, so möge er es tun, wenn er dich tötet, mag er dich töten«, so sprach sie.«

Auf diese Worte antwortete das Elchtier: »Was bedeuten jene Qualen, die ich schon ertragen habe, im Vergleich mit diesem Neuen! Diese jetzigen Qualen, das sind erst wirklich Qualen! Dieses jetzige Unglück, das ist erst das wirkliche Unglück! Ob ich nun die gestellte Aufgabe ausführe oder nicht ausführe, nur aus Verehrung für deine Mutter mache ich mich daran. Wahrscheinlich werde ich einen vergeblichen Weg tun.« So sprach er und schritt ins Wasser hinab und machte sich auf den Weg. »Bis zum Mittag des folgenden Tages warte und bleibe sitzen!«, mehr sagte er nicht. »Und wenn ich sie auch nicht finden werde, so werde ich doch wohl zurückkehren, um dir Bescheid zu geben; was auch immer geschehen mag, ich werde zurückkehren. Und jetzt warte auf mich!«

Mitternacht wurde es, und dann schimmerte der Morgen, und endlich wurde es Mittag. Es war schon regelrecht Mittag geworden. Da blickte er in die Richtung des Wassers und

sah auf der Oberfläche des Wassers etwas leuchten. Wieder kam das Geweih des Elchtieres, das sich wie Inseln aus dem Meer erhob, näher herbei. Als es näher herangekommen war, konnte man erkennen, daß es mit irgend etwas herangeschwommen kam. Endlich stieg es an das Ufer. Als es so herbeikam, konnte man erkennen, daß es zwei Körbe trug: »Demjenigen Menschen, der mich kennt, deiner Mutter, meinen Gruß! Nimm hier schnell diese Körbe«, so sprach es. »Gerade haben meine Kräfte noch ausgereicht«, so sprach es und zerfiel wieder zu Staub, nachdem es so gesprochen hatte.
Indem er in jede Hand einen Korb nahm, begab sich der Sohn des Armen auf den Heimweg. Seitdem er von zu Hause weggegangen war, waren es drei Jahre, bis er wieder heimkam. Er stellte die zwei Körbe in die Nähe des Zaunes des Zaren, wobei er sprach: »Mögen sie das, was sie brauchen, selbst nehmen!«
Der Zar kam herbeigelaufen, ergriff mit jeder Hand einen Korb und wollte ihn anheben; aber er konnte ihn auch nicht im geringsten von der Erde hochheben. Da ließ er ein Pferd kommen und ließ dieses ziehen, aber auch das Pferd brachte nichts zuwege. Dann befahl er seinen Leute, mit Hilfe eines Hebels die Körbe hochzuheben, aber auch dieses mißlang, und die Körbe waren nicht von der Stelle zu bewegen. So quälten sie sich damit sowohl einen Tag als auch eine Nacht. Am nächsten Tage, nachdem sie vollkommen entkräftet waren, riefen sie den Sohn des Armen. Als sie ihn gerufen hatten, kam er herbei.
»Welches Zaubermittel hast du angewandt, um die Körbe herzubringen? Wenn du wirklich derjenige bist, der sie hierhergebracht hat, so bring sie ins Haus hinein. Wenn du sie nicht hineinbringst, so werde ich dir den Kopf abschlagen lassen!«
Tränenden Auges trat er hinzu, ergriff beide Körbe, brachte sie ins Haus und stellte sie auf den Fußboden. Dann ging er wieder und begab sich nach Hause. Als der Sohn des Armen

nun so zu Hause dasaß, kam gegen Abend ein Mensch, um ihn zu holen.

»In fünf Tagen will der Zar seine Hochzeit feiern. Jene vierzig Kühe, die sie schon das erste Mal geschlachtet hatten, sind umsonst aufgegessen worden; jetzt werden wir fünfzig Kühe schlachten. Und im Verlauf dieser fünf Tage sollen wir allerhand Speisen vorbereiten. Am sechsten Tag wird dann der eigentliche Hochzeitsschmaus stattfinden.«

So lebten sie denn fünf Tage lang; schließlich kam der sechste Tag heran, und an diesem sechsten Tage sollten sie ja eigentlich zu dem Schmaus eingeladen werden. Die Stunde der Einladung kam auch herbei, aber der ganze Tag ging vorüber. Nachdem der Sohn des Armen vergeblich gewartet hatte, schlief er endlich ein. Nachdem er vom Schlaf wieder aufgestanden und gerade mit Teetrinken fertig geworden war, kam jemand zu ihm ins Haus:

»Der reiche Kaufmann, unser Herr, ruft dich! Die fünf mal zehn Kühe, die er hat töten lassen, um seine Hochzeit zu feiern, möchte er nun am liebsten im Feuer umkommen lassen. Es hat sich gezeigt, daß das Mädchen, das der Zar zu seiner Frau machen will, große Reichtümer besitzt.

»Die fünf mal zehn Kühe, die ich habe töten lassen, rechne ich nicht als Speise«, so spricht sie. »Und ihr, Leute dieses Landes, wie habt ihr denn bisher leben können, wenn ihr derartige Nahrung zu euch genommen habt? Als ich noch auf meiner Erde und in meinem Lande war, habe ich wirklich ausgewählte Speisen gegessen! Wenn ich doch das hier hätte, woraus jene Speisen zubereitet wurden! Wenn auch diese Bewirtung nicht für alle bestimmt ist, so würde ich doch der Hälfte des Volkes meine Speise zum Probieren anbieten. Eine Nahrung spendende Mutterkuh hatte ich zu Hause, in meinem Heimatlande. Hier wo ich nichts habe und allein dastehe, will ich nicht nur durch mein Blut seine Frau sein. Bis zu dem Zeitpunkt, wo ihr mir nicht jene meine Kuh herbringt, werde ich, wie man sieht, nicht seine Frau werden. Wo soll ich mich denn, da ich nun einmal auf

dieser Erde lebe, hinbegeben, bis meine Kuh hier sein wird?«, so spricht jenes Mädchen.
Unser Zar antwortete darauf: »Wen werden wir denn zu diesem Zwecke finden, werden wir denn etwa nur den Sohn des Armen dafür finden? Wenn du dich am morgigen Tage nicht auf den Weg begibst, so werden wir dir den Kopf abschlagen!«
Der Sohn des Armen trat wieder tränenden Auges in sein Haus. »Worüber weinst du denn wieder?«, fragt ihn seine Mutter. »Die Tochter der Sonne hat gesagt: »Das Fleisch einer Kuh, die von irdischen Kräutern ernährt worden ist, ist für mich unrein. Eine Mutterkuh, die Nahrung gab, besaß ich in meinem Heimatlande; wenn ihr sie mir nur herbringen würdet, dann würde ich deine Frau werden«, so sprach sie zu dem Zaren. »Wenn ihr meine Kuh jedoch nicht herbringt, so werde ich nicht seine Frau werden«, so spricht sie. Und wenn du morgen dich nicht auf den Weg begibst, so werde ich dir den Kopf abschlagen, hat mir der Zar gesagt. Aus Furcht davor weine ich.«
Auf diese Worte erwiderte die Mutter: »Und du würdest tatsächlich umkommen, wie man sieht. Morgen wirst du dich auf den Weg machen, jetzt lege dich schlafen.«
Er schlief ein. Um Mitternacht weckte ihn seine Mutter. Als er seinen Tee ausgetrunken hatte, sprach sie: »Nun gehe und bete zu den hellen Ajy.« Beide traten aus dem Hause. Draußen gingen sie zur rechten Ecke des Hauses. In die rechte Hand legte sie ihm ein goldenes Kügelchen, und in die linke Hand gab sie ihm einen kupfernen Stab mit zwei Einschnitten.
»Nun und jetzt geh, wenn du bis jetzt gegangen bist, so hast du dich in Richtung der Morgenröte, in Richtung des Sonnenaufganges gehalten; jetzt aber begibst du dich in Richtung der Nacht auf den Weg. Wirf dein Kügelchen hin und folge ihm. In irgendwelchen Ewigkeiten wird es dich zu einer Landzunge im Meer bringen. Gerade an der äußersten Spitze der Landzunge wird ein bergiger Ort sein. Oben auf

diesem Berg wird sich ein kleiner ausgetrockneter See befinden; wenn dein Kügelchen bis zur Mitte desselben gelaufen sein wird, steht dort in der Mitte eine kleine Wasserlache. Und nachdem es bis zu deren Mitte gerollt sein wird, wird dein Kügelchen dort stehenbleiben. Weshalb ist es denn stehengeblieben, sagst du, beeilst dich aber nicht, es aufzuheben. Du mußt nun am Rande des ausgetrockneten Sees in Richtung der äußersten Ecke der Landzunge gehen. Dort werden Anzeichen und Spuren einer Kuh zu finden sein. Ebenso wie sie durchs Wasser schwimmt, geht sie auch quer durch die Erde, mitten durch einen Fels aus flachen Steinen. Paß du auf und folge du diesen Spuren nicht, sondern begib dich in Richtung auf die Höhe der Landzunge. Und gib acht, daß du keinen Lärm verursachst, sprich nichts und atme nicht einmal mit der Nase! Und dann wirst du dich oben hinauf auf diesen hohen Ort begeben. Wenn du nun so hinaufsteigst, werden an jener Seite dieses hohen Ortes drei Lärchen stehen, mit großen dicken Ästen in der Mitte. Weiter als bis dahin blicke nicht. Von dort gehe zehn Schritte nach rückwärts. Und dort hebe eine Grube aus. Sie soll so hoch sein, daß, wenn du unten stehst und du die Hände ausstreckst, du gerade noch den Rand erreichst; sie soll fünf Armspannen lang und zwei Armspannen breit sein. Nachdem du diese Arbeit beendet hast, lege quer über die Grube dünne Querstangen. Decke Erde darüber und richte es so ein, daß, wenn man darüber geht, man hineinfällt. Für denjenigen, der sie ausgegraben hat, für dich also, einen wissenden Menschen, lege Merkmale an die Ränder, damit du, wenn du herbeigelaufen kommst, auf die andere Seite herüberspringen kannst. Paß nur auf, daß du nicht selbst in die Grube, die du ausgegraben hast, hineinfällst. Darauf gehst du in Richtung der Lärchen, die du erblickt hast. Und dort am Fuße der drei Bäume wirst du drei Kühe liegen sehen, und indem du sprichst: »Was sind das doch für große Kühe!«, blicke sie nicht allzulange an. Und wenn du gerade noch die Spitzen ihrer Ohren erblickst, pfeife und laufe zurück, so rasch du nur immer kannst. Sie werden dich noch vor der Stelle, wo du die Grube ausgehoben hast, einholen. Und indem du den Kupferstab am anderen Ende in der Hand hältst, und diesen hin und her schwenkst, laufe weiter. Wenn die Ajy dir hilfreich sein werden, so läufst du zu der Stelle, wo du die Grube ausgegraben hast. Und über diese Stelle, die du ausgegraben hast, springe mit Geschrei. Und wenn du nun auch dabei selbst in die Grube gefallen sein solltest, oder auch nicht, auf jeden Fall blicke dich sofort um. Denn, wenn du erst nachgedacht hast, und dann weglaufen willst, so wird es keine Richtung geben, in der du weglaufen könntest. Und nun wird vielleicht diese Kuh in die Grube hineinstürzen. An Ort und Stelle greife ihr an die Nase. Mit ihren Vorderfüßen wird sie draußen stehen, mit den Hinterfüßen wird sie jedoch in der Grube stehen. Aus dieser Grube lasse sie nicht heraus. Gib aber nur acht, daß du selbst nicht in diese Grube fällst! Und mit jenem Kupferstab prügele auf diese Kuh mit allen dir zur Verfügung stehenden Kräften ein, bis ihre Haut sich vollkommen vom Fleisch gelöst hat, bis ihre Seiten in Stücke zerrissen sein werden, bis ihre Rückenwirbelknochen in tausend Stücke zerspringen. Und mit diesem Stab prügele so auf die Kuh ein. Wenn du zu schlagen beginnst, so wird deine Kuh zu sprechen anfangen. Mit jedem Schlag wird sie sprechen: »Kind des Sonnenmenschen, vertreibe mich nicht von der Sonne! Erhebe dich von mir, meine Sonne und mein Mond! Wirst du denn wirklich nicht aufhören?« So wird sie sagen. »Habe ich denn in meinem ganzen Leben, seitdem ich auf die Welt gekommen bin, irgendeine Schuld dir gegenüber auf mich geladen?«, wird sie sagen. Wenn das Mark ihrer Knochen in Fäden zusammenhängend hervortritt, wird sie aufhören, dich mit menschlicher Rede aufzufordern; unter tiefen Atemzügen wird sie versuchen, sich aus der Grube nach oben zu begeben. Und indem du ihr dabei behilflich bist, führe sie aus der Grube heraus, dem Walde zu. In die Tasche habe ich dir eine Schnur gelegt. Diese Schnur binde

ihr unten um die Hörner und führe sie hierher. Und das ist alles, was ich dir sagen kann.« So sprach seine Mutter. »Und jetzt, indem ich dich segne, mach dich auf den Weg. Es wird wohl fast eine Generation währen, nach der Dauer eines Menschenlebens wirst du wieder zurückkehren; wenn du aber nicht wiederkehren wirst, so wirst du überhaupt nicht mehr zurückkommen. Beginnend mit dem siebenten Jahre, werde ich dich erwarten. Jene Kühe sind nämlich keine wirklichen Kühe, sondern es sind die Herrinnen der drei Sonneninseln. Und wie es auch immer sein sollte, die von dir zerschlagene wird ihre Mutter sein. Und das ist alles, was ich dir sagen kann!«
Ohne sich noch irgendwie aufzuhalten, ging er fort. Wann wird er wohl sein Ziel erreichen? Eine Ewigkeit geht er. Bis zu der Landzunge im Meere war er gekommen; wieviel Jahre, wieviel Sommerzeiten er unterwegs gewesen war, weiß er selbst nicht. Und indem er das Vorgebirge immer höher und höher beschritten hatte, stand er nun genau am Rande des Berges. An der anderen Seite befand sich der ausgetrocknete See. Sein Kügelchen rollte in das Wasser des ausgetrockneten Sees. Und indem er nicht zur Seite des Kügelchens blickte, schritt der Knabe aus in Richtung des ausgetrockneten Sees. Hier waren Spuren von Kühen zu erkennen. Wenn er auf so eine Spur trat, war seine eigene Spur, die Menschenspur, nicht zu erkennen. So groß sind die Spuren der Kühe. Er erblickte die Spuren von drei Kühen, die hier vorbeigegangen waren. Dann begab er sich auf den Gipfel des Berges. Dort standen drei Lärchen, die nach der anderen Seite in der Mitte je einen großen Ast trugen. Nachdem er diese Äste erblickt hatte, kehrte er wieder um. Von der Stelle, wo er umgekehrt war, ging er zehn Schritte zurück. Dann begann er, die Erde aufzugraben. Dann hob er seine Grube aus, die er gerade mit ausgestrecktem Arm vom Grund aus oben erreichen konnte. Eine Grube von der Länge von fünf Armspannen und der Breite von zwei Armspannen hob er aus. Nachdem er herausgekommen war,

konnte er im Sprung gerade noch auf die andere Seite gelangen. Und nachdem er hinübergesprungen war, stellte er an dieser Stelle ein Zeichen auf, um später nicht in die Grube zu fallen. Und damit es leichter wäre, hineinzustürzen, bedeckte er die Querhölzer, die er hinübergelegt hatte, mit Erde. Auf diese Weise stellte er eine ebene Oberfläche her, die sich durch nichts von der Umgebung unterschied. Dann ging er wieder zurück in Richtung seiner Bäume. Indem er den Kopf hob, schlich er sich leise heran.
Unter den drei Lärchen lagen drei Kühe. Er erblickte auch die Enden ihrer Ohren. Kaum hatte er auch nur die Lippen gespitzt, um zu pfeifen, als die Kühe ihre Mäuler öffneten und sich erhoben. Kaum waren sie aufgestanden, als der Knabe zurück zu der Grube lief. Noch hatte er sie nicht erreicht, als er den Atem der Kühe hinter sich spürte. Mit Funken wurde er übersprüht, und Feuer hüllte ihn ein. Und indem er seinen Kupferstab an einem Ende hielt und ihn hinter sich schwang, sprang er mit Geschrei über die Grube hinweg. Gerade nur in äußerster Not gelangte er bis zu seinem Kennzeichen. Da er mit einem Fuß fehlgetreten war, arbeitete er sich mit Mühe aus der Grube heraus. Sofort aber auch blickte er sich um. Da sah er, wie zwei Kühe an der gegenüberliegenden Seite der Grube standen, während eine Kuh mit den beiden Vorderbeinen auf einer Seite sich auf den Rand stützte. Da sie aber mit den Hinterfüßen herabgestürzt war, lag sie zur Hälfte in der Grube. Als auch sie herausspringen wollte, hielt der Junge, der Sohn des Armen, sie an den Hörnern fest. Und indem er sie so festhielt, begann er sie mit dem Kupferstab solange zu schlagen, bis ihre Haut, die dabei zerrissen wurde, nicht mehr abfiel. Da wandte sich die Kuh an ihn mit folgenden Worten:
»Kind der Sonne, vertreibe mich nur nicht von der Sonne! Sei mein Erretter. Laß mich frei, nur durch sie habe ich meine Kräfte.«
Der Sohn des Armen beachtete aber solche Rede nicht; er schlug nur immer zu, bis ihr von den Seiten das Fleisch ab-

fiel, bis sich ihr Fleisch mit der Erde vermischte, solange schlug er sie und hieb drauflos, wie man sagt. Da begann die Kuh wieder zu ihm zu sprechen: »Sonne und Mond, werdet meine Beschützer!«
Davon aber kam der Sohn des Armen erst recht in Zorn und schlug sie so lange, daß sich ihre Rückenwirbelgelenke zu zerstreuen begannen, so lange bis das Rückenmark fadenweise herunterlief, so lange schlug er sie, zerstückelte er sie. Da versuchte seine Kuh an der anderen Seite aus der Grube herauszusteigen. Jetzt war schon kein Wort mehr von ihr zu vernehmen. Indem er seiner Kuh dabei half, zog er sie vorsichtig aus der Grube heraus, dann nahm er die Schnur aus seiner Tasche, band sie ihr um die Hörner und führte sie den Weg zurück.
Sein Kügelchen, das wieder aus dem Wasser herausgekommen war, rollte vor ihnen her. In einer dunklen Nacht hatten sie sich auf den Weg gemacht, und gegen Abend wandte sich der Mensch an die Kuh: »Sind jene zwei Kühe dort geblieben oder folgen sie mir nach?«, fragte er. Als er sich umblickte, sah er, daß die zwei Kühe ihnen beiderseits ihrer Spuren wie Hunde nachfolgten. Nachdem er lange gegangen war, schlief er endlich ein, und nachdem er ausgeschlafen hatte, begaben sie sich wieder auf den Weg.
»Wenn der späte Morgen zum Abend wird, muß ich zurückkehren«, sprach er.
Indem er sich umkehrte, blickte er hin, um zu sehen, ob seine Kuh noch am Leben wäre. Er sah aber, daß ihr Körper nirgendwo verwundet, an keiner Stelle die Haut verdorben war; vollkommen gesund schritt sie hinter ihm her! Kaum hatte er das gesehen, als er sich auf die Erde setzte. Als er nach rückwärts blickte, redete er sie folgendermaßen an: »Könntest du so sprechen wie damals, als du in der Grube lagst?«
Darauf antwortete ihm die Kuh: »Was soll ich denn wohl mit einem Menschen, der mit Mühe und Not irgendwelchen Unsinn zusammenfaselt, sprechen? Wie deine Mutter er-

klärt hat, kommen wir heute ins siebente Jahr; wann werden wir denn nach Beendigung des Weges an Ort und Stelle angelangt sein? Soll ich etwa schweigend zuschauen, wie du dahinwanderst? Wenn du dich als Reiter auf die Haustiere der Ajij setzt, warum setzt du dich dann nicht auch auf unseren Rücken zum Reiten? Wenn ich mit meinen Schritten gehe, so werden wir noch in diesem Jahr ans Ziel gelangen. Wenn wir aber den Weg mit deinen Schritten fortsetzen, so werden wir noch sieben weitere Jahre gebrauchen.«
Nunmehr erwiderte der Sohn des Armen: »Ich bin hier unterwegs und quäle mich, wobei ich von Kräften komme, wegen der Laune eines reichen Mannes. Wenn du mich tragen willst, so werde ich es versuchen und mich auf dich setzen.« – »Jetzt hast du also doch: Ich werde mich auf dich setzen gesagt. Ich bin aber kein Haustier der Ajij, sondern die Herrin des Weltalls. Die Örtlichkeit, wo du lebst und wo du hin und her gehst, ist nur ein Teil des Randes meines Rückens. Auf meinem Rücken trage ich deine Stadt, in der du lebst; mein Rücken ist ein breiter Rücken! Sobald du dich auf mich gesetzt hast, wirst du sofort einschlafen. Mögest du in der Nacht nicht davon träumen, daß ich dich in das Land der Krankheiten führe. Es ist ganz in der Nähe von hier gelegen, für deine Augen jedoch nicht zu erkennen. Am Morgen, gerade wenn du aufwachst, werden wir wohl schon zu Hause angekommen sein. Wenn wir nun in deinem Lande sein werden, werden wir keine Zeit haben, miteinander zu sprechen; deshalb höre jetzt auf das, was ich dir sagen will. Wenn du mich zu dem Zaren hingebracht hast, binde mich bei der Tür an, wo man herein- und herauskommt. Infolge der Laune eures Zaren bin ich, die Herrin der Erde, an die Oberfläche hervorgekommen. Kann man ihm denn dieses etwa ungestraft vorübergehen lassen? Am dritten Tage werdet ihr von eurem Zaren nichts weiter als die ausgetrockneten Knochen vorfinden. Daraufhin wirst du die Tochter der Sonne, das Mädchen, um derentwillen du so viel hast erdulden müssen, zu deiner Frau machen.

Außer dir gibt es nicht einen Menschen, der ihr dafür zusagen könnte! Aus jenem Lande und von demjenigen Orte, wo du mich angebunden zurückgelassen haben wirst, werde ich verschwinden. Nachdem dieses geschehen sein wird, werden dort meine zwei Kinder zurückbleiben. Von ihnen wirst du einen nicht endenden Reichtum erhalten. Wenn ich, die Herrin der Erde, auf die Oberfläche der Erde hinaustrete, hält das die Stütze der Welt, jene kleine Stange, nicht aus. Wenn ich nämlich auf der Oberfläche der Erde entlangschreite, neigt sich eure Erde auf eine Seite. Es ist nur deine Reinheit, du Sohn des Armen, und der Tochter der Sonne zuzuschreiben, daß ich mich damit einverstanden erklärt habe, auf die Erde herauszukommen, um dann wieder zurückzukehren in meine Welt. Das ist alles, was ich dir zu sagen habe! Von jetzt ab frage mich nach nichts mehr.«
Der Sohn des Armen kletterte ihr auf den Rücken und setzte sich rittlings hin. Er schlief ein und verschlief den ganzen Weg. Als er aufwachte, sah er, daß er zu Hause lag. Seine Mutter, die gerade aufgewacht war, stand auf. Als seine Mutter aufgestanden war, sprach sie: »Nun hast du zwar die Kostbarkeit hergebracht, wo läßt du sie nun aber jetzt? Weshalb bindest du sie nicht an Ort und Stelle an?«
Der Sohn des Armen lief hinaus, wo seine Kuh bei der Tür lag. Dazu trug sie ein eisernes Kopfstück, und auch eine kupferne Leitkette war vorhanden. Nachdem er sie fortgeführt hatte, band er sie an die Türe des Zarenhauses. Das Zarenmädchen, jene, die der Zar zu seiner Frau machen wollte, trat heraus und sah, daß ihre Kuh gekommen war. Sie blickte hin und ging wieder zurück ins Haus. Sie ging hin und weckte den Zaren. »Herrenmensch des Sonnenlandes! Die Tage, wo wir uns vereinigen und zueinander gelangen werden, sind endlich herangekommen. Um unserer Mutterkuh zu dienen, mache deine Hände geschickt, andere Leute duldet sie nicht!«
Er kam heraus, blickte zur Seite und rieb sich die Augen. Er hatte ein schönes Kleid angezogen und trat so nahe an sie,

seine Kuh, heran. »Die Kühe der anderen Welt sind, so zeigt es sich, die gleichen wie sie auch hier bei uns sind«, so sprach er. »Sie sieht auch nicht einmal hübsch, nicht einmal schön aus, aber ihre Schönheit ist wahrscheinlich innen!«
Nachdem seine Kuh sich erhoben hatte, öffnete sie ihr Maul und machte nichts als »Am«. Und im gleichen Moment war es um den Herrn des Landes geschehen; der Mensch war gestorben. Da versammelte die Tochter der Sonne die Leute: »Nun, Leute, schaut hin; die Haustiere der anderen Welt ertragen keinen Menschen der hiesigen Welt! Wohin wird sich jetzt unsere Kuh begeben? Indem sie sich über die Reden und die Worte jenes Menschen erzürnt hatte, und da sie die Gewohnheiten der in der anderen Welt geborenen Menschen nicht kannte, brachte sie jenen Menschen zum Tode, weil er an sie mit den Gewohnheiten und mit den Worten seiner Welt herangetreten war. Wie könnte die Tochter der Sonne mit dem Sohn, der an die Erde gewöhnt ist, in diesem Leben zusammen sein? Und du, Herrin der Erde selbst, wirst du vor unseren Augen wachend stehen bleiben? Siehe doch, Mutter des Weltalls, daß die Stützstange der Welt nicht ins Schwanken gerät; findest du denn etwa nicht den Weg in dein Land zurück?«
Als die Frau gerade mit jener Rede zu Ende war, war von der Kuh nichts als das Leitseil übriggeblieben, und es ist unbekannt, wohin sie selbst verschwand; wahrscheinlich war sie von der Erde verschlungen worden! Und sie leben nun wieviele Tage. Ihren toten Herrn brachten sie in die richtige Ordnung. Nachdem sie noch irgendwelche Tage gelebt hatte, heiratete jene Frau den Sohn des Armen. Jene zwei Körbe wurden zu zwei starken Eisenhäusern. Das Innere des einen Korbes enthielt sämtliche Eßwaren, das des anderen Kleidung. Und die Speisen gingen niemals zu Ende, und die Kleidung trug sich niemals ab, wieviel auch immer die Menschen aßen und sich kleideten. Und jetzt nun, nachdem sie neuerlich reich geworden waren, lebten sie, und den Sohn des Armen wählten sie zu ihrem neuen Zaren.

5.

WIEDERGEBURT AUS DEM SCHAMANENBAUM

In alten Zeiten lebte im Taastachschen Bezirk des Namschen Ulusses ein weißer Schamane namens Arbaanza.
Er soll zweimal geboren worden sein. Das erste Mal lebte er als einfacher Mensch und hatte zwei ältere Brüder. Sie hatten ein Pferd von rotgefleckter Farbe. Als der zukünftige Schamane etwa sieben Jahre alt geworden war, starb er unerwartet. Die älteren Brüder begruben ihn weinend auf einer hohen Landzunge, nicht weit von ihrer Jurte, um sein Grab ständig vor Augen zu haben.
Der Tote blieb jedoch bei vollem Bewußtsein, nur hatte er nicht die Kraft, irgendetwas zu sagen.
Bei den Leuten des Altertums bestand der Brauch, beim Tode eines Menschen, ein Pferd auf dessen Grabe zu töten. Das Fleisch des Pferdes wurde unter den Versammelten verteilt. Ebenso wurde auch hier verfahren. Nachdem sie genug geweint hatten, ging man auseinander.
Plötzlich hörte der Begrabene das laute Brüllen eines Bullen. Die Laute kamen irgendwo vom Norden her; dabei zeigte es sich, daß sich der Stier ihm näherte. Nachdem er zu dem Grab gekommen war, begann er mit den Hörnern die Erde aufzureißen. Ein-, zweimal stieß er zu, und beim dritten Male war er an den Sarg gelangt, zog ihn heraus und warf ihn auf das Feld. Dann ging er zu dem Leichnam, hob ihn auf die Hörner, um sozusagen sein Gewicht zu schätzen. Nachdem er den Toten auf die Erde zurückgelegt hatte, ging der Bulle unter Brüllen wieder nach Norden zurück.
Als der Verstorbene nun so dalag, hatte er das Haus seiner Brüder vor Augen, aber er war nicht imstande, sich zu erheben, zu gehen, oder irgend etwas zu sagen. Plötzlich kam vom Süden unerwartet ein Specht herbeigeflogen. Er schritt eilig auf der Erde hin und her, und, nachdem er den Toten auf seinen Rücken genommen hatte, flog er nach oben. End-

lich kamen sie an einen bewohnten Ort, wo irgendwelche Wirtschaftsgebäude standen, aber die ganze Anlage war mit Eis bedeckt. Als er nun dalag, hörte er eine Stimme, die aus dem Inneren des Hauses kam. Irgendein Mensch sagte:
»Bringt ihn herein und legt ihn auf meine Handfläche! Vielleicht ist es ein Mensch, den die Voraussehung für uns bestimmt hat.«
Sogleich sprangen dunkle Menschenfiguren mit wie von Eis weißen Augen herbei. Sie hoben ihn auf, trugen ihn in das Haus und legten ihn auf die Handfläche eines alten Mannes. Nachdem dieser ihn gewogen hatte, sagte er:
»He, Kinderchen, jetzt wird bei uns kein Mangel an Essen und Trinken herrschen, denn aus ihm wird ein guter Schamane werden, tragt ihn hinaus und werft ihn in das alleroberste Nest!«
Dann kam ein großer Vogel herbeigeflogen, der ähnlich wie ein Adler aussah und begann ihn zu bebrüten. Je länger der Vogel ihn bebrütete, um so kleiner wurde der im Nest liegende Mensch. Endlich war er nur noch so groß wie ein kleiner Vogel. Einmal nun, als er so in dem Nest lag, hörte er das Weinen einer Frau. Der Stimme nach zu urteilen, kam eine Frau von unten herauf.
Er beschloß, aus dem Nest zu schauen und die ihn umgebende Örtlichkeit zu betrachten: er befand sich in dem Oberen Land, wohin von unten her ein besonderer Aufstieg, einer Leiter ähnlich, führte. Nachdem einige Zeit vergangen war, hörte man von weit unten her die Laute einer Trommel. Augenscheinlich kam ein Schamane unter dem Vollzug der heiligen Riten nach oben. Endlich zeigte er sich auch selbst, und indem er die Hand zur Schläfe hob, warf er einen Blick in Richtung des Menschen, der in dem Nest großgezogen wurde.
Dieser Umstand mißfiel letzterem aus irgendeinem Grunde sehr.
Dann wandte sich der Schamane an den Dshylga-Chan mit folgendem Gebet:

»Ich bin bei euch in dem mittleren Nest gewiegt worden. Gebt mir die von euch geholte Frau zurück!«
Sogleich antwortete eine Stimme:
»Übergebt sie ihm, solch einem Unmenschen!«
Nachdem er die Seele der Frau genommen hatte, begab sich der Schamane auf den Rückweg nach unten. Jene kranke Frau wurde sicher wieder gesund.
Unterdessen wurde der in seinem Nest liegende Knabe immer kleiner, bis er nur noch die Größe eines kleinen Schmetterlinges hatte, aber er hörte gleichzeitig doch alles genau, was in dem Haus gesprochen wurde.
Endlich sprach dort eine laute Stimme:
»Alle Zeitspannen für den Knaben haben sich erfüllt, nehmt ihn und laßt ihn auf die Mittlere Welt hinunter!«
Sofort sprangen eilends Leute herbei, irgendwoher kam auch derselbe Specht, der ihn nach oben gebracht hatte. Sie setzten ihn dem Specht auf den Rücken, und jener brachte ihn nach unten, auf die Mittlere Welt.
Plötzlich sieht der Junge: eine Alte fällt im Walde Holz. Der Specht mit dem Jungen umflog sie dreimal im Kreise. Die Alte rief: »Was für ein Teufelsvogel kommt da herbeigeflogen!«, und hob das Beil. Als der Specht gerade über dem Kopf der Alten dahinflog, fiel der Knabe herab, und zwar gerade auf ihren Scheitel. Von diesem Augenblick an verlor er das Bewußtsein und erinnerte sich an nichts, was mit ihm weiter geschah.
Jene Alte nun kam in andere Umstände. Ihr Mann war schon ein äußerst hinfälliger Greis. Als sie ihre Schwangerschaft bemerkt hatte, sagte sie zu ihrem Manne:
»Sicher hat sich in meinem Leib irgendeine Krankheit gebildet, es bewegt sich dort etwas, als ob es ein Kind wäre, aber ich fürchtete mich, dir etwas davon zu sagen!«
Die Monate erfüllten sich, und die Alte brachte ein Kind zur Welt. Der Alte war darüber in großer Freude und sagte:
»Dann und wann habe ich dich ja berührt, deshalb hast du wahrscheinlich auch empfangen!«

Ein sehr netter Junge war es, der da geboren worden war. Er wuchs auf und war indessen schon zehn Jahre alt geworden. Es erwies sich, daß nicht besonders weit von hier seine früheren Brüder lebten. Der Junge war gelegentlich bei ihnen und erkannte diese sofort wieder. Er überlegte lange hin und her, ob er ihnen erzählen sollte, daß er nach seinem Tode wieder auferstanden wäre oder nicht, aber er konnte sich dennoch nicht dazu entschließen. Aber den Brüdern gefiel der Junge sehr, sie liebten ihn und sagten:
»Wir hatten früher einmal einen Bruder. Wenn er am Leben geblieben wäre, so wären wir reiche Leute!«
Einmal nun kam zu den Eltern des Knaben ein alter Mann, der einen zweijährigen Hengst verkaufen wollte, der in allen Einzelheiten dem rotgefleckten Pferd glich, das man als Opfer auf seinem Grabe getötet hatte. Der Knabe lief mit einem Satze auf den Hof, und indem er sich an ihm nicht satt sehen konnte, sagte er:
»Er sieht wirklich genauso aus wie mein altes Pferd!«
Dringend bat er seine Eltern, sie möchten ihm doch diesen Hengst kaufen. Diese kauften ihn gern. Der Junge begann, sich mit dem Hengst abzugeben und liebte ihn sehr. Aber er wurde nun erwachsen und war schon ein sechzehnjähriger Jüngling geworden.
In den damaligen Zeiten wurden hin und wieder auch gewisse Feste veranstaltet. Einmal hörte nun dieser Junge, daß ein solches Fest bei den Wiljui-Jakuten veranstaltet würde. Er hatte große Lust, dahin zu reisen. Nachdem er sein Pferd gesattelt hatte, trat er in die Jurte und sagte barsch zu Vater und Mutter:
»Am Wiljui, sagt man, wird ein großes Fest veranstaltet, ich reise dahin. Sobald komme ich gewiß nicht wieder zurück!«
Ohne die Erlaubnis seiner Eltern abzuwarten, ging er aus dem Haus und ritt weg. Schließlich kam er an. Er ließ das Pferd bei einer armen Jurte stehen, die in der Nachbarschaft des Hauses stand, wo das Fest stattfand. Er trat ein. Die Hauswirte fragten ihn:

»Von woher kommst du, Jungchen?«
»Ich habe gehört, daß hier das aus Stutenmilch hergestellte Getränk Kumyß versprengt würde, und ich bin einfach gekommen, um mir die Menschen anzusehen. Ich bin ein Angehöriger des Namschen Ulusses.«
Nachdem er das Pferd bei diesen Leuten gelassen hatte, eilte der Jüngling zu der Festveranstaltung. Die Leute saßen reihenweise auf einem kleinen Feld. Plötzlich bemerkte er unter den Anwesenden denselben Schamanen, den er, als er bei dem Dshylga-Chan lag und großgezogen wurde, schon einmal gesehen hatte. Man behandelte ihn, als ob er selbst eine Gottheit wäre. Der Jüngling dagegen wurde von niemand beachtet, und es fand sich nicht ein einziger Mensch, der ihn auch nur mit einem einzigen Löffel Speise bewirtet hätte. Ein Hund hätte wahrscheinlich mehr Beachtung gefunden als er.
Plötzlich aber richtete der Schamane seine Blicke auf ihn, wobei er nach Schamanenbrauch die Handfläche zu den Schläfen hob. Diese Handlungsweise des Schamanen erzürnte aus irgendeinem Grunde den Jungen. Er dachte bei sich: »Sieh einer an, wie er sich da hingesetzt hat und sich als Schamane wichtig tut, und dabei wirft er noch solche Blicke auf mich!«
Aber nachdem der Schamane den Jungen erblickt hatte, erkannte er ihn sofort wieder und sagte:
»Seht, da ist mein älterer Bruder angekommen. Beim Dshylga-Chan, dem Gebieter des Schicksals, ist er in dem alleobersten Nest großgezogen worden. Nehmt ihn mit der ihm gebührenden Ehre auf!«
Sofort sammelten sich Leute um den Jungen, ergriffen ihn und setzten ihn neben den alten Schamanen.
Bei den Leuten des Altertums bestand der Brauch, dem am meisten geehrten Gast die erste Schale zu reichen. Als sie diese Schale brachten, stieß der Junge dreimal das Geschrei des Raben aus, wie das die Schamanen tun. Davon wurden die Anwesenden von Schrecken ergriffen.

Der Junge, der neben dem Schamanen saß, begann mit ihm zu plaudern, er sagte zu ihm: »Als jemand, der in dem obersten von den drei Nestern großgezogen worden ist, bin ich zwar der Würde nach älter als du, aber du bist vor mir geboren und hast ein höheres Alter, deshalb sollst du dich als mein älterer Bruder fühlen! Nur die Speise sind wir verpflichtet, in zwei Hälften aufzuteilen. Du als der an Jahren ältere trinke das Obere aus der Ehrenschale!«
Diese Worte versetzten den Schamanen in große Freude, und er gab sein Einverständnis, als erster der Schale die Ehre zu erweisen. Aber kaum hatte er einen Schluck getrunken, als das Blut ihm aus Nase und Mund floß. An Ort und Stelle, mit dem Gesicht dem Boden zugekehrt, starb er.
Die Anwesenden ergriffen sofort den Jungen, da sie vermeinten, dieser hätte den Schamanen getötet. Von Kopf bis Fuß banden sie ihn mit Stricken. Aber der Junge vollführte mit Hilfe seiner Zauberkraft eine Verwirrung des Blickes der Leute, und sie fingen und banden einen anderen. Selbst ging er sofort zu der Jurte zurück, wo er sein Pferd zurückgelassen hatte und sagte den Besitzern: »Nachdem ich in euer ausgezeichnetes Land gekommen bin, habe ich diejenige Nahrung gegessen, nach der ich mich früher gesehnt habe. Jetzt kehre ich nach Hause zurück.«
Indem er durch den Ojun-Usowschen Bezirk ritt, gelangte er bis zum Flusse Chanssyla, wobei er sich links von der Chaussee hielt. Unterhalb dieses Flusses strömt ein anderer namens Tzakyja. Während er so ritt, stürzte ausnahmslos der gesamte Wald, der am linken Ufer dieses Flusses wächst, nieder. So kam er zu den Eltern zurück. Seitdem lebte er wie andere Menschen auch. Er verheiratete sich und wurde ein großer Schamane.
Wenn die Söhne des Dshylga-Chans, des Beherrschers des Schicksals, auf Erden die Seele eines Menschen ergriffen hatten, wovon letztere erkrankten, so vollführte dieser Schamane, ohne daß er sein Haus verließ, den schamanischen Ritus und erbat jene Seele zurück. Wenn ein Kranker

nach der Bestimmung des Schicksals sterben mußte, so versuchte er es erst gar nicht, um dessen Seele zu bitten. Im Altertum, als die Leute noch einfach geartet und gutgläubig waren, wurde er wie ein Zar behandelt. Wenn er böse war und sich über seine Frau erzürnt hatte, lief er während der Winterfröste aus dem Haus, und indem er sich in einen aus dem Winterlager kommenden Bären verwandelte, wühlte er sich in einen Schneehaufen ein und blieb dort liegen.
Wenn er sich nach einer Schamanenreise zu den Oberen Geistern wieder auf die Erde hinab begab, so soll er nach den Erzählungen ganz mit Eis bedeckt gewesen sein, wie ein Mensch im Winter, und die Ohren waren ihm erfroren. Er tadelte seine Hausgenossen und sagte: »Weil ihr mir nicht die Kappe aufgesetzt habt und mir nicht ein Tuch umgebunden habt, habe ich mir die Ohren erfroren!«

6.

DER TOTE SCHAMANE HILFT DEN LEBENDEN GESIPPEN

Irgendwann in alten Zeiten lebte im Kurbusachschen Gemeindebezirk des Borogonschen Ulusses ein Schamane namens Basyllai. Er hatte zwei Brüder, von denen der eine Nirgierdech und der andere Dshendete hieß. Diese Brüder des Schamanen hatten ihren Wohnplatz direkt an der Grenze zu dem Bachsytschen Gemeindebezirk des Mengischen Ulusses. Ihre Heuschläge befanden sich rings um den im Borogonschen Uluss bekannten See Debilitte. Zur Sommerzeit mausert auf diesem See eine Fülle von Zugvögeln. Der Schamane Basyllai aber hatte schließlich sein Leben beendet und starb.
Einmal nun im Frühherbst, als alle Seen schon zugefroren waren, kam der Fürst Dellengei des Bachsytschen Bezirkes

mit zwanzig Leuten zum See Debilitte gereist, ließ sie das ganze um den See wachsende Schilf abmähen und war dabei, es auf vierzig Fuhren abtransportieren zu lassen.
Zu dieser Zeit lag einer der beiden Brüder, Dshendete, im Sterben. Irgendeine alte Frau aber hatte gesehen, wie der Fürst von Bachsyt mit seinen Leuten sich daran machte, das Schilf abzumähen, und sie lief hinzu, dieses dem Nirgierdech, dem anderen der beiden Brüder, denen der See gehörte, in folgenden Worten mitzuteilen: »Nun, mein Täubchen, der Fürst von Bachsyt räumt das ganze Schilf vom Debilitte-See weg und wahrscheinlich nimmt er es auch unwiederbringlich mit!«
Nirgierdech stand gerade mit dem Brecheisen in den Händen bei einem Eisloch. Auf die Worte der Alten eilte er mit dem Brecheisen zu dem See. Tatsächlich, die Leute arbeiteten eifrig, und zwanzig Fuhren waren schon mit dem gemähten Schilf beladen. Dellengei selbst, der Fürst, ging in seinem Wolfspelz und der Mütze von Luchsfell, die Hände auf den Rücken gelegt, auf und ab und gab seinen Leuten Anweisungen. Nirgierdech ging gerade und heftig auf ihn zu. Dellengei hielt seinen Bärenspieß in Händen.
Als der den heraneilenden Mann erblickte, dachte er beileibe nicht daran, etwa zu fliehen, sondern er ging ihm entgegen. Nirgierdech, der fest auf ihn zutrat, sagte: »Ich komme hierher wie ein Wolf, der zu seiner Lagerstatt eilt, und dich werde ich hier, der du dich unrechtmäßig in den Besitz meines Eigentums setzen willst, wie eine Wolfsbeute auf den Boden legen!«
Mit diesen Worten richtete er die Spitze seines Brecheisens auf die schwarze Leber des Dellengei und stieß zu. Aber Dellengei war auf der Hut und zerschlug dem Angreifer mit einem Schlag seines Spießes den Schaft des Brecheisens. Da eilten aber auch schon die Arbeiter des Fürsten herbei und fielen über Nirgierdech her. Sie warfen ihn auf die Erde, schlugen und traten nach Kräften auf ihm herum und banden ihn dann mit Lederriemen an die Schlitten.

Tungusisches Schamanengrab

Aber bald befahl Dellengei seinen Leuten: »Für ihn, ihr Hunde, sei es genug, daß ihr ihm diese gute Lehre gegeben habt. Bindet ihn los und setzt eure Arbeit fort!« Man band ihn los. Jener Armselige, den man vollkommen zerschlagen hatte, der über und über mit Wunden, blauen Flecken und Blutergüssen bedeckt war, kroch auf allen Vieren zum Westufer des Sees. Dort erhob er sich auf eine hohe Landzunge, wo auf einem Gerüst in einem Brettersarg die Knochen des verstorbenen Schamanen Basyllai lagen. Er kletterte auf das Gerüst hinauf und legte sich quer darüber. Den Holzschaft des Brecheisens hatte er mitgenommen. Mit diesem Schaft klopfte er an den Sarg und wandte sich mit folgenden Worten an den Geist des verstorbenen Schamanen: »O, mein älterer Bruder! Hast du Ohren, um zu hören, hast du Augen, um zu sehen? Daher, daß du tot daliegst, ist mir hier dieses Unglück zugestoßen! Ich bin zu dir gekommen, weil mein dickes Blut vergossen worden ist, mein ganzer Körper zerschnitten worden ist. Sieh her, was man aus mir

gemacht hat! In diesen Zustand hat mich der Bachsyt-Fürst Dellengei gebracht. Er wollte uns den großen Debilitte zu seinem eigenen Nutzen wegnehmen und kam hierher mit zwanzig Leuten und vierzig Fuhren und hat mit Gewalt das ganze Schilf des Sees abgemäht. Schütze uns, hilf uns!«
Mit solchen Reden klopfte er an das Grabgerüst. Kaum hatte er diese Worte zuendegesprochen, als sich direkt vom Erdboden unter dem Grabgerüst ein Wirbelwind in die Höhe wand. Der Staub wurde herumgewirbelt, und sofort bildete sich eine Windhose von der Höhe eines hohen jakutischen Zeltes. Unter donnerartigem Getöse und mit schrecklicher Kraft eilte der Wirbelsturm dem See zu. Zuerst drehte er sich um den Fürsten Dellengei selbst. Als letzterer den herannahenden Sturm erblickte, erhob er seinen Spieß und stieß mit ihm um sich, als wenn er in einem Kampfe begriffen wäre. Aber der Wirbelsturm warf ihn kopfüber auf die Erde. Dann fegte er um das auf die Fuhren geladene Schilf und um die Menschen. Es wurde plötzlich finster, und alle befanden sich in einer undurchsichtigen und sich drehenden Wolke. Man erzählt, daß dieser Sturm ganze Fuhren mit Schilf über den Wald hinweg auf die benachbarten Hochflächen geworfen hätte. Die Kappe des Fürsten selbst fand man später in einer Entfernung von zwanzig Kilometern von dem Orte wieder.
Nachdem das Schilf und die Menschen durcheinander geworfen worden waren, hörte der Sturm auf. Dellengei hatte nicht die Kräfte, sich auf den Beinen zu halten. Man fuhr ihn auf einem Schlitten nach Hause. An diesem Tage fiel der Fürst in geistige Umnachtung, in der er neun Jahre lebte, und an dieser Krankheit starb er auch. Bis heute noch gilt der Geist dieses geistesgestörten Fürsten bei den Jakuten als furchtbarer »Uör«. Der See Debilitte blieb im Besitz des Kurbusachschen Bezirkes, während die Bewohner von Bachsyt niemals mehr auch nur einen Fuß dorthin setzten. So also erzählt man, hat der Schamane Basyllai nach seinem Tode seinen Leuten in ihrer Not geholfen.

7.

DAS GEBURTSGEHEIMNIS DES SCHAMANEN

Im Marchinischen Uluß lebte vor langen Zeiten einmal ein Schamane namens Adža. Über ihn erzählt man folgendes: Es waren einmal zwei Brüder, der eine von ihnen war dreißig, der andere zwanzig Jahre alt. Ihre Eltern waren früh gestorben. Einstmals nun verheiratete sich der jüngere Bruder, der mit dem älteren zusammen wohnte. Gerade in diesem Jahr wurde im Frühling bei ihnen ein rotscheckiger Hengst geboren. Allen Anzeichen nach mußte der junge Hengst ein gutes Pferd werden. Im Herbst des gleichen Jahres erkrankte der jüngere Bruder und starb. Aber, als er so tot dalag, hörte er alles, was die ihn Umgebenden sprachen, fühlte sich wie nur eingeschlafen, wenn er auch nicht die Möglichkeit hatte, weder die Glieder zu bewegen, noch irgendetwas zu sagen. Er hörte genau, wie sie einen Sarg machen und ein Grab graben. Während er so dalag, wie lebendig, kam ihn der Kummer deswegen an, daß man ihn begraben will, während er doch noch von neuem lebendig werden könnte. Aber man legte ihn ins Grab und warf die Erde wieder auf den Sarg.

Während er im Grab lag, weinte seine Seele und wehklagte (wörtlich: »sein Herz wehklagte«). Aber plötzlich hört er, wie irgendjemand von oben das Grab aufzugraben beginnt. Da wurde er wieder froh, denn er dachte, daß das sein älterer Bruder wäre, der sich davon überzeugt hätte, daß er noch lebe und ihn nun ausgraben wolle. Endlich wurde der Sargdeckel geöffnet ... und er sah vier schwarze ihm vorher nicht bekannt gewesene Männer vor sich. Sie hoben ihn hoch, und indem sie seinen Körper bogen, setzten sie ihn auf den Sarg, mit dem Gesicht in Richtung seines Hauses. Dort sah er Licht im Fenster, und aus dem Schornstein stieg Rauch empor.

Unerwartet hörte man irgendwo fern in der Erde das Brül-

len eines Stieres. Das Brüllen kam näher und näher. Endlich erzitterte die Erde, was ihn heftig erschreckte. Aus der Tiefe seines Grabes stieg ein vollkommen schwarzer Stier mit dicht zusammenlaufenden Hörnern. Der Stier nahm den sitzenden Menschen zwischen die Hörner und begab sich mit ihm in dasselbe Loch zurück, aus dem er sich gerade erhoben hatte.
Sie kamen an einen Ort, wo ein Haus stand. Aus dem Hause hörte man eine Stimme, wie die eines alten Mannes, der sagte: »He, Jungen, dort hat sicher unser Söhnchen einen Menschen mitgebracht, geht mal schnell hinaus und bringt seine Traglast hierher!« Da sprangen vier schwarze magere Männer hinaus, brachten ihn in das Haus und setzten ihn auf die Handfläche des Alten. Letzterer, der ihn wie wägend hielt, um sein Gewicht festzustellen, sagte zu den Dabeistehenden: »Bringt ihn zurück nach oben, es hat sich herausgestellt, daß das Schicksal ihm bestimmt hat, da oben wieder gesund zu werden!« Der Stier ergriff ihn wieder mit den Hörnern, brachte ihn auf dem alten Wege wieder hinaus und setzte ihn an den früheren Ort.
Als er wieder zu sich kam, war es schon Nacht und dunkel geworden. Nach einer kurzen Weile kam plötzlich ein Rabe herbeigeflogen, und indem er seinen Kopf zwischen den Beinen des Begrabenen hindurchsteckte, erhob er diesen und flog mit ihm zusammen geradenwegs nach oben. Dort war ein Loch, und durch dieses Loch flogen sie an einen Ort. Dort leuchteten Sonne und Mond, die Häuser aber und die Vorratshütten bestanden aus Eisen. Die hiesigen Leute hatten sämtlich Rabenköpfe, aber ihre Körper waren Menschenkörper.
Wieder hörte man aus dem Inneren eines Hauses die Stimme wie von einem alten Manne: »He, Jungen, unser Söhnchen hat gewiß einen Menschen herbeigeschleppt, geht und holt ihn herein!« Die jungen Burschen stürzten hinaus, ergriffen ihn und brachten ihn in das Haus. Dort setzten sie ihn auf die Handfläche eines grauhaarigen Greises. Der sagte, nachdem

Lochstab aus Geweihhorn mit zwei eingravierten Ren

er sein Gewicht auf der Handfläche gemessen hatte: »Jungen, nehmt ihn mal und legt ihn in das alleroberste Nest!«
Dort stand eine Lärche, deren Ausmaße schwer mit irgendetwas zu vergleichen waren: ihre Spitze reichte wahrscheinlich bis zum Himmel. Am Grunde jedes Zweiges befand sich je ein Nest von der Größe eines guten Heuhaufens, und alle waren mit Schnee bedeckt. Sie legten ihn in das alleroberste Nest.
Nachdem sie ihn hineingelegt hatten, kam ein geflügeltes Renntier von weißer Farbe herbeigeflogen und setzte sich auf sein Nest. Die Zitzen des Renntieres reichten ihm gerade in den Mund. Er begann daran zu saugen. Er lag genau drei Jahre dort, und je mehr er bei dem Renntier saugte, um so kleiner und kleiner wurde sein Körper, bis er endlich nur noch so groß wie ein Fingerhut war.
Indem er so in seinem Neste lag, hörte er die Stimme desselben alten Mannes, der zu einem seiner Söhne sprach: »Jungchen, geh in die Mittlere Welt, nimm dir eine Frau und kehre zurück!« Da begab sich einer seiner rabenköpfigen Söhne nach unten. Nach einiger Zeit kehrte er zurück und hielt eine dunkelhäutige Frau an den Haaren. Aus diesem Anlaß waren alle voll Freude, feierten sogar ein Willkommensfest und tanzten. Darauf hörte er, der im Nest lag, eine Stimme, die sprach: »Wenn uns nur nicht dieser unser Sohn, der in der Mittleren Welt lebt, diese Frau wieder entführt! Versteckt sie lieber in einer eisernen Vorratshütte!« Darauf versteckten sie sie in einer solchen Vorratshütte.
Weiter, als er so bei sich im Nest lag, hörte er den Laut einer Schamanentrommel in der Mittleren Welt, auch Laute von

Gesang tönen bis zu ihm hin; sie wurden langsam stärker, kamen näher und näher, und endlich zeigte sich in dem Ausgangsloch von unten her ein Kopf. Er sieht einen Menschen von mittlerem Wuchs, gewandter Beschaffenheit, mit schon ergrauenden Haaren. Kaum war er oben angelangt, als er sich schon seinen Trommelschlegel quer über die Stirn legte ... Die Folge war, daß er sich sofort in einen Stier mit einem Horn verwandelte, das aus der Mitte der Stirn herauswuchs. Mit einem Schlag zertrümmerte er die Tür der Vorratshütte, wo die Frau eingeschlossen worden war und machte sich zusammen mit ihr auf den Weg nach unten. In der Oberen Welt folgten darauf Weinen und Klagen, Lärmen und Schreien.

Der Sohn des Alten begab sich von neuem in die Mittlere Welt und holte sich von dort eine weißhäutige Frau. Diese versteckten sie ebenfalls, und zwar bei dem Mittelpfosten der Jurte, nachdem sie die Frau in ein winzigkleines Erdinsekt verwandelt hatten. Jedoch hörte man wieder den Laut einer Trommel und den Gesang eines Schamanen. Und auch dieses Mal fand der Schamane die versteckte Frau, indem er den Pfosten, wo sie sich befand, in Stücke schlug, worauf er sie mit sich forttrug. Der Sohn des Alten begab sich ein drittes Mal nach unten und kam mit derselben Frau zurück. Dieses Mal bereiteten sich jedoch die Oberen Leute oder Geister schon vorher auf das Auftauchen des Schamanen vor: sie setzten bei dem Ausgangsloch Holzstöße in Brand, und indem sie Feuerbrände in der Hand hielten, stellten sie sich rund um die Öffnung auf. Als sich der Schamane nun dort zeigte, schlugen sie ihn damit und wiesen ihn so auf die Erde zurück.

Endlich hörte der im Nest Liegende gegen Ende des dritten Jahres die Stimme des Alten: »Seine Jahre haben sich erfüllt, werft unser Kind hinab auf die Mittlere Welt, möge es, indem es in eine Frau mit dem und dem Namen eindringt, geboren werden, das Rollen des Donners hervorbringen und unter dem ihm von uns gegebenen Namen Adža-Schamane

bekannt werden. Und diesen Namen soll man nicht in dem heiligen Monat aussprechen!«
Und mit Liedern und Hymnen stürzten sie ihn nach unten auf die Mittlere Welt. Von diesem Moment an verlor er das Bewußtsein und erinnerte sich nicht mehr dessen, wo und wie er sich befand. Erst nachdem er fünf Jahre alt geworden war, erneuerte sich sein Gedächtnis, und er erinnerte sich, wie er früher geboren worden war und auf der Erde gelebt hatte, wie er oben wiedergeboren wurde, und wie er dort Augenzeuge des Erscheinens des Schamanen gewesen war. Im Alter von sieben Jahren wurde er von den Geistern ergriffen und begann, ohne es zu wollen, zu singen; er wurde zum Dienen in Stücke zerhauen, mit acht Jahren begann er zu schamanisieren, den heiligen Tanz auszuführen, mit neun Jahren war er schon bekannt, überall wurde von ihm erzählt, und mit zwölf Jahren war er ein großer Schamane. Es erwies sich, daß er nur fünfzehn Werst (d. h. etwa ebensoviel Kilometer) von dem Orte geboren worden war, wo er während seines früheren Daseins gelebt hatte; seine Frau hatte sich wieder verheiratet. Er begab sich auch zu seinem früheren Bruder. Derselbe scheckige Hengst, der im Jahre seines Todes zur Welt gekommen war, war schon ein berühmtes Pferd geworden. Seine Verwandten erkannten ihn nicht, und er selbst sagte ihnen nichts.
Einstmals im Sommer richtete ein Jakute das Fest der Kumyß-Weihe aus, das von der Zeremonie des Erhebens der Seele des Pferdeviehes begleitet wird. Dort traf er denselben Schamanen, der sich damals in die Obere Welt begeben hatte, als er in dem Nest lag. Dieser erkannte ihn sofort und sagte: »Das erste Mal war ich für einen anderen Schamanen als Gehilfe tätig, um die Seele einer kranken Frau ›aufzuheben‹, und sah, wie du, der du in dem Nest auf dem neunten Aste lagst, deine Tiermutter saugtest. Damals blicktest du aus dem Nest heraus.« Nachdem er diese Worte gehört hatte, wurde der junge Schamane zornig und sagte: »Warum hast du das Geheimnis meiner Geburt unter die Leute ge-

bracht?« Als Antwort entgegnete der andere: »Wenn du auf mich zornig bist, so vernichte mich doch (wörtlich: »iß mich auf«). Ich bin vorher auf dem achten Ast der gleichen Lärche groß geworden, wo auch du gewachsen bist; ich muß von neuem wiedergeboren werden und mich bei Chara-Suorun, dem Schwarzraben, großziehen lassen.«
Man sagt, daß der junge Schamane in der gleichen Nacht diesen alten Schamanen tötete (unsichtbar töteten und fraßen ihn seine schamanischen Hilfsgeister).
Diese Erzählung hörte ich von einem sehr alten Mann aus dem Öngelžinschen Gemeindebezirk.

8.

DER SCHAMANENBAUM DES FUCHSES

[Die folgende Episode aus einer Tiergeschichte spielt zu der Zeit, als die Tiere noch menschengestaltig waren. Der vom Fuchs hintergangene Vogel Kowschitschan versucht sich an seinem Feind zu rächen, indem er ihn auf dünnes Eis führt, das ihm selbst, weil er schon damals geflügelt war, nicht gefährlich werden kann.]
Sie liefen weiter, waren aber höchstens einige Dutzend Schritte weiter gekommen, als das Eis unter dem Fuchs abbrach, und er im Wasser versank.
»Kowschi, Kowschi, hilf mir, ich gehe unter!«, schrie der Fuchs. »Bringe doch eine Stange herbei!« –
»Sofort!«
Der Kowschitschan eilte ans Ufer und brachte von dort eine lange dünne Stange; nur daß er damit dem Fuchs nicht half, wieder aus dem Wasser herauszukommen, sondern im Gegenteil, den Versinkenden noch weiter hinabstieß. Der Fuchs strampelte und zappelte, aber schließlich wurde er doch müde und sank auf den Grund. Immerhin war er kein

solcher Tropf, daß er dabei hätte zugrunde gehen müssen. Er ging auf dem Grunde entlang und kam zu den Rotaugen. Die Rotaugen erkannten ihn und fragten ihn:
»Du, Fuchs, bist du nicht ein Schamane? Unsere Mutter ist schwer krank, und es müßte ein bißchen schamanisiert werden.«
»Jawohl, ich bin ein Schamane, und wenn ihr wollt, kann ich eure Mutter heilen.«
»Bitte, Fuchs, schamanisiere doch, und wir werden uns schon erkenntlich erzeigen, wenn du unsere Mutter wieder gesund machst.«
»Gut«, spricht der Fuchs, »in diesem Falle errichtet einen großen Turu, einen Schamanenbaum, durchschlagt das Eis auf dem See und stellt den Turu so auf, daß er über das Eis hinausragt. Dann bringt Zeltbahnen herbei und deckt uns zu, während ich die Krankheit aus eurer Mutter herauszuziehen beginne. Eure Mutter wird schreien:
»Der Fuchs tötet mich, der Fuchs frißt meinen Rogen; fangt den Fuchs, schlagt ihn!« Ihr aber achtet nicht weiter darauf, denn es wird die Krankheit sein, die so aus ihr herausschreit, damit ich sie nicht austreiben möge.«
»Gut«, erklärten die Rotaugen ihr Einverständnis.
Der Schamanenbaum wurde errichtet, die Zeltbahnen wurden herbeigebracht, und ein Vorhang wurde für die Mutter aufgestellt. Der Fuchs begann nun zu schamanisieren, dann aber, nach kurzer Zeit, kletterte er unter den Vorhang, schlitzte der Kranken den Leib auf und begann, ihren Rogen zu verspeisen.
«Oi, rettet mich, der Fuchs frißt meinen Rogen, fangt den Fuchs, schlagt ihn schnell tot!«, schrie die Alte, aber die durch den Fuchs darauf vorbereiteten Rotaugen rührten sich nicht von der Stelle. Nachdem er den Rogen aufgefressen hatte, kam der Fuchs wieder unter der Zeltbahn hervor, und indem er sagte, daß er sich jetzt nach oben begeben müßte, gelangte er auf den Turu, auf das Eis des Sees und wollte sich halb totlachen über die Einfalt der Rotaugen.

9.

DIE HEIMHOLUNG DES ENTRÜCKTEN KINDES

Im Dorfe Tschibukak lebten ein reicher Mann und ein starker Mann. Der Name des letzteren war Abla. Sie machten einen Wettlauf, die Bahn war ein Kreis. Dann sagte der reiche Mann: »Nun laß uns ringen!« Abla sagte: »Nun gut!« Sie rangen in der Nähe eines baufälligen Hauses und hörten dann damit auf und schossen mit Bogen. Abla konnte den reichen Mann nicht treffen. Er war zu flink und sprang jedesmal rechtzeitig zur Seite. Da sagte Abla: »Wenn du auch zur Seite springst, nimm dich jetzt in acht! Mit diesem Pfeil werde ich dich treffen.«
Er nahm einen aus Walknochen gemachten und ganz kleinen Pfeil aus seinem Köcher und schoß auf den reichen Mann, der sich auf der Stelle, wo er stand, drehte und tot hinfiel.
Abla war sehr zornig. Er ging an einen einsamen Ort und lebte dort. Nach einiger Zeit kam ein Mann aus dem Dorfe Awak in zwei Booten und mit seiner ganzen Familie auf die Insel. Sie brachten Renntierfelle zum Verkauf. Sie gingen zum Dorfe Kukulik, um Holz zu sammeln, und einer der Jungen ging verloren. Sein Vater, der ein Schamane war, konnte ihn nicht finden. Die Leute sagten: »Geh zu Abla. Vielleicht wird er etwas für dich tun.« Der Vater ging zu Abla. Abla sagte: »Wer weiß! Wahrscheinlich werde auch ich keinen Erfolg haben. Doch ich will es wenigstens versuchen.«
Er nahm ein kleines, aus Muschel gemachtes Beil und gab vor, an einem Stück Holz zu arbeiten. Sofort vernahm er die Stimme des verlorenen Jungen. Er flog schreiend vorüber, von einem Tornarak der Berge mitgeschleppt. Abla hackte noch mit seinem Beil und sah nicht einmal auf. Der Junge kam wieder vorbei, und er sah ihn, aber der Tornarak, der ihn trug, war unsichtbar. Dennoch zielte Abla nach ihm und

warf sein Beil. Der Tornarak schrie laut, und der Junge fiel herunter, aber nach einer Weile wurde er wieder weggerissen und wieder von dem Tornarak entführt. Abla verfolgte sie, aber konnte sie nicht einholen. Welche Gestalt er auch annahm, welches Lied er auch sang, der Tornarak war über ihm, wenn auch ganz nahe. Endlich sang er das Lied der Bootszeremonie. Da fiel der Junge herunter.
Abla kam zu ihm und fragte ihn: »Wie ist dein Name?« Der Junge antwortete: »Mein Name ist Abla.« – »Oh, oh! und wie ist mein eigener Name?« – »Dein Name ist Abilo.«
So tauschten sie ihre Namen. Dann sandte der neue Abilo seinen eigenen Sohn zu des Jungen Eltern. Sie hatten ihre Haare geschoren und saßen trauernd im Schlafzimmer. Der Sohn des Schamanen kam und sagte: »Mein Vater sendet nach euch.« – »Warum? Hat er am Ufer ein Walroß getötet?« – »Ich weiß es nicht. Er sendet nach euch.« – »Vielleicht hat er einen gestrandeten Wal gefunden.« – »Ich weiß es nicht. Er bittet euch zu kommen.«
Sie gingen und sahen ihren verlorenen Sohn. Da füllte der Vater voller Freude ein großes Boot mit Fellen und neuen Kleidern, mit Perlen und mit allem, was sie zum Verkauf gebracht hatten und gab es dem Schamanen. Er nahm ein Fell, ein Pelzhemd und ein langes Perlenhalsband. Alles andere gab er zurück. So lebten sie.

10.

DER KAMPF DES SCHAMANEN MIT EINEM KÄLTEVERURSACHENDEN STERN

Nach den Erzählungen der alten Jakuten lebte in alten Zeiten einmal ein Schamane namens Tüktün. Er war aus dem Chorinschen Geschlecht. Dieser hatte einen Sohn namens Sergech-Kürkech, der ebenfalls Schamane war und den der Schamane Ardsha als Sohn angenommen hatte. Der Schamane Sergech-Kürkech hatte einen Sohn namens Emergene. Emergene hatte einen Sohn Iegeni. Von letzterem stammt der Schamane Aldaga. Dieses war ein berühmter und furchtbarer Schamane. In den Streitigkeiten mit anderen Schamanen war er unbesiegbar, und viele von ihnen vernichtete er.
Zu dieser Zeit erschien am Himmel ein Stern, ein Wandelstern. Wenn am Himmel ein solcher »Wandelstern« erscheint, so verlängert sich die Kälte- und Winterzeit, der Frost verstärkt sich, der Schnee vermehrt sich, und die Stürme toben. Außerdem lief dieser ›Tscholbon‹ den Plejaden entgegen und hielt deren Lauf auf, wodurch deren Eishauch verstärkt wurde. Auch der herannahende Sommer, so sagt man, wird nach dem Erscheinen eines »Tscholbon« kalt.
Infolge des sich vermehrenden Unheils für das Vieh wandten sich die Menschen an den Schamanen Aldaga mit der Bitte, zu versuchen, den verderblichen Stern zu vernichten. Der Schamane antwortete ihnen: »Wer weiß, ob es mir gelingt, mich auf das kahle Himmelsgewölbe zu begeben!« Aber die Leute gaben keine Ruhe und begannen ihn zu bitten. Endlich beschloß er, den Schamanendienst zu vollziehen. Dazu kleidete er sich vollkommen winterlich an, steckte hinter den Gürtel ein Beil, und nachdem er die übliche heilige Handlung vollzogen hatte, erhob er sich hinauf zum Himmel, zu dem Geist, der die Wandelsterne sendet.

Er wandte sich mit folgendem Gebet an die Himmelsgottheit:

> Du Furcht und Schrecken einflößende
> Ursache des Wandelsternes! Wandelstern-Gebieter!
> Ich bitte dich inständig, bändige deinen glühenden Zorn,
> Deinen Frost- und Eisesatem
> Halte an, indem du ihn in dich selbst einziehst!
> Die seit Urtagen bestehende Welt ist mit Eis überweht ...
>
> Deinen geliebten Sohn, den Wandelstern
> Bringe näher zu mir her!

Daraufhin begann der Schamane, in der Jurte stehend, mit seinem Beil irgendetwas zu zerspalten. Alle sprangen aus der Tür, und für alle war es augenscheinlich, daß von diesem Wandelstern die Funken sprühten, wie wenn man Funken aus einem Feuerstein schlägt. Am Schluß der Zeremonie sang der Schamane:

> O, du Allergrößter Grimmiger Gebieter,
> Ulutujar Ulu Tojon,
> Du hast deinen flammenden Zorn bezwungen,
> Hast dich wieder beruhigt!
> Indem du deinen geliebten Sohn,
> Den Eis und Kälte atmenden Wandelstern
> Auf die Mittlere Welt,
> Und somit mir nähergebracht hattest,
> Gabst du mir die Möglichkeit, ihn zu vernichten!

Der verderbenbringende Wandelstern verschwand daraufhin sofort, aber der Schamane kam ganz mit Eis bedeckt auf die Erde zurück.

II.

DIE WUNDERSAME ERZÄHLUNG
VOM ERDENSOHN UND SEINER FRAU,
DER HIMMELSTOCHTER

Einstmals, es war zu der Zeit, als der Himmelsgott Ees die Welt noch nicht lange eingerichtet hatte, da lebte auf Erden der Bange de hyep, der Erdensohn. Ees hatte ihm seine Tochter Eestehun, d. h. Himmelstochter, zur Frau gegeben, und beide lebten friedlich und einträchtig miteinander. Am Morgen machte sich der Erdensohn fertig, ergriff Pfeil und Bogen, schnallte sich die breiten und elastischen Waldschneeschuhe an, nahm den Schneeschuhstab zur Hand und begab sich auf die Jagd. Er war ein guter Jäger und brachte reichliche Beute mit nach Hause, so daß er und seine Frau immer genügend zu essen hatten.
Einmal nun war der Erdensohn wieder auf seinem Jagdgang begriffen. Er war schon lange einem besonders starken Elch gefolgt. Dadurch war er müde geworden, und er suchte sich einen gestürzten Baumstamm, auf den er sich setzte. Dann griff er zu der Birkenrindeschachtel, in die ihm seine Frau den Eßvorrat für den Tag eingepackt hatte. Nachdem er den Deckel von der Schachtel entfernt hatte, blickte er hinein und wollte gerade ein Stück Milch von einem Nalimfisch zum Munde führen, als er merkte, daß er statt dessen ein Stück Hundekot in der Hand hatte. Da wurde der Erdensohn von einem gewaltigen Zorn gepackt, denn er hatte durch die Anstrengungen der Jagd einen tüchtigen Hunger bekommen. Seine Enttäuschung über die Tat seiner Frau, von der er annahm, daß sie aus böser Absicht erfolgt sei, ließ ihn alle Überlegung vergessen. Schnurstracks kehrte er um und eilte nach Hause, um seine Frau wegen dieses Vorfalles zur Rede zu stellen.
In seinem Zelt angekommen, machte er nun der Himmelstochter die heftigsten Vorwürfe, aber diese leugnete, über-

haupt etwas von der ihr zur Last gelegten Untat zu wissen.
»Ich habe dir«, so sagte sie, »wie immer schöne Milch von
den männlichen Nalimfischen eingepackt, und ich wüßte
gar nicht, warum ich dich in so häßlicher Weise zum Narren
haben sollte, wie du behauptest.« Aber der Erdensohn war
nicht so rasch beruhigt. Er hatte statt der erwarteten Nahrung ein Stück Hundekot in seiner Essenschachtel gefunden, und die Beteuerungen seiner Frau reizten seinen Mißmut nur noch mehr. »Ich verstehe es nicht«, so sprach er,
»wie du angesichts dieser Tatsachen die Stirn besitzt, noch
weiterhin dein Vergehen abzustreiten!«
Seine Frau aber blieb bei ihrer ursprünglichen Behauptung,
von der ganzen Angelegenheit nichts zu wissen. Der Erdensohn geriet jedoch dadurch immer mehr in Zorn, und
schließlich ließ er sich dazu hinreißen, seine Frau zu schlagen.
Am nächsten Morgen, als er wieder auf die Jagd ging, packte
er sich selbst seinen Eßvorrat für den Tag ein und begab
sich, wie gewöhnlich, in den Wald. Bei seiner Rückkehr
fand er das Zelt leer. In der Meinung, seine Frau wäre zum
Holzschlagen in den Wald gegangen, wartete er geduldig,
aber die Zeit verging, und seine Frau kehrte nicht zurück.
Auch am nächsten Morgen war sie noch nicht erschienen.
Es wurde wiederum Abend, und noch immer war sie nicht
da.
Da begriff der Erdensohn endlich, daß seine Frau ihn verlassen hatte, und daß er die Hoffnung aufgeben müsse, sie
würde jemals wieder zu ihrem bisherigen Wohnplatz zurückkehren.
Da begann Trauer das Herz des Erdensohnes zu erfüllen,
denn er liebte seine Frau, und es hatte ihn schon längst gereut, daß er sie so hart behandelt hatte. Und nun begann der
Erdensohn zu weinen. Seine Tränen flossen ununterbrochen. Tag und Nacht weinte er. Ich weiß nicht, wie lange er
so weinte.
Schließlich hielt er es nicht länger in dem einsam geworde-

nen Zelt aus, er nahm alles für eine längere Reise Notwendige zu sich und machte sich auf den Weg, seine Frau zu suchen.
So wanderte er dann weinend durch die Welt und suchte überall seine Frau. Sie war nirgends zu finden. Vor Tränen konnte er kaum den Weg erkennen.
»Wo mag nur die Mutter meines Sohnes sein? Habt ihr sie nicht gesehen?« so fragte er überall, wohin er kam. Aber niemand konnte ihm Auskunft geben. Manchmal verlor er den Weg überhaupt. Wieder weinte er. Dann wischte er sich die Tränen aus den Augen und setzte seine Suche fort. Ganz wenig nur kann er von dem Weg erkennen.
Schließlich kam er auf den Gedanken, seine Frau im Himmel zu suchen. »Vielleicht«, so sagte er sich, »ist meine Frau zu ihrem Vater zurückgekehrt?«
So machte er sich also daran, den Weg in die Obere Welt zu finden. Er wanderte und wanderte voller Trauer, und immer wieder kamen ihm die Tränen. Schließlich kam er an einen Kreuzweg. Da erblickte er eine Frau, die zarte Holzspäne zum Geschirrwaschen herstellte. Er kam näher, und weinend fragte er die Alte:
»Hast du nicht die Mutter meines Sohnes gesehen?«
Anstatt zu antworten, griff die Alte dem Erdensohn an die Nase, drückte und kniff sie.
»Alte«, fragte er, »weißt du nicht, wohin die Mutter meines Sohnes gegangen ist? Denke du für mich!«
Da antwortete die Alte:
»Du hast schlecht gehandelt! Nicht die Himmelstochter hat dir den Hundekot in die Essenschale getan, sondern Kaolmassom ist es gewesen. Kaolmassom hat dich hintergangen.«
Er aber fragt:
»Hast du denn gar nichts von der Mutter meines Sohnes bemerkt?«
Die Alte sprach: »Draußen wehte ein kleiner Wind.«
Da antwortete der Erdensohn:

»Ohahahahaha! Das hättest du längst sagen sollen!«
Wieder sprach die Alte:
»Bringe mir meine Trommel!«
Er holte die Trommel und hielt sie über das Feuer im Zelt, um sie zu spannen. Dann stellte er sie neben die Alte. Diese kniete sich an der Hinterwand des Zeltes nieder. Als sie wieder aufgestanden war, nahm sie einen Angelhaken mit einem Widerhaken und gab ihm diesen. Dann gab sie ihm einen Strick, der länger war als die einmal ausgebreiteten Arme, und aus einer Ecke des Zeltes holte sie eine Hechtblase hervor, die sie ihm ebenfalls überreichte.
»Diese Hechtblase«, so sprach sie, »bewahre gut auf, und wenn du irgendwann einmal besonders großen Hunger hast, nimm davon etwas in den Mund.«
Darauf begann die Alte zu schamanisieren. Es war dies aber die Eintrommelalte gewesen.
Der Erdensohn aber zog wieder weiter. Er weinte, und sein Herz war von Trauer erfüllt. Nachdem er lange gewandert war, erblickte er wieder ein Zelt. Er trat näher hinzu, hob die Tür zur Seite und trat ein. In dem Zelt saß eine alte Frau. Der Erdensohn fragte sie: »Hast du nicht die Mutter meines Sohnes gesehen?«
Die Alte anwortete:
»Du hast schlecht gehandelt! Nicht die Himmelstochter hat dir den Hundekot in die Essenschachtel gelegt, sondern Kaolmassom ist es gewesen. Du hast deine Frau zu Unrecht geschlagen!«
Und dabei griff sie ihm an die Nase und zwickte sie tüchtig.
Er aber fragte:
»Frau, hast du nicht die Mutter meines Sohnes gesehen?«
Die Alte sagte:
»Draußen hat der Wald etwas gerauscht.«
Da sprach er:
»Ahahahahaha! Das hättest du gleich sagen sollen. Alte, denke du für mich!«
Da antwortete die Alte:

»Bringe meine Trommel her!«
Er ging und brachte zwei Trommeln. Über dem Feuer erwärmte er beide und stellte sie neben die Alte hin. Die Alte aber sprach:
»Babababababababababa!«
Dann kniete sie sich am Ende des Zeltes nieder. Zwei Angelhaken zog sie hervor. Eine Schnur, die länger war als zweimal zwei ausgebreitete Arme gab sie ihm. Eine Hechtblase gab sie ihm.
»Davon nimm, wenn du irgendwann Hunger hast, etwas in den Mund!«
Darauf begann die Alte zu schamanisieren. Es war dies aber die Zweitrommelalte gewesen.
Der Erdensohn zog wieder weiter. Er weinte, und sein Herz war von Trauer erfüllt.
»Ach«, so sprach er zu sich, »wenn ich doch nur den Weg fände, den die Mutter meines Sohnes gegangen ist!«
Nachdem er lange gewandert war, erblickte er wieder ein Zelt. Er trat näher hinzu, hob die Tür zur Seite und trat ein. In dem Zelt saß eine alte Frau. Der Erdensohn fragte sie:
»Hast du nicht die Mutter meines Sohnes gesehen? Alte, denke du für mich, schamanisiere du für mich!«
Die Alte aber griff ihm an die Nase, kniff und drückte sie und sprach:
»Du hast schlecht gehandelt! Nicht die Himmelstochter hat dir den Hundekot in die Essenschachtel gelegt, sondern Kaolmassom ist es gewesen. Du hast deine Frau zu Unrecht geschlagen!«
»Alte«, sagte er, »denke du für mich! Wenn ich doch nur den Weg sehen würde, den die Mutter meines Sohnes gegangen ist.«
Da sprach die Alte:
»Bringe mir die Trommel!«
Er ging und brachte drei Trommeln. Über dem Feuer wärmte er sie an. Dann stellte er sie neben die Alte. Diese aber sagte:

»Babababababababa!«
An der Stelle, wo das Essen im Zelt liegt, kniete sich die Alte nieder. Sie zog drei Angelhaken hervor und gab ihm auch eine Schnur, die war dreimal so lang wie die ausgebreiteten Arme, und dann gab sie ihm noch eine Hechtblase.
»Wenn du irgendwann Hunger verspüren solltest, so nimm etwas davon in den Mund!«
Er ging fort, aber die Alte begann zu schamanisieren. Sie sprach:
»Böhüböhö, böhüböhö, böhüböhö.«
Es war dies aber die Dreitrommelalte gewesen.
Der Erdensohn zog wieder weiter. Er weinte, und sein Herz war schwer vor Kummer.
»Wenn ich doch nur den Weg finden könnte, den die Mutter meines Sohnes gegangen ist.«
Nachdem er wieder lange unterwegs gewesen war, erblickte er ein Zelt. Er trat näher hinzu, hob die Tür und trat ein. In dem Zelt saß eine alte Frau. Der Erdensohn fragte sie:
»Alte«, so sagte er, »denke du für mich, schamanisiere du für mich. Die Mutter meines Sohnes ist, ich weiß nicht wohin gegangen.«
Die Alte aber griff ihm an die Nase, kniff und drückte sie und sprach:
»Warum hast du die Himmelstochter schlecht behandelt? Warum hast du gerade das getan, was Kaolmassom mit ihrer Tat beabsichtigte?«
Und wieder griff ihm die Alte an die Nase, kniff und drückte sie.
Er aber fragte:
»Alte, hast du nicht die Mutter meines Sohnes gesehen?«
Die Alte aber antwortete:
»Der Wind wehte gerade draußen.«
Er sagte:
»Ököijaköj ököjaköj! Alte, denke du für mich!«
Da sprach die Alte:
»Bringe mir die Trommel!«

Er ging die Trommel holen und brachte vier Trommeln herbei. Alle vier Trommeln wärmte er über dem Feuer und stellte sie neben die Alte. Die Alte sprach:
»Böböböböbö.«
Im hinteren Teil des Zeltes kniete sich die Alte nieder. Sie kniete sich nieder und gab ihm vier Angelhaken, eine Schnur von der Länge der viermal ausgebreiteten Arme und eine Hechtblase.
»Wenn du irgendwann Hunger verspüren solltest, so nimm etwas davon in den Mund!«
Es war dies aber die Viertrommelalte gewesen.
Er aber zog wieder weiter und begann von neuem zu weinen. Er weint und weint, ich weiß nicht, ob er eine lange Zeit oder eine kurze Zeit weinte. Dann wischte er sich die Tränen ab und sprach:
»Wenn ich doch nur den Weg sehen würde, den die Mutter meines Sohnes gegangen ist!«
Ganz wenig nur ist von dem Weg zu erkennen. Und er zog weiter und weiter. Ich weiß nicht, ob er eine lange Zeit oder nur eine kurze Zeit so weiterzog. Schließlich kam er wieder zu einem Zelt. Er trat näher hinzu, hob die Tür zur Seite und trat ein. In dem Zelt saß eine alte Frau. Der Erdensohn fragte sie:
»Alte, hast du nicht vielleicht die Mutter meines Sohnes hier vorbeikommen sehen?«
Die Alte aber griff ihm an die Nase, kniff und drückte sie und sprach:
»Warum hast du die Himmelstochter schlecht behandelt? Es war Kaolmassom, die diesen Betrug ausgeführt hat.«
Und dann griff sie ihm wieder an die Nase, kniff und drückte sie. Er aber fragte noch einmal:
»Alte, hast du nicht vielleicht die Mutter meines Sohnes gesehen?«
»Der Wind wehte gerade etwas«, antwortete sie.
Er aber sagte:
»Ököjaköjaköj! Das hättest du mir längst sagen sollen.«

»Bringe mir meine Trommel!«, sprach darauf die Alte.
Und er ging die Trommel der Alten holen. Es waren aber fünf Trommeln, die er brachte. Er wärmte sie an und stellte sie neben die Alte. Aus dem hinteren Teil des Zeltes brachte nun die Alte fünf mit Widerhaken versehene Angeln, zog eine Schnur hervor, die so lang war wie die fünfmal ausgebreiteten Arme und gab sie ihm. Dann kniete sie sich am Ende des Zeltes nieder, zog eine Hechtblase hervor und gab ihm auch diese.
»Davon nimm ein wenig in den Mund. Du wirst hungrig sein, und bis nach oben ist es noch ein weiter Weg!«
Dann begann die Alte zu schamanisieren. Es war dies aber die Fünftrommelalte gewesen. Er aber setzte seinen Weg fort und begann zu weinen. Und er weinte.
»Öga, wenn ich doch nur den Weg der Mutter meines Sohnes sehen könnte!« Ich weiß nicht, ob er eine lange oder eine kurze Zeit so weinte. Dann wischte er sich die Tränen ab. Ein klein wenig ist der Weg zu erkennen. So zog er wieder weiter, ich weiß nicht, ob es eine lange oder eine kurze Zeit war, die er so weiterzog.
Endlich kam er wieder zu einem Zelt. Er trat näher hinzu, hob die Tür zur Seite und trat ein. In dem Zelt saß eine alte Frau. Der Erdensohn fragte sie:
»Alte, hast du nicht die Mutter meines Sohnes gesehen?«
Die Alte kam herbei, ergriff seine Nase und drückte und kniff sie. »Warum hast du die Himmelstochter schlecht behandelt?«
Er antwortete:
»Kaolmassom hat mich betrogen.«
Da ergriff die Alte wieder seine Nase, kniff und drückte sie.
»Alte«, fragte er, »hast du nicht die Mutter meines Sohnes gesehen?«
»Draußen wehte gerade ein kleiner Wind«, antwortete sie.
Darauf sagte er:
»Ököjaköijaköj! Das hättest du längst sagen sollen!«
»Alte, denke du für mich, schamanisiere du für mich!« –

»Bringe mir die Trommel her!«
Er ging und brachte sechs Trommeln und stellte sie neben die Alte.
Die Alte sagte: »Bühebühebühebühe!«
Vom hinteren Teil des Zeltes brachte die Alte nun sechs mit Widerhaken versehene Angeln, zog eine Schnur hervor, die so lang war wie die sechsmal ausgebreiteten Arme und gab sie ihm. Dann kniete sie sich am Ende des Zeltes nieder, holte eine Hechtblase hervor und gab ihm auch diese.
»Davon nimm ein wenig in den Mund. Du wirst hungrig sein!«
Dann begann die Alte zu schamanisieren. Es war dies aber die Sechstrommelalte gewesen. Er aber setzte seinen Weg fort und begann wieder zu weinen. Immer nur weinte er.
»Üga«, sagte er, »wenn ich doch den Weg der Mutter meines Sohnes sehen würde.«
Dann wischte er die Tränen ab. Ein klein wenig ist der Weg zu sehen. Und er schritt weiter aus. So wanderte er weiter und weiter und immer weiter. Ich weiß nicht, ob er eine lange oder eine kurze Zeit so weiterwanderte.
Nach einer Zeit kam er wieder zu einem Zelt. Er trat näher hinzu, hob die Tür zur Seite und trat ein. In dem Zelt saß eine alte Frau. Der Erdensohn fragte sie:
»Ich weiß nicht, wohin die Mutter meines Sohnes gegangen ist. Ist sie vielleicht hier vorbeigekommen? Denke du für mich, schamanisiere du für mich!«
Die Alte aber ergriff seine Nase, drückte und kniff sie und sprach: »Warum hast du die Himmelstochter schlecht behandelt? Warum hast du gerade das getan, was Kaolmassom mit ihrer Handlung beabsichtigt hatte?«
Dann ergriff sie wieder seine Nase, drückte und kniff sie.
»Alte«, sprach er, »wenn ich doch den Weg der Mutter meines Sohnes sehen könnte!«
Die Alte sagte:
»Draußen wehte der Wind ein wenig.«
Er antwortete: »Ököioköioköi!«

Die Alte sprach: »Bringe mir die Trommel!«
Er ging die Trommeln holen und brachte sieben Trommeln, wärmte sie und stellte sie neben die Alte. Dann sagte sie: »Byheby!«
Aus dem hinteren Teil des Zeltes brachte sie eine mit sieben Widerhaken versehene Angel herbei, zog eine Schnur von der Länge der siebenmal ausgebreiteten Arme hervor und gab sie ihm. Vom hinteren Teil des Zeltes holte sie eine Hechtblase und reichte ihm auch diese.
»Diese nimm in den Mund, wenn du oben ankommst!«
Dann begann die Alte zu schamanisieren. Es war dieses aber die Siebentrommelalte gewesen.
Er aber zog wieder weiter. Und immer nur weint er.
»Öga«, so sagt er, »wenn ich doch nur den Weg sehen würde, den die Mutter meines Sohnes gegangen ist!«
Ganz wenig nur ist der Weg zu erkennen. Und diesem Wege folgte er. Immer weiter und weiter geht er. Ich weiß nicht, ob er so eine lange oder eine kurze Zeit weiterwanderte. Endlich kam er oben an. Renntiere gehen da herum. Er war angekommen. Jetzt setzte er sich, um sich auszuruhen. Und da sitzt er nun. Renntiere sind da, sie füllen das ganze Land, bis zum Rande des Himmels aus. Die Renntiere gehen umher. Sieben Renntiere gehen umher. Im Geweih des letzten Renntieres schaukelt eine Wiege. Dieses Renntier möchte er fangen. Aber er sitzt nur da und bleibt sitzen. Die Renntiere gehen an ihm vorbei. Auf das letzte Renntier warf er einen Angelhaken. Das Renntier hatte er gefangen. Das Renntier sprang einmal hoch, und auch er mußte einen Satz machen. Die Schnur zerriß. Da begann er zu weinen. Er weinte und weinte, ich weiß nicht, wie lange er so weinte. Dann nahm er etwas von der Hechtblase in den Mund. Die Renntiere aber gehen umher und kommen näher zu ihm heran. Er aber sitzt dort und sitzt. Jetzt kamen sie ganz nahe bei ihm vorbei. Auf das letzte Renntier warf er die Angel, die zweihakige Angel. Er hatte das Renntier gefangen. Aber es machte nur zwei Sprünge, und die Schnur zerriß. Er aber begann

wieder zu weinen. Und er weinte und weinte, ich weiß nicht, wie lange er so weinte. Schließlich nahm er wieder etwas von der Hechtblase in den Mund. Die Renntiere aber gehen umher, gehen umher und kommen näher zu ihm heran, immer näher und näher. Auf das letzte Renntier warf er die Angel. Er fing es mit der dreihakigen Angel. Aber es machte nur drei Sprünge, und die Schnur zerriß. Da begann er wieder zu weinen und zu weinen. Ich weiß nicht, wie lange er so weinte. Dann nahm er die Hechtblase in den Mund. Die Renntiere aber gehen umher. Die Renntiere gehen umher. Auf das letzte Renntier warf er die Angel, die vierhakige Angel. Es machte vier Sprünge, und die Schnur zerriß. Da begann er zu weinen.
»Üga!«, so sprach er, »ob die Alten mich wohl betrogen haben? Was haben sie mir denn nur für eine Schnur gegeben?« Dann holte er wieder die Hechtblase hervor und legte sie in den Mund. Die Renntiere gehen umher, näher und näher. Das letzte Renntier geht.
»Öga! Wenn doch das letzte Renntier bleiben würde, wenn es doch hinten bleiben würde!«
Es war ganz nahe. Da warf er wieder die Angel und fing das letzte Renntier. Die fünfhakige Angel hatte er geworfen, und diese hatte sich in das Renntier hineingebohrt. Fünf Sprünge machte es, und die Schnur zerriß. Da begann er zu weinen. Er weinte und weinte, ich weiß nicht, wie lange er so weinte. Dann legte er das Bläschen in den Mund.
»Üga! Ob die Alten mich vielleicht doch betrogen haben? Was sie mir auch für Schnüre gegeben haben, sie sind alle zerrissen!« Und dann weinte er wieder. Ich weiß nicht, wie lange er so weinte. Die Renntiere aber gehen umher. Sieben Renntiere gehen umher.
»Wenn doch das siebente Renntier hinter den anderen zurückbleiben würde!«
Es kam näher und näher. Die Angel warf er, die sechshakige Angel hatte er geworfen. Das Renntier hatte er gefangen. Sechs Sprünge machte es, und die Schnur zerriß. Da begann

er nun erst richtig zu weinen. Er weinte und weinte in einem fort. »Ob die Alten mich wohl betrogen haben?«
Und so weinte und weinte er, ich weiß nicht, wie lange er so weinte. Der Alte aber sagt:
»Unser Weg ist vom Wind verweht worden, euer Weg dagegen ist noch sichtbar. Geht auf dem alten Wege!«
Aber das will sie nicht, denn sie weiß, daß ihr Mann ihr auf diesem Wege folgt. Der Alte aber spricht noch einmal:
»Auf diesem Wege müßt ihr bleiben!«
Und sie blieben auf ihrem Wege.
Der Erdensohn sitzt da und macht die Angel zurecht. Sieben Renntiere gehen umher. Im Geweih des letzten Renntieres schaukelt eine Wiege.
»Wenn es doch hinter den anderen Renntieren zurückbleiben würde!«
Die Renntiere gehen umher. Das letzte Renntier bleibt zurück. Er aber schaut. Die Renntiere kommen näher. Die siebenhakige Angel warf er aus. Er fing das Renntier.
Dann ging er weiter und erblickte ein Zelt. Geradewegs in das Zelt trat er ein. Ein alter Mann liegt da im Zelt und spricht:
»Da ist irgendein Mensch gekommen. Hebt ihn auf!«
Er aber ist von dem langen Weg todmüde, er stolpert nur noch so in das Zelt hinein, und schon liegt er da und schläft. Sie aber, die Himmelstochter, geht fort und geht, in Richtung der Mittleren Welt, um den Weg im Schnee zu treten. Dann kam sie wieder nach oben. Auch sie legte sich hin, um zu schlafen. Am Morgen stand sie auf, wusch sich das Gesicht und kämmte sich das Haar. Dort leben sie nun. Ich weiß nicht, wie lange sie dort nun lebten.
Eines Tages nun spricht der Alte, sein Schwiegervater:
»Auf der Sonne habe ich etwas von meinem Eigentum vergessen, einen Löffel. Ob ihn mir wohl jemand von der Sonne herholt?«
Am Abend legte er sich zum Schlafen nieder. Zu seiner Frau aber sagte er:

»Der Löffel des Alten liegt auf der Sonne. Ich werde ihn holen gehen.«

Er ging fort und ging und ging. Schließlich kam er zu einem Feuerort und begann, durch das Feuer hindurchzuschreiten. Er fing an zu brennen. Da begann er sich Flöten in seinen Körper einzusetzen. Kalte Flöten setzte er sich ein. Mit Hilfe dieser Kräfte durchschritt er das Feuer und gelangte auf die Sonne.

»Großmutter«, so sprach er, »der Alte sagt, sein Löffel wäre bei dir.«

Sie antwortete:

»Bei mir ist sein Löffel nicht. Dieses hier ist meiner«, sagt sie, »ich werde dir meinen Löffel geben.«

Er nahm den Löffel und begab sich wieder auf den Rückweg. Bei dem Zelt des Alten kam er wieder an. Den Löffel legte er hinter die Zeltstangen. Dann legte er sich schlafen, denn er war müde von dem weiten Weg. Am Morgen wachte der Alte auf und schaute nach oben. Hinter den Zeltstangen liegt der Löffel. Und dann lebte der Erdensohn wieder weiter in dem Zelt seines Schwiegervaters.

Einmal nun spricht der Alte:

»Auf dem Mond liegt meine Mörserstange. Wer würde sie mir wohl herbeischaffen?«

Am Abend legte sich der Erdensohn wieder schlafen, zu seiner Frau aber sagt er:

»Die Mörserstange des Alten liegt auf dem Mond. Ich werde hingehen und sie holen.«

Wieder machte er sich auf den Weg und ging fort, zum Mond. Ich weiß nicht, wie lange er so unterwegs war, aber endlich kam er zum Mond. Zu dem Mondalten sagte er:

»Der Alte sagt, seine Mörserstange wäre hier. Gib mir die Mörserstange des Alten!«

Der Mondalte aber antwortete:

»Ich habe die Mörserstange des Alten zwar nicht, aber hier hast du meine eigene, die kann ich dir geben.«

Danach begab sich der Erdensohn wieder nach Hause. Er

geht und geht, bis er schließlich wieder bei dem Zelt des Alten ankam. Die Mörserstange legte er hinter die Zeltstangen, um dann selbst schlafen zu gehen, denn er war von dem langen Wege müde geworden. Am Morgen blickte der Alte nach oben und bemerkte die hinter die Zeltstangen gelegte Mörserstange. Nachdem sie wieder eine Weile gelebt hatten, sprach der Alte eines Tages:
»Bei der Unteren Alten liegt die Hälfte meiner Brotschüssel. Denjenigen, der sie mir holen würde, würde ich als den besten und liebsten Menschen betrachten.«
Am Abend, als sie wieder schlafen gingen, sagte er zu seiner Frau: »Ich werde die Brotschüssel des Alten holen gehen.« Und am nächsten Morgen machte er sich wieder auf den Weg. Er ging fort und wanderte und wanderte. Ich weiß nicht, wie lange er so wanderte. Auf den Weg nach unten begab er sich. Endlich kam er zu dem Schornstein der Unteren Alten. Diese ist damit beschäftigt, Renntierfelle zu schaben, und dabei sitzt sie gerade auf der Brotschüssel. Er kann also der Alten die Brotschüssel, in der sie den Brotteig fertigmacht, nicht so einfach wegnehmen. Er geht in das Zelt, und so wie auf der Sonne setzt er auch hier wieder kalte Flöten. Da kam plötzlich Frost auf, und die Alte kniete sich im Zelt an der Stelle nieder, wo das Essen liegt, und zog ihren Pelz an. Da ergriff er die Brotschüssel und machte sich auf den Heimweg. Er ging und ging, wanderte und wanderte, bis er endlich, nach langen Wegen, wieder oben ankam. Die Brotschüssel aber steckte er hinter die Zeltstäbe. Am Morgen erhob er sich. Und dann lebten sie wieder gemeinsam in dem Zelt des Alten. Eines Tages sprach der Alte: »Irgendwo an einem See liegen Schneeschuhe!«
Zu diesem Orte begab er sich. Er ging und ging und gelangte auch zu dem See. Am Ufer liegen schöne Schneeschuhe. Ein guter Schneeschuhstab liegt daneben. Über den See lief er auf den Schneeschuhen und kam wieder nach Hause zurück. Dann ging er auf die Renntierjagd. Am Abend kam er wieder zurück. Fünfhundert Renntiere hatte er entdeckt. Er

jagte sie und tötete hundert von ihnen. Soviele er tragen konnte, warf er über die Schulter, die übrigen band er auf dem Schlitten fest. Dann machte er sich auf den Heimweg. Zu Hause kam er an, legte sich schlafen. Am nächsten Morgen begab er sich wieder auf die Jagd. Er zog umher. Ich weiß nicht, wie lange er so umherzog. Wieder stieß er auf Renntiere. Er tötete Renntiere. Alle tötete er. Zweihundert tötete er. Er nahm sie, warf sie über die Schulter. Diejenigen, die er nicht mehr tragen konnte, band er auf dem Schlitten fest. Dann machte er sich wieder auf den Heimweg. Nachdem er zu Hause angekommen war, legte er sich schlafen. Die Frauen des Alten bereiteten die Renntiere zu. Alle Renntiere bereiteten sie zu. Den Rest trockneten sie und brachten ihn auf das Vorratsgerüst.
Er sagt: »Ich gehe angeln!«
Er ging fort, ging weiter und immer weiter. An einem See kam er. Er begann zu angeln. Ein Mammut fing er. Auf den Kopf schlug er ihm, ergriff es und warf es über die Schulter. Dann ging er wieder nach Hause. Für den Alten hatte er ein Mammut getötet. Danach legte er sich schlafen.
Einmal nun sprach der Alte: »Irgendwo gibt es eine Schaukel. Auf der würde ich mich gern schaukeln.«
Der Erdensohn schlief bis zum nächsten Morgen, erhob sich und machte sich auf die Suche nach der Schaukel. Er fand sie und begann zu schaukeln. Da wuchsen seine Haare so lang wie die siebenmal ausgebreiteten Arme.
»Genug!«, sprach er.
Dann ging er wieder nach Hause. Zu Hause lebte er. Ich weiß nicht, wie lange er dort noch lebte.
Eines Tages aber sprach der Alte:
»Dorthin, wo ihr früher auf Erden gelebt habt, dorthin begebt euch jetzt!«
Da begann er über sein Land nachzudenken. Sie zogen fort. Mit seiner Frau zog der Erdensohn fort. Sie wollen wieder auf die Erde hinunter. O! fort zogen sie, und immer weiter fort, den Weg auf die Erde zurück. Ich weiß nicht, wie lange

sie so unterwegs waren. Endlich kamen sie zu einer Alten, zu der Siebentrommelalten. Sie schamanisiert ... Sie schamanisiert einfach dort. Die Alte hält nur den Trommelstab in der Hand. Er kam an und sagte: »Hallo, Alte!«
Die Alte aber antwortete nur: »Böhöböhöbö!«
Alle ihre Trommeln zerbrach die Alte, alle Trommeln vernichtete sie. Er begann bei der Alten zu leben. Sieben Tage lebte er dort. Die Alte aber stellte alle Trommeln wieder von neuem her. Sieben Tage lebte er dort, und sieben Tage arbeitete sie. Alle Trommeln stellte sie wieder von neuem her. Als sie die Trommeln fertig hatte, sprach sie:
»Früher war es schlecht, jetzt aber ist alles gut!«
Danach zog er wieder weiter. Ich weiß nicht, ob er eine lange oder eine kurze Zeit so weiterzog. Er kam wieder zu einer Alten, der Sechstrommelalten. Sie zerbrach alle ihre Trommeln und hielt nur noch den Trommelstab in der Hand. Er sprach: »Hallo, Alte!«
Die Alte aber antwortete nur: »Böhöböhöbö!«
Sechs Tage lebte er bei ihr, während die Alte alle ihre Trommeln wieder von neuem herstellte. Sie sprach:
»Früher war es schlecht, jetzt aber ist alles gut!«
Danach zog er wieder weiter, immer weiter und weiter wanderte er. Wieder kam er zu einer Alten, der Fünftrommelalten. Sie hatte alle ihre Trommeln zerbrochen. Er sprach: »Hallo, Alte!«
Die Alte aber antwortete: »Böhöböhöböhö!«
Und dann fragte sie weiter:
»Neffe, hast du sie endlich wiedergefunden?«
Er aber antwortete: »Frau, Frau, mit großen Anstrengungen habe ich sie endlich wiedererlangt!«
Er begann bei der Alten zu leben. Fünf Tage lebte er bei ihr. Sie aber stellte alle ihre Trommeln wieder von neuem her. Sie sprach:
»Früher war es schlecht, jetzt aber ist alles gut!«
Danach zog er wieder weiter. Weiter zog er. Ich weiß nicht, ob er eine lange oder eine kurze Zeit so weiterzog. Wieder

kam er zu einer Alten. Zu der Viertrommelalten kam er. Alle ihre Trommeln zerbrach die Alte. Alle ihre Trommeln hatte sie in kleine Stücke zerbrochen. Er aber sagt:
»Hallo, Alte!«
Die Alte antwortete: »Böhöböhöböhö!«
Und dann fragte sie weiter:
»Neffe, hast du sie nun doch wiedergefunden?«
Er aber antwortete: »Frau, Frau, mit großen Anstrengungen habe ich sie endlich wiedererlangt!«
Er begann bei der Alten zu leben. Vier Tage lebte er bei ihr. Ihre vier Trommeln stellte sie wieder neu her. Sie sprach:
»Früher war es schlecht, jetzt aber ist alles gut!«
Danach zog er wieder weiter. Weiter zog er. Ich weiß nicht, ob er eine lange oder nur eine kurze Zeit so weiterzog. Wieder kam er zu einer Alten. Die Alte aber schamanisiert. Es war die Dreitrommelalte.
Er sagt: »Hallo, Alte!«
Die Alte aber antwortete: »Böhöböhöböhö!«
Alle ihre Trommeln zerbrach die Alte. Nur noch kleine Stücken blieben von ihnen übrig. Aber in einer Hand hält sie doch noch den Trommelstab. Drei Tage lebte er bei der Alten. Drei Trommeln stellte sie in dieser Zeit her. Sie sprach:
»Früher war es schlecht, jetzt aber ist alles gut!«
Darauf zog er wieder weiter. Er zog weiter und weiter. Ich weiß nicht, ob er eine lange oder eine kurze Zeit so weiterzog. Wieder kam er zu einer Alten. Die Alte schamanisierte und sagte nur: »Babababababa! Neffe, wie lange bist du unterwegs gewesen!«
Es war die Zweitrommelalte. Sie zerbrach ihre zwei Trommeln. Er aber begann bei der Alten zu leben. Zwei Tage lebte er bei ihr, und während dieser Zeit machte sie wieder zwei neue Trommeln. Dann sprach sie:
»Früher war es schlecht, jetzt aber ist alles gut!«
Er aber zog wieder weiter. Ich weiß nicht, ob er eine lange oder eine kurze Zeit so weiterzog. Schließlich kam er wieder zu einer Alten. Die Alte schamanisierte. Er sagt:

»Hallo, Frau!«
Die Alte aber antwortete: »Babababababa!«
Und dann sagte sie noch:
»Neffe, Neffe, wie lange bist du doch unterwegs gewesen!«
Ihre Trommel zerbrach die Alte. Er aber lebte bei ihr einen Tag, und während dieser Zeit machte sie sich wieder eine neue Trommel. Dann sprach sie:
»Früher war es schlecht, jetzt aber ist alles gut!«
Und wieder machte er sich auf den Weg. Er zog und zog weiter. Ich weiß nicht, wie lange er so weiterzog. Er geht

Trommelbild der Keten. Die Gestalt in der Mitte ist der erste Schamane, über ihm Sonne und Mond. Die Kreissegmente sind fischreiche Meere, das heiße Südmeer ist ohne Fische. Die vom Kopf des Schamanen ausgehenden, in Vogelbildern endenden Linien sind seine Gedanken (Nioradze), eher wohl seine Fernwirkungen und -wahrnehmungen. Nach Findeisens Erhebungen der »Erdensohn« unserer Erzählung. In der Tat erfährt er durch seine Himmelsreise die Initiation als Schamane.

und geht. Ich weiß nicht, ob er eine lange oder eine kurze Zeit so weitergeht. Endlich kam er bei seinem Zelte an. Das Zelt brachte er wieder in Ordnung. Hier begann er nun ständig zu leben. Dann ging er zu Kaolmassom. Die Wipfel von zwei Lärchen brachte er zusammen. Kaolmassom band er an die Wipfel der Lärchen. Dann ließ er sie los. Die Lärchen schnellten beide in ihre alte Richtung zurück. Kaolmassom wurde mitten entzweigerissen, die eine Hälfte nach der einen Seite, und die andere Hälfte nach der anderen Seite.
Der Erdensohn aber und seine Frau leben nun miteinander. In seinem Zelt leben sie miteinander. Jetzt aber ist die Geschichte aus. Es ist nichts mehr zu erzählen.

12.

ERZÄHLUNGEN VOM URSCHAMANEN DOCH

Der erste Schamane, den es auf der Erde gegeben hat, war Doch. Er lebte zu eben der Zeit, als auch der Schmiedeheld Alba sein Wesen auf Erden hatte. Doch war ein großer Schamane. Er war verheiratet und hatte auch Kinder. Einmal jedoch kam die Unterweltsgöttin Hossedenbaom und fraß einen seiner Söhne auf. Darüber geriet Doch in großen Zorn und sagte zu seinen Leuten, sie sollten ihm einen eisernen Hammer und auch Eisendraht herstellen. Damit wollte er ausziehen, um Hossedenbaom zu töten. Die Jenissejer stellten ihm jedoch nur einen Holzhammer her, und statt des Eisendrahtes gaben sie ihm zusammengeknüpftes Wurzelwerk.
Doch machte sich auf den Weg, um Hossedenbaom zu töten. Er ging und ging, und schließlich gelangte er auch zu der Todesgöttin, die auf einer Insel in der Mündung des Jenissej im Eismeer lebt. Jetzt holte er gewaltig mit seinem Hammer aus, aber als er zuschlug, zersprang dieser in tau-

send Stücke. Die Schnur aus Wurzelwerk aber zerriß, als er sie der Todesgöttin, die sich von menschlichen Seelen nährt und alles Unglück in die Welt gebracht hat, um den Hals geworfen hatte, um sie damit zu erwürgen. So war durch die Unzuverlässigkeit seiner eigenen Stammesgenossen das Unternehmen Dochs, die Menschheit von Tod und Unheil zu befreien, mißlungen.
Hossedenbaom aber sprach zu dem Schamanen: »Geh nach Hause und schlachte hundert Renntiere und ziehe mit der Hälfte deines Volkes in den Himmel!« – Doch wanderte wieder nach Hause, schlachtete hundert Renntiere und sagte zu der Hälfte seines Volkes: »Stellt alle Sachen für die Wanderung neu her, näht neue Pelzröcke und neue Pelzstiefel, und auch neue Schlitten stellt her. Dort, wo wir hinziehen, wird es sehr kalt sein!«
Die Jenissejer bauten neue Schlitten und nähten neue Pelzröcke und Pelzstiefel, und auch neue Schneeschuhe stellten sie her. Als sie alle diese Arbeiten beendet hatten, zogen sie zusammen mit dem Schamanen Doch in den Himmel. Dort angekommen, wollten sie neue Zelte bauen und zu leben beginnen, aber siehe da, dort war überhaupt kein Holz vorhanden. Jetzt nahm Doch seine Schamanentrommel und rief die Geister herbei, und mit ihrer Hilfe entstanden Bäume, die zur Hälfte aus Eisen und zur anderen Hälfte aus Holz bestanden. Jetzt konnten die Jenissejer nun endlich Zelte errichten und ihr gewohntes Leben wieder aufnehmen. Kaum hatten die jedoch zwei Wochen in dem neuen Lande zugebracht, als schwarze Wolken sich zu riesigen Haufen sammelten und den ganzen Himmel in ein undurchdringliches Dunkel hüllten. Ein schreckliches Gewitter zog herbei, und von den Blitzen verbrannten alle, die sich mit dem Schamanen Doch zusammen in den Himmel begeben hatten. Jetzt ist nur noch das hintere Abschlußbrett des Schlittens der Frau des Schamanen Doch am Himmel als Stern zu sehen, und dieser Stern heißt: Schlittenabschlußbrett vom Weibe Dochs.

Nur einer der Söhne des Schamanen Doch entrann den Blitzen und kehrte auf die Erde zurück, jedoch nicht als Mensch, sondern als Eiderente. Das war bei dem Dorfe Worogowo am Jenissej. Die daselbst wohnenden Jenissejer zogen jedoch zur Jagd aus, um die Ente zu schießen. Sie töteten sie auch, als sie sie aber aufschnitten, sahen sie, daß sie innen vollkommen aus reinem Gold bestand. Am nächsten Morgen jedoch waren alle Jenissejer von Worogowo tot. Nur eine Familie war von diesem Schicksal verschont geblieben. In dieser lebte ein alter Mann. Seines Bruders Sohn hatte, ebenso wie die anderen, mit auf die Jagd gehen wollen. Der Alte jedoch hatte gesagt:
»Geh' nicht mit den anderen mit, sondern bleibe zu Hause!«
Der junge Mann hörte auch auf die Worte des Alten und ging nicht mit auf die Jagd. Und das Gold nahm nachher diese Familie, und sie lebten gut.

ANHANG

LITERATUR

I. Von Findeisen selbst als Quellenwerke angeführt:

Baldunnikov, I. A.: *Pervyj Šaman*, Zeitschrift Burjatovedšeskij Sbornik, Vypusk III–IV, Irkutsk 1927

Bogoras, V. G.: *Tšukotskie Razskazy*, Bd. I, *Na kamennom mysu*.

Ders.: *Materialy dlja izučenija jazyka aziatskich éskimosov*, Zeitschrift Živaja Starina, Jg. 1909, H. II–III, Petersburg 1910

Dyrenkova, N. P.: *Polučenie šamanskogo dara po vozzrenijam tureckich plemen*, Sbornik Muzeja Antropologii i Étnografii, Bd. IX, Leningrad 1930, S. 267–291

Harva, Uno: *Die religiösen Vorstellungen der altaischen Völker*, FFC Bd. LII, Nr. 125, Helsinki 1938

Ksenofontov, G. V., *Legendy o šamanach*, Irkutsk 1928. Zitiert: Ksenofontov I

Ders.: *Chrestes. Šamanizm i christianstvo*, Irkutsk 1929. Zitiert: Ksenofontov II

Mattiesen, Emil: *Das persönliche Überleben des Todes*, 3. Bde., Berlin 1936, 1939

Moser, Fanny: *Der Okkultismus. Täuschungen und Tatsachen*. 2 Bde. München 1935

Nioradze, Georg: *Der Schamanismus bei den sibirischen Völkern*, Stuttgart 1925

Ohlmarks, Åke: *Studien zum Problem des Schamanismus*, Lund und Kopenhagen 1939

Popov, A. A.: *Dolganskij fol'klor*, Leningrad 1937

Sternberg, Leo: *Divine Election in Primitive Religion*, XXIe Congrès International des Américanistes, Göteborg 1925, S. 472–512

Vasil'ev, V. M.: *Obrazcy tungusskoj narodnoj literatury*, Zapiski Russkogo Geografičeskogo Obščestva i t. d., Bd. XXXIV, Petersburg 1909

Zelenin, D. K.: *Kul't ongonov v Sibiri. Perežitki totemizma v ideologii sibirskich narodov,* Trudy Instituta Antropologii i t. d. XIV, Etnografičeskaja serija Nr. 3, Moskau/Leningrad 1936

II. Weiterführende, neuere oder durch Literaturangaben wichtige Werke:

Buchholz, Peter: *Shamanism – the Testimony of Old Icelandic Literary Tradition,* Mediaeval Scandinavia, Bd. 4, 1971, S. 7–20
Buddruss, Georg: s. Friedrich, Adolf
Closs, Alois: *Die Ekstase des Schamanen,* Ethnos 34, Stockholm 1969, S. 70–89
Diószegi, Vilmos: *Glaubenswelt und Folklore der sibirischen Völker,* hrsg. von V. D., Budapest 1963
Ders.: *Tracing Shamans in Siberia,* Oosterhout, The Netherlands, 1968
Dömötör, Tekla: *Volksglaube und Aberglaube der Ungarn,* Budapest 1981
Edsman, Carl-Martin: *Studies in Shamanism,* ed. by C.-M. E., Stockholm 1967, darin zumal die Beiträge von Edsman selbst, S. 120–165, Fazekas, Hultkrantz
Eliade, Mircea: *Le Chamanisme et les techniques archaiques de l'Extase,* Paris 1951, deutsch: *Schamanismus und archaische Ekstasetechnik,* Zürich 1957
Fairchild, William P.: *Shamanism in Japan,* Folklore Studies, Journal of Far Eastern Folklore, Vol. XXI, Tokyo 1962, S. 1–122
Fazekas, Jenö: *Hungarian Shamanism,* in Edsman: s. o., S. 97–119
Friedrich, Adolf und Georg Buddruss: *Schamanengeschichten aus Sibirien,* München-Planegg 1955. (Übersetzung wichtiger Texte aus den Sammlungen von Ksenofontov und A. A. Popov: *Jakutskij Folklor,* Leningrad 1936)

Gehrts, Heino: *Das Mädchen von Orlach, Erlebnisse einer Besessenen*, Stuttgart 1966

Ders.: *Schamanenweihe in einem niedersächsischen Volksmärchen*, in: Vom Menschenbild im Märchen, Kassel 1980

Golowin, Sergius: *Das Reich des Schamanen, Der eurasische Weg der Weisheit*, Basel 1981

Gruber, Elmar: *Transformation, Schamanismus und die Auflösung der Ordnung*, Basel 1982

Halifax, Joan: *Shamanic Voices*, Harmondsworth 1980, deutsch: *Die andere Wirklichkeit der Schamanen*, Erfahrungsberichte von Magiern, Medizinmännern und Visionären, Bern 1981

Dies.: *Shaman, the Wounded Healer*, London 1982, deutsch: *Schamanen, Zauberer, Medizinmänner, Heiler*, Frankfurt a. M. 1983

Harner, Michael: *The Way of the Shaman*, A Guide to Power and Healing, Toronto etc. 1982. deutsch: *Der Weg des Schamanen*, Interlaken 1982

Hultkrantz, Åke: *Spirit Lodge, a North American Shamanistic Séance*, in: Edsman, s. o., S. 32–68. S. auch: Schröder, Chr. M.

Jettmar, Karl: s. Schröder, Chr. M.

Kirchner, Horst: *Ein archäologischer Beitrag zur Urgeschichte des Schamanismus*, Anthropos 47, St. Augustin 1952, S. 244–286

Lommel, Andreas: *Die Welt der frühen Jäger – Medizinmänner, Schamanen, Künstler*, München 1965. 2. Aufl.: *Schamanen und Medizinmänner*, München 1980

Märchen der Weltliteratur: *Märchen aus Sibirien*. Hrsg. Hugo Kunike. Jena 1940 (vor allem Überlieferungen der Jukaghiren, Tschuktschen und Koryaken)

Dass.: *Sibirische Märchen*. Erster Band: Wogulen und Ostjaken. Hrsg. János Gulya. Düsseldorf/Köln 1968

Dass.: *Sibirische Märchen*. Zweiter Band: Tungusen und Jakuten. Hrsg. Gerhard Doerfer. Köln 1983

Miyakawa, H. und A. Kollantz: *Zur Ur- und Vorgeschichte des Schamanismus,* Zeitschrift für Ethnologie, Bd. 98, Braunschweig 1966, S. 161–193

Motzki, Harald: *Schamanismus als Problem religionswissenschaftlicher Terminologie,* Arbeitsmaterialien zur Religionsgeschichte, hrsg. von Hans-Joachim Klimkeit, Rlgswiss. Sem. der Universität Bonn 1977

Oppitz, Michael: *Schamanen im Blinden Land,* Frankfurt a. M. 1982

Paulson, Ivar: s. Schröder, Chr. M.

Richthofen, Bolko Frhr. von: *Urzeitüberlebsel im lappischen Schamanentum und Schamanistisches aus der Ur- und Frühgeschichte Europas,* Mannus, Zeitschrift für Deutsche Vorgeschichte, 38. Jg., Bonn 1972, S. 297–307

Schmitz, Carl August, Hrsg.: *Religions-Ethnologie,* Frankfurt a. M. 1964, darin die Beiträge von Dominik Schröder und László Vajda

Schröder, Christel Matthias, Hrsg.: Die Religionen der Menschheit, Bd. 3: *Die Religionen Nordeurasiens und der amerikanischen Arktis,* von Ivar Paulson, Åke Hultkrantz, Karl Jettmar, Stuttgart 1962

Schröder, Dominik: *Zur Struktur des Schamanismus,* in: Schmitz, s. o., S. 296–334 (Aus Anthropos 50, 1955)

Vajda, László: *Zur phaseologischen Stellung des Schamanismus,* in: Schmitz, s. o., S. 265–295 (Aus: Ural-altaische Jbb. 31, 1959)

Zutt, Jürg, Hrsg.: *Ergriffenheit und Besessenheit.* Ein interdisziplinäres Gespräch über transkulturell-anthropologische und -psychiatrische Fragen, Bern 1972

Die von Hans Findeisen herausgegebenen »Abhandlungen und Aufsätze aus dem Institut für Menschen- und Menschheitskunde«, Augsburg 1949 ff., werden in den Anmerkungen zitiert als »Abhandlungen ...« mit Nr. und Jahreszahl.

Wichtig zur Beurteilung von Findeisens Positionen: Schamanismus als Religion, Besessenheitspriestertum, der Schamane als Sklave der Geister – sind die folgenden Schriften:

Die Rezension seines Buches *Schamanentum* in Ethnos, Bd. 24, Stockholm 1959, S. 223–225, von Ivar Paulson. Dazu:

Hans Findeisen: Das Schamanentum als spiritistische Religion, Ethnos 25, 1960, S. 192–213

E. Stiglmayr: Schamanismus, eine spiritistische Religion? Ethnos 27, 1962, S. 40–48

ZUR TRANSSKRIPTION

Strich über Vokal = Länge.

Å, å = offenes o, noch viel offener als das o in deutsch Sorge; nicht jedoch in schwedischen Wörtern.

C, c = deutsches ts.

Č, č = tsch.

É, é = harter e-Laut ohne Vorschlag von j.

l' = russisches erweichtes l, wie etwa im Italienischen figlio.

Š, š = sch.

V, v = deutsches w.

Z, z = deutsches s im Silbenanlaut, z. B. wie in Seele, Rose.

Ž, ž = französisch j in jour.

ANMERKUNGEN

ERSTER TEIL

Schamanen in Nordeurasien

1 Nioradze S. 4.
2 3. A., Tübingen 1921, S. 56.
3 Wernle: ebd.

Was nun den religiösen Charakter des Schamanentums betrifft, so ist dieser nach Eliade (»Le Chamanisme«, S. 430–439; Dominik Schröder: a. a. O., S. 299) ebenfalls gegeben. Nach Schröders Auffassung wäre das Schamanentum jedoch keine selbständige Religion, sondern es könne sich mit den verschiedensten Religionen verbinden. Ich meine, daß wir es bei dem Schamanentum der Nordasiaten dennoch mit einer Religion zu tun haben. Daß sie mit den verschiedensten älteren religiösen Elementen operiert und sich diese assimiliert hat (Jägerritualien Weltalls-Schichtungen, Weltenbaumidee usw.), spricht doch nicht gegen das faktische Vorhandensein einer eigenen im Schamanentum vorliegenden religiösen Gestalt. Es hängt alles mehr oder minder davon ab, wie wir »Religion« definieren. Hier nun befinde ich mich auch im Gegensatz zu D. Schröder, der meint (a. a. O., S. 333), daß der Schamanismus deshalb keine Religion sei, weil ihm spezifische Gottheiten, spezifische Kultformen, spezifische Lehren usw. fehlten. – Hierauf kommt es, meiner Ansicht nach, nicht allein an. Aber die Wirkensweise der Gottheiten und Geister im Schamanismus ist spezifisch: Besessenwerden durch sie; Weiheritualien, etwa als Hochzeit zwischen einer Himmelsgottheit und dem Schamanen aufgefaßt; die Forderung der Geister nach psychischer Geschlechtsumwandlung bei manchen Schamanen in Nordostasien. Dieses spezifische Wirksamwerden von Gottheiten und Geistern macht jedoch aus dem Schamanentum eine eigene Religion, sofern man unter Religion nicht nur Lehrmeinungen, sondern eine besondere Form seelischer Beziehungen zur »Gottheit«, bzw. zum »Metaphysischen« überhaupt erblickt.

Schröder meint nun ferner (a. a. O., S. 333): »Daß der Schamane kein Priester oder Zauberpriester ist, bedarf keiner besonderen Erklärung mehr. Der Priester ist der Vertreter einer bestimmten Religion und hat Funktionen, die nicht unter den Bereich des Schamanen fallen, z. B. das Opfer, ganz abgesehen davon, daß er das wichtigste Element des Schamanismus, nämlich die Trance, nicht kennt. Wohl können auch Schamanen priesterliche Funktionen ausüben, wie z. B. beim großen Pferdeopfer des weißen Schamanismus. Aber eine solche Verbindung ist rein akzidentiell«.

Mir scheint, daß wir den beim Pferdeopfer beteiligten Schamanen (Altaier, Teleuten, Burjaten) mit gutem Gewissen als »Priester« bezeichnen dürfen. – Und ist etwa der goldische Kassati saman, der die Seelen der Verstorbenen in das Jenseits überführt, nicht ganz ausgesprochen ein Priester?

Die Schamanen sind mithin sehr wohl Priester. Wir nennen sie aber zum Unterschied von anderen Priestern, die die spiritistische Trance nicht kennen: Besessenheitspriester. Es liegt nicht der geringste Anlaß vor, Priestertum nur so zu definieren, daß ihm in jedem Fall die Trance fehlen müßte. Solche Verengung der Gesichtspunkte würde – zumindest in der nordeurasiatischen Kulturprovinz – nicht den Fakten gerecht werden, die uns in den Schamanen fraglos sehr vielseitige Priestergestalten erkennen lassen. Und diese Vielseitigkeit der schamanischen Funktionen gehört mit zu den geradezu typischen Zügen, die das Schamanentum vor vielen anderen Religionen auszeichnet.

Auch die alten Jägerritualien der Nordasiaten können wir als eine eigene (sogar im Altpaläolithikum wurzelnde) Religion ansprechen, deren Alter mit mindestens 150000 Jahren geologisch bestimmt worden ist. Das bedeutet aber, daß sich sogar die oder eine der Religionen des Neandertalers bis in die Gegenwart hinein in Nordasien erhalten hat. In meiner Abhandlung »Das Tier als Gott, Dämon und Ahne. Eine Untersuchung über das Erleben des Tieres in der Altmenschheit«, Stuttgart 1956, wie auch in diesem Buch habe ich die Gesamtheit der alt- und jungpaläolithischen »Sitten«, die u. a. um Tod und Wiedergeburt der Jagdtiere kreisen, als »Tierschicht« bezeichnet. Der religiöse Charakter auch dieser großen und vielseitigen Glaubenswelt liegt auf der Hand, denn hier wird doch bereits ein Kult praktiziert, wenn er auch »nur« die Tiere und eventuell deren Seelen in seinen Mittelpunkt stellt. In Nordasien haben sich eben die Religionen des altmenschheitlichen Jägertums besser erhalten als bei uns, wo sie nach der Einführung der Pflugbaukultur (seit dem Mesolithikum und Neolithikum) und deren vollkommen anders geartete Tradition fast spurlos ausgelöscht worden sind.

4 Nach einer der Schriften B. E. Petris – Irkutsk über das Schamanentum der Burjaten, aus dem Gedächtnis zitiert.

Schamanentum und frühmenschlich-jägerisches Tiererlebnis

1 Hans Findeisen: *Menschen in der Welt. Vom Lebenskampf der Völker in der Alten und Neuen Welt, im Polarland, in Steppe und Tropenwald*, Berlin 1934.
2 Emil Werth: *Grabstock, Hacke und Pflug. Versuch einer Entstehungsgeschichte des Landbaues*, Ludwigsburg 1954. – Dazu Hans Findeisen: *Naturwissenschaftliches und Urgeschichte des Landbaus. Vier neue Werke Emil Werths*. Abhandlungen .., Nr. 7, Augsburg 1955, S. 14–31.

3 Emil Werth: *Zur Verbreitung und Entstehung des Hirtennomadentums.* Abhandlungen ..., Nr. 16, Augsburg 1956. Vgl. auch das Kapitel *Almwirtschaft und Hirtennomadentum* in Werths *Grabstock, Hacke und Pflug,* S. 104–127
4 Dazu auch Hans Findeisens Beiträge in A. H. Bernatziks Großer Völkerkunde, Bd. 2, Leipzig 1939, S. 60 f. und im Abriß der Weltgeschichte, Oldenbourg, München – Wien 1964, Bd. 22, S. 18 ff.
5 Hans Findeisen: *Zur Kenntnis von Religions- und Kulturgeschichte sowie Völkerkunde des Landes Perm in Ostrußland,* Heft 1 – Abhandlungen ... Nr. 9, Augsburg 1955, S. 10 ff.
6 Zur fortgehenden Diskussion der Frage: Ebermut Rudolph: *Indianische Tierherrenvorstellungen, Ein Beitrag zur Frage der Entstehung von Wildgeist- und Eignerwesen,* Zs. f. Ethnologie, Bd. 99, Braunschweig 1974, S. 81–119. – Ferner auch: Chr. M. Schröder, Hrsg.: Die Religionen der Menschheit, Bd. 3, Index S. 149, »Herren ...«, Bd. 7, Index S. 386 »Boßvorstellung«.
7 Weitere Einzelangaben bei Findeisen, Hans: *Die Fischerei im Leben der »altsibirischen« Völkerstämme* – Zeitschrift f. Ethnologie, Jg. 1929, S. 47–69.
8 Findeisen: ebd. S. 54 und 58.
9 Vasil'ev. E. A.: *Osnovnye čerty étnografii orokov.* Étnografija, Moskau/Leningrad, Jg. 1929, Nr. 1, S. 3–22.
10 Krejnovič, E. A.: *Očerk kosmogoničeskich predstavlenij giljak o-va Sachalina* Étnografija, Moskau/Leningrad, Jg. 1929, Nr. 1, S. 78–102.
11 P. P. Šimkevič: *Materialy dlja izučenija šamanstva u gol'dov,* Zapiski ..., Bd. II, Kap. III, S. 38–60.
12 Findeisen, Hans: *Zur Geschichte der Bärenzeremonie.* – Archiv für Religionswissenschaft. Bd. XXXVII, Jg. 1941, Heft 1, S. 196–200. Ders.: *Das Tier als Gott, Dämonen und Ahne. Eine Untersuchung über das Erleben des Tieres in der Altmenschheit,* Stuttgart, Franckh'sche Verlagshandlung 1956. S. 18 ff.
13 Hallowell, Irving: *Bear Ceremonialism in the Northern Hemisphere.* – American Anthropologist, Vol. 28, 1926, Nr. 1, S. 1–175.
14 Patkanov, S.: *Die Irtysch-Ostjaken und ihre Volkspoesie* 1. Teil, St. Petersburg 1897, S. 125–131.
15 Findeisen, Hans: »*Zur Geschichte der Bärenzeremonie«.* – a.a.O., S. 197 f.
16 Harva, S. 443, Nach Fellman, I.: *Afhandl. o. uppsatser,* Bd. I, S. 392
17 Harva, S. 434. Nach Bogoraz, V. G.: *Lamuty.* Zemlevedenie Bd. 7, Jg. 1900, Moskau 1901, S. 65.
18 Harva, S. 443. Nach Christianskij Vostok, Bd. IV, Heft 1, S. 107 f.
19 Findeisen, Hans: *Mensch und Tier als Liebespartner in der volksliterarischen Überlieferung Nordeurasiens und in der amerikanischen Arktis, unter besonderer Berücksichtigung der Schwanfrauerzählung und ihrer Genese.* – Abhandlungen ..., Nr. 35, Augsburg 1956.

20 Findeisen, Hans: *Der Adler als Kulturbringer im nordeurasiatischen Raum und in der amerikanischen Arktis.* – Abhandlungen . . ., Nr. 40, Augsburg 1956.
21 Dazu hier Teil II, Nr. 3.
22 Ksenofontov I, S. 17.
23 Ksenofontov I, S. 27.
24 Ksenofontov I, S. 37.
25 Ksenofontov I, S. 40.
26 Ebenda, S. 35.
27 Ebenda, S. 37, S. 56 und S. 19.
28 Ebenda, S. 52.
29 Ebenda, S. 49 f. – Der Erzähler erklärte auf Fragen: »Junjuges« wäre der allgemein gebrauchte Name für den Jagdhund. Die Jäger, die sich im Wald befinden, riefen ihren Hund mit solchem achtungsvollen allgemeinen Namen, um den wirklichen zu verheimlichen.
30 Ebenda, S. 36.
31 Ebenda, S. 27.
32 Ebenda, S. 23 f.

Wie man in Nordasien Schamane wird

1 Vgl. hierzu Näheres im Kapitel zur Schamanentracht.
2 Aus den Aufzeichnungen des Verf. von den Jenissejern der Steinigen Tunguska.
3 Ksenofontov I.
4 Ksenofontov II, S. 30 ff.
5 Dyrenkova: S. 267 f.
6 Dyrenkova: S. 268
7 Dyrenkova: S. 268 f.
8 Alektorov, A. E.: *Baksa (Der Baksa)* – Izvestija . . . Bd. XVI, Kasan 1900, Heft 1, S. 32 – Zitiert bei Dyrenkova: S. 275.
9 Dyrenkova: S. 269.
10 Ksenofontov I, S. 29–32, = hier Teil II, Nr. 7.
11 Ksenofontov I, S. 46 f.
12 Vgl. den Abschnitt über die Jakuten bei Findeisen, Hans: *Zur Kenntnis der religiösen Gebräuche bei den Sarten, Beltiren und Jakuten.* – Zeitschrift für Ethnologie, Jg. 1925, S. 270.
13 Findeisen, Hans: *Zur Kenntnis der burjat-mongolischen Volksreligion.* – (Manuskript. Nach den Ergebnissen burjatisch-religiöser Studien während meiner Nordsibirienreise 1927/28).
14 Ksenofontov I, S. 46 f.
15 Ksenofontov II, S. 22–26, = hier Teil II, Nr. 6.
16 Ksenofontov I, S. 46 f.

17 Džänai ist die Bezeichnung eines der Hauptgeschlechter des Mytäch-schen Gemeindebezirkes. – Öksökülēch-Örgön ist der Name eines legendären allen Jakuten bekannten Schamanen, wobei Öksökü die Bezeichnung des heiligen Schamanenvogels, des Adlers, ist, während Örgön eine aus dem Leder von Haustieren hergestellte Schnur bezeichnet (nach Ksenofontov).
18 Sternberg: S. 472–512. – Der russische Forscher erblickt in solchen Vorgängen »den eigentlichen Kern« des Schamanentums und erklärt das Besessenwerden durch den schamanischen Ahnengeist als eine spätere Erscheinung, der ein anders geartetes »Ergriffenwerden« vorausgegangen sein müßte. So weist er auch darauf hin, daß beispielsweise bei den Burjaten die Schamanen einstmals ihren Utcha – »the shaman's divine right« – von den Himmelsgeistern erhalten haben sollen, während die heutigen den Utcha ausschließlich von den Vorfahrengeistern übermittelt erhalten. Aber in Sachen der Berufung wären auch für die heutigen Schamanen die Vorfahren nichts als Mittler, von denen sie die Voraussetzungen zu der Vereinigung mit den Himmelsgeistern erlangen, deren Erwählte sie sind. Der Schutzgeist, der sich den Schamanen zu seinem Auserkorenen erwählt hat, und die Hilfsgeister, über die der Schamane Herrscher ist, und die ihm erst von seinem Schutzgeist zur Verfügung gestellt worden sind, würden genau unterschieden.
19 Slepcova, M. N. bei Sternberg: S. 482 ff.
20 Dyrenkova: S. 275 f.
21 Ksenofontov I, S. 17.
22 Ksenofontov I
23 Ksenofontov I, S. 39.
24 Dyrenkova: Seite 280.

Initiatische Erkrankung und Zerstückelung des Schamanen

1 Nioradze: S. 54 f.
2 Stoll: *Suggestion und Hypnotismus in der Völkerpsychologie*, Leipzig 1904, S. 29 und 30. Zitiert bei Nioradze: S. 55.
3 Nioradze: S. 56 – Nach Bogoraz, V. G.: *K psichologii šamanstva u narodov Severovostočnoj Azii* Étnografičeskoe Obozrenie, Bd. LXXXIV–LXXXV, Moskau 1910, S. 14.
4 Harva: S. 454. Nach Stadling, J.: *Shamanismen i norra Asien*, S. 63 – Beispiel von den Jakuten.
5 Harva: S. 454. Nach Petri, B. E.: *Staraja vera burjatskogo naroda*, Irkutsk 1928, S. 50 f.
6 Harva: S. 456. – Treffender lautet eine ausgezeichnete Beobachtung Nioradzes. Er sagt: »Uns interessieren diese Tatsachen von rein psychologischer Seite, und zwar sehen wir daraus, wie qualvoll eine Idee wirken kann, wenn sie nicht zur Ausführung gelangt. Nur durch Erreichen seines Zieles kann ein Individuum innere Befriedigung und Ruhe

finden« (Nioradze: S. 57). – Hier ist wirklich die Formel gefunden, die uns näher an die Vorgänge heranführt, die dem gesamten schamanischen Komplex zu Grunde liegen: »Ideen« sind es, die sich gegen den Widerstand anderer »Ideen« in der Seele des Schamanenkandidaten durchzusetzen streben, wie Nioradze richtig erkannt hat. Es ist aber die »Idee« zu tanzen, zu singen, zu dichten, die Trommel zu schlagen, zu heilen usw., die hier nach langem Kampf gegen die Forderungen und Gewöhnungen des Üblichen und Alltäglichen den Sieg davonträgt. Es ist, mit einem Wort: die Befreiung und der Durchbruch der schöpferischen und gestaltenden Kräfte des Unterbewußten, der sich hier im Bild einer Verfolgung bzw. einer Werbung seitens der Geister bis zum Erlebnis des Besessenwerdens durch sie darstellt, wenn man nicht gleichfalls noch tatsächlich inspirative Einflüsse einer Geistes- bzw. Geisterwelt annehmen muß, die sich durch Schamanen, Medien, Propheten und ähnliche auserwählte oder günstig spezialisierte Personen zu manifestieren strebt, eine Ansicht, für die ja gerade die Religionswissenschaft Verständnis aufbringen dürfte.

7 Ksenofontov I, S. 17 ff.
8 Ksenofontov II, S. 26 ff.
9 Ksenofontov I, S. 10.
10 Ebenda: S. 13.
11 Ksenofontov II, S. 27 f.
12 Ksenofontov I, S. 35.
13 Ebenda: S. 40.
14 Ebenda: S. 20, S. 41 und S. 23 sowie Ksenofontov II, S. 27.
15 Ksenofontov II, S. 28 f.
16 Ksenofontov I, S. 55 und 57–58.
17 Ebenda: S. 53.
18 Ksenofontov II, S. 26 f. und desgl. I, S. 20.
19 Ksenofontov I, S. 41.
20 Ksenofontov II, S. 27.
21 Ksenofontov I, S. 55.
22 Ebenda: S. 13.
23 Ebenda: S. 40 f.
24 Ebenda: S. 53.
25 Ebenda.
26 Ebenda: S. 57 f.
27 Ebenda.
28 Ebenda: S. 17 f.
29 Ebenda: S. 20.
30 Ebenda: S. 42 f.
31 Ebenda.
32 Ebenda: S. 23.
33 Ebenda: S. 53.

34 Ebenda.
35 Ebenda: S. 17 f.
36 Ebenda: S. 18.
37 Ebenda: II, S. 27.
38 Ksenofontov I, S. 10.
39 Ebenda: S. 13.
40 Ebenda: S. 15.
41 Ksenofontov II, S. 27 f.
42 Ksenofontov I, S. 43 f.
43 Ebenda: S. 15 und S. 33 f.
44 Ebenda: S. 42
45 Ebenda: S. 43.
46 Ebenda: S. 20.
47 Ebenda: S. 13.
48 Ebenda: S. 18.
49 Ebenda: S. 13.
50 Ebenda: S. 15.
51 Ebenda: S. 43 f.
52 Ebenda: S. 35.
53 Ebenda: S. 40.
54 Ebenda: S. 34.
55 Ebenda: S. 34.
56 Ebenda: S. 41.
57 Ebenda: S. 38.
58 Ebenda: S. 33.
59 Ebenda: S. 33.
60 Ebenda: S. 42 f.
61 Ksenofontov II, S. 27.
62 Ksenofontov I, S. 23.
63 Ebenda: S. 23.
64 Ebenda: S. 12.
65 Ebenda: S. 13.
66 Ebenda.
67 Ebenda: S. 53.
68 Ebenda: S. 53.
69 Dyrenkova: S. 271. Nach Anochin: *Materialy po šamanstvu u altajcev.* – Sbornik Muzeja Antropologii i Étnografii, Bd. IV, Leningrad 1924, Heft 2, S. 131.
70 Dyrenkova: S. 272.
71 Ebendort.
72 Ebendort.
73 Ebendort. Nach Klemenc, D.: *Minusinskaja Švejcarija i bogi pustyni* – Vostočnoe Obozrenie (Orientalische Umschau), 1884, Nr. 5.
74 Nach der oben zitierten Arbeit Anochins (siehe Anm. 69).

75 Nach Jadrincev: *Altajskie i černevye tatary*. – Izvestija Russkogo Geografičeskogo Obščestva Bd. XVII, 1881, S. 248.
76 Dyrenkova: S. 274 f.
77 Ebenda: S. 275.
78 Ein kasachisches Saiteninstrument.
79 Radloff, Wilhelm: *Aus Sibirien*, Bd. II, Leipzig 1893, S. 65.
80 Bogoras, in der oben, Anm. 3, zitierten Arbeit, S. 15.
81 Im Kapitel über Schamanentum und Tiererlebnis. Vgl. ferner die Hinweise im Kapitel über Darstellungen von Skelett und Knochen auf Schamanentrachten.
82 Vgl. die Angaben in dem Kapitel über die Frage, wie man Schamane wird.
83 *Die »Schamanenkrankheit« als Initiation. Eine völker- und sozialpsychologische Untersuchung.* Abhandlungen ..., Nr. 45, Augsburg 1957. [Über das gegenseitige geschichtliche Verhältnis von rituell geregelter Jünglingsweihe und spontaner schamanischer Initiation scheint mir mit dieser an sich wertvollen Arbeit nichts entschieden zu sein. Leider ist ein Disput mit dem Verfasser nicht mehr möglich. HG]
84 [An dieser Stelle habe ich die drei folgenden Wörter ausgelassen: » ... reine Phantasieprodukte, nämlich ...«. Sie müssen aus einem älteren Manuskript oder Vorstellungskreis Hans Findeisens hier hereingeraten sein, da sie weder mit den Überzeugungen dieses Buches noch mit seinen späteren Ansichten übereinstimmen. HG]

Tod der Verwandten bei der Einsetzung ihres Schamanen

1 Ksenofontov I, S. 12.
2 Ebenda: S. 42.
3 Ebenda: S. 39.
4 Ebenda: S. 14 f.
5 Ebenda: S. 54.
6 Ebenda: S. 54.
7 Harva: S. 486.
8 Sternberg: S. 485 f.
9 Harva: S. 486.
10 Harva: S. 461. Nach Širokogorov, S. M.: *Opyt izsledovanija osnov šamanstva u tungusov*, Wladiwostok 1919, S. 43–44.
11 Sandschejew, Garma: *Weltanschauung und Schamanismus der Alaren-Burjaten.* – Anthropos, Bd. XXIII, 1928, S. 983.
12 Sternberg: S. 475.
13 Ksenofontov I, S. 28.
14 Friedrich-Buddruss S. 146.
15 A. A. Popov, *Polučenie šamankogo dara u viljuiskich Jakutov*, Trudy Instituta Antr. i Etn. ..., N. S. Bd. 2, Moskau-Leningrad 1947, S. 291 f.

Schamanische Weihen

1 Harva: S. 485–498. – Die Angabe über die Jakuten dortselbst auf S. 498.
2 Ksenofontov I, S. 23.
3 Vgl. hierzu die beiden Kapitel über Darstellungen von Skelett und Knochen auf Schamanentrachten sowie über den Tod der Verwandten eines Schamanen bei dessen Einsetzung.
4 Ksenofontov I, S. 11–12.
5 Petri, B. É.: *Stepeni posvjaščenija mongolo-burjatskich šamanov* Sonderdruck aus Izvestija Biologo-Geografičeskogo Naučno-Issl. Inst. pri Gos. Irkutskom Univ. Bd. II, Heft 4, Irkutsk 1926, S. 7.
6 Sandschejew, Garma: *Weltanschauung und Schamanismus der Alaren-Burjaten*. – Anthropos, Wien, Bd. XXIII, Jg. 1928, S. 979.
7 Petri, B. É.: a. a. O., S. 5.
8 Petri, B. É.: a. a. O., S. 6.
9 Harva: S. 496.
10 Dmitriev, N. in der Einleitung zu *Altajskij épos Kogutej* (*Das altaiische Epos Kogutej*), Moskau/Leningrad 1935, S. 18.

Wesen und Herkunft der Schamanentracht

1 Stadling, J.: *Shamanismen i norra Asien*, Stockholm 1912, S. 73 ff.
2 Nioradze S. 84 f. – Es handelt sich um Spicyns Arbeit *Šamanskie izobraženija* Zapiski Archeologičeskogo Obščestva Bd. IX, Lieferung 1.
3 Siehe auch: Priklonskij, V. L.: *O šamanstve u jakutov*, Izvestija Vostočno-Sibirskogo Otdela ..., Irkutsk 1886, Heft 1. – V. N. Vasil'ev, *Šamanskij kostjum i buben u jakutov*, Sbornik Muzeja Bd. VIII, Petersburg 1910.
4 Nach eigenen Feststellungen bei den Jenissejern der Steinigen Tunguska. – Vgl. nunmehr über die mit Geweihformen versehenen Kopfbedeckungen von Schamanen V. Diószegi: *Golovnyj ubor nanajskich (gol'dskich) šamanov*, A Néprajzi Értesitö XXXVII, Budapest 1955, S. 81–103. – Die gleiche Kopfbedeckung ist auch in Japan nachzuweisen, wo sie Honda Tadakatsu (1548–1616), der ständige Begleiter Ieyasus trägt (Papinot, E.: *Dictionnaire d'Histoire et de Géographie du Japon*, Tokyo usw. o. J., S. 199).
5 Zu erschließen aus der Stötznerschen von den Solonen stammenden Sammlung im Berliner Staatlichen Museum für Völkerkunde.
6 Zur schamanischen Bootsfahrt s. auch den Abschnitt über die Trommel und Hans Findeisen: *Aus Ostsibirien*, Abhandlungen ..., Nr. 12, Augsburg 1955, S. 4.
7 Harva meint, man brauche zum Verständnis der mit der Schamanentracht verbundenen Idee seine Zuflucht nicht notwendigerweise zum Totemismus nehmen

8 Bei den Samojeden ist nach Venjamin die Mütze des Schamanen das wichtigste Stück seiner Kleidung. »Erst als die sich auf die Kopfbedeckung beziehende Idee den ganzen Anzug zu beseelen begann, erstreckte sich die Nachbildung des Geweihs auch auf den Rücken der Schamanentracht«. (Harva: S. 525).
9 Bärenkult in der Höhle Trois Frères (Bégouen und Breuil: *Les ours déguisés de la caverne de Trois Frères* in Festschrift für P. W. Schmidt, Wien 1928, S. 777–780). Wilhelm Koppers: *Eiszeitliche Bärendarstellungen und Bärenkulte in paläobiologischer und prähistorisch-ethnologischer Beleuchtung* in Forschungen und Fortschritte, 9. Jg. 1933, S. 213–214.
10 Lindner, Kurt: *Die Jagd der Vorzeit,* Berlin u. Leipzig 1937, S. 238 f.
11 Eine schöne Abbildung dieses Gemäldes bei Lindner: a. a. O., Tafel 12. Text ebenda, S. 239.
12 Abbildungen bei Lindner: a. a. O., S. 240, Text ebenda, S. 239 f.
13 Nelson, N. C.: *Prehistoric Archeology* in *»General Anthropology«,* edited by Franz Boas. Ich zitiere nach der Ausgabe als War Department Education Manual 226, Madison 3, Wisconsin S. 174. – Kühn, Herbert: *Das Erwachen der Menschheit,* Frankfurt/M. u. Hamburg 1954, S. 28, rechnet auch die nach der Radiokarbonmethode gewonnene Datierung der Höhle von Lascaux (ca. 13 000 v. Chr., mit einem möglichen Fehler von 900 Jahren) dem späten Magdalénien zu, so daß unsere Zeitbestimmung für das Alter der nordasiatischen Schamanentracht evtl. noch um Jahrtausende zurückverlegt werden muß.

Skelett und Knochen auf der Schamanentracht

1 Nioradze: S. 72. Vgl. auch die Abbildung ebenda, Tafel 13.
2 Harva: S. 513.
3 Harva: S. 513.
4 Findeisen, Hans: *Der Mensch und seine Teile in der Kunst der Jenissejer (Ketò).* – Zeitschrift f. Ethnologie, Bd. 63, Berlin 1931, S. 296–315.
5 Harva: S. 513. – Nioradze: S. 72. – Donner, Kai: *Ethnological notes about the Yenisey-Ostyaks (in the Turukhansk Region).* – Mémoires de la Société Finno-Ougrienne, Bd. LXVI, Helsinki 1933, S. 80.
6 Aufzeichnungen des Verf. bei den Jenissejern der Steinigen Tunguska.
7 Potapov, L.: Perežitki kul'ta medvedja u altajskich turok – Étnograf-Issledovatel', Nr. 2–3, Leningrad 1928, S. 17.
8 Harva: S. 513 f.
9 Vasil'ev, V. N.: *Šamanskij kostjum ...,* wie Anm. 3 zum vor. Abschnitt, S. 14 f.
10 Ebenda, S. 16.
11 Harva: S. 516. – Dasselbe Gewand auch bei Nioradze: S. 61. – Es handelt sich um V. I. Anučins Abhandlung *Očerk šamanstva enisejskich*

ostjakov. – Sbornik Muzeja po Antropologii i Étnografii Bd. II, 2, St. Petersburg 1914.

12 Unsere Abbildung zeigt ein mit längeren Fransen randbesetzes Gewand, das mithin auf die Form des »Vogeltypus« hinweist. Wenn auch die Fransen an den Ärmeln fehlen, die meist als Vogelschwingen gedeutet werden, so wäre doch immerhin das Element des Vogelschwanzes gegeben. Auf jeden Fall stellt diese bisher von den Jenissejern noch nicht behandelte Form einen Mischtyp dar. Auf die entsprechenden Erscheinungen ist bereits in dem vorangegangenen Kapitel hingewiesen worden.

13 Harva: S. 514.

14 Donner: a. a. O., S. 80.

15 Friedrich, A.: *Knochen und Skelett in der Vorstellungswelt Nordasiens.* – Wiener Beiträge zur Kulturgeschichte und Linguistik, Bd. 5, Wien 1943, S. 211–213.

16 Zitiert bei Friedrich: a. a. O., S. 212.

17 Beispiele für diese Anschauung bei Friedrich: a. a. O., S. 193 ff.

18 S. oben im Kapitel zum Tiererlebnis.

19 G. M. Vasilevič: *Sbornik materialov po évenkijskomu (tungusskomu) fol'kloru,* Leningrad 1936, S. 38–40. Danach deutsch bei Hans Findeisen, Dokumente .., Oosterhout 1970, Nr. 77. Den Namen Heladan erhält das Mädchen, nachdem es sich vom Eise befreit hat.

20 Findeisen, Hans: *Zur Kenntnis von Religions- und Kulturgeschichte sowie Völkerkunde des Landes Perm in Ostrußland,* Heft 1 = Abhandlungen . . ., Nr. 9, Augsburg 1955.

21 Findeisen, Hans: *Mensch und Tier als Liebespartner . . .,* Abhandlungen . . ., Nr. 35, Augsburg 1956.

22 Unten Teil II, Nr. 5, 7.

23 Vasil'ev, *Šamanskij kostjum,* wie oben, S. 2

24 Ksenofontov, I, S. 9.

25 Findeisen, Hans: *Der Schmied, Gott, Zauberer und Sklave. Ein Beitrag über die gesellschaftliche Wertung einer handwerklichen Kunstfertigkeit.* – Die Lesestunde. Zeitschrift der Deutschen Buch-Gemeinschaft, 16 Jg., Berlin 1939, S. 208–209. Mit 2 Abb. – Heusler, A.: Artikel *Wieland* in Reallexikon der Germanischen Altertumskunde, Bd. IV, Straßburg 1918/19, S. 528.

26 Findeisen, wie Anm. 25, S. 209.

27 Alföldi: *Schmiedehandwerk und Königtum in Nordasien* – Schreibmaschinenmanuskript im Archiv des Frobenius-Institutes, Frankfurt a. M.

28 Alföldi, ebd.

29 Rudenko, S. I.: *Kul'tura naselenija Gornogo Altaja v skifskoe vremja* Akademie der Wissenschaften der UdSSR, Moskau/Leningrad 1953, S. 238.

30 So wird beispielsweise Tschinggis-Chan, der mongolische Welteroberer, in der heutigen mongolischen Volksüberlieferung als ein ursprünglich einfacher Schmied geschildert (Alföldi: a. a. O.)
31 Dieser erscheint in einem von mir aufgezeichneten jenissejischen Schamanenlied. Es gibt auch entsprechende jakutische Überlieferungen.

Der große und heilige Schamanenbaum

1 Ksenofontov I: S. 9.
2 Ebenda: S. 9 f.
3 Ebenda: S. 19.
4 Ebenda: S. 40.
5 Ebenda: S. 56. Nach einer Mitteilung des tungusischen Schamanen Ivan Čolko vom Wohnplatz Ingārykta, Untere Tunguska.
6 Ksenofontov I: S. 57. Nach einer Mitteilung des tungusischen Schamanen Semjon Semjonov von der Mündung des Flusses Siektoma in: *Untere Tunguska* vom 7. Juni 1925.
7 Ksenofontov I: S. 37.
8 Anučin, V. I.: *Očerk šamanstva u enisejskich ostjakov*, Sbornik Muzeja Antropologii i Ėtnografii, Bd. II, Heft 2, St. Petersburg 1914, S. 65.
9 Anučin: ebenda: S. 61.
10 Ebenda: S. 63 f.
11 Ebenda: S. 64.
12 Ebenda: S. 65.
13 Ebenda: S. 66 f.
14 Ermittlungen des Verf. bei den Jenissejern an der Steinigen Tunguska.
15 Steller, G. W.: *Beschreibung von dem Lande Kamtschatka ...*, herausgegeben von J. B. S[cherer], Frankfurt und Leipzig 1774.
16 Šimkevič, P. P.: *Materialy dlja izučenija šamanstva u goľdov*, Chabarovsk 1896, Tafel 19. Dazu Text auf S. 57 unter Nr. 16 – Über den Baum Konguru-zagde vgl. ebenda, S. 10, in der Ursprungslegende über das Schamanentum bei den Golden.
17 Einen kurzen Auszug aus Šimkevičs Werk gab W. Grube in einem Aufsatz *Das Schamanentum bei den Golden* im Globus, Bd. LXXI, Heft 6.
18 Abbildung bei Findeisen, Hans: *Weihnachtsbaum als Weltenbaum*. – Der Tag, Unterhaltungs-Rundschau, Berlin, 16. Dezember 1932. – Siehe auch Verf.: *Weihnachtsbaum, Lebensbaum, Neujahrsbaum*. – Der Feierabend, Sonntagsbeilage der Schwäbischen Landeszeitung, Jg. 1, Nr. 5, Augsburg, den 24.12.1948
19 Vgl. Wolfram Eberhard, Lexikon chinesischer Symbole. Köln 1982 (Artikel »Baum«, »Rabe«, »Sonne«).
20 Harva: S. 480–481.
21 Nach Vasiľev, N. V.: *Izobraženija dolgano-jakutskich duchov kak atributy šamanstva*. Živaja Starina, St. Petersburg 1909.

22 Harva: S. 180 f. – Nach Sternberg, L.: *Kul't orla u sibirskich narodov.* Sbornik Muzeja ..., Bd. V, Heft 2, Leningrad 1925, S. 733.
23 Harva: S. 481. – Nach Lehtisalo: T.: *Kertomus työskentelystäni jurakkisamojedi Matvei Ivanovits Jaadnjen kansaa kesällä 1928.* – Journal de la Société Finno-Ougrienne, Bd. XLIV, Heft 4, Helsinki 1930, S 22 f.
24 Ksenofontov I: S. 37.
25 Findeisen: *Mensch und Tier als Liebespartner*
26 Harva: S. 69–85.
27 König, Herbert: *Das Recht der Polarvölker.* – Anthropos, Bd. XXIV, Jg. 1929, S. 689–694.

Die Schamanentrommel

1 Diószegi: *Tracing Shamans* S. 195 ff. – Das Buch enthält vielfältige weitere Angaben über Trommelherstellung, Trommelbrauch und -kunst. Aleksej Pawlowitsch Okladnikow: *Der Hirsch mit dem goldenen Geweih*, Wiesbaden 1972, S. 57. (Schamanen*schelle* ist Übersetzungsfehler). – Eine kurzgefaßte Übersicht zu Sinn und Beziehung der Schamanentrommel bei Vajda. S 289 (bei Schmitz), (UAJb S. 474). Eine glänzende Einführung in Sinn und Ritual des Trommel-Erlebens von Buddruss in Friedrich-Buddruss S. 65–91. Trommeln als Stufen zum Erreichen der Oberwelt, märchenhaft dargestellt, in unserem Text Nr. 11.
2 L. P. Potapow: *Die Schamanentrommel bei den altaischen Völkerschaften*, in Diószegi, Glaubenswelt S. 223–256, hier S. 240, 243.
3 Diószegi: *Tracing* S. 197.
4 Ernst Manker: *Die lappische Zaubertrommel* II, Uppsala 1950, S. 307. Ders. *Seite-Kult und Trommelmagie der Lappen*, in Diószegi: *Glaubenswelt* S. 29–43.
5 Potapow S. 240.
6 Ebd. S. 248 f.
7 S. I. Weinstein: *Die Schamanentrommel der Tuwa und die Zeremonie ihrer »Belebung«*, in Diószegi: *Glaubenswelt* S. 359–367, hier 363 f.
8 A. F. Anisimov: *The Shaman's Tent of the Evenks and the Origin of the Shamanistic Rite*, in: Studies in Siberian Shamanism, ed. by Henry N. Michael, University of Toronto Press 1963, S. 84–123, hier 86, 112 f.
9 Potapow S. 231.
10 Ebd. S. 228.
11 Wilhelm Radloff: *Aus Sibirien*, Bd. 2, 2. Aufl. Leipzig 1893, S. 21 f., 32 f.
12 Anisimow S. 101 f:
»Die Reise des Haupthilfsgeistes in die andere Welt wurde im Gesang des Schamanen in so phantastischer Weise beschrieben, wurde so an-

gemessen begleitet durch Gebärden, Nachahmung von Geisterstimmen, komische und dramatische Dialoge, wildes Geschrei, Geknurr, Getöse, daß selbst ich als ein von jedem Aberglauben weit entfernter Zuhörer überrascht und aufgewühlt davon war. Das Gesangstempo ward immer schneller, erregter die Stimme des Schamanen, immer stärker donnerte die Trommel. Es kam der Augenblick, wo der Gesang die höchste Spannung und Ausdruckskraft erreichte. Die Trommel röchelte, erstarb in Wirbeln und ergrollte aufs neue unter der beschwingten, kraftvollen Hand des Schamanen. Zwei betäubende Schläge – und der Schamane sprang auf von seinem Sitz. Er wiegte sich hin und her, beugte sich in einem großen Halbrund bis an den Boden, richtete sich schwungvoll wieder auf und ließ einen solchen Gewittersturm von Tönen aufrauschen, daß alles mitzusummen schien – von den Zeltstangen an bis zu den Knöpfen an unserem Anzug. Dabei schrie er den Geistern die letzten Abschiedsworte zu, geriet in tiefere Ekstasis, warf seinem Helfer die Trommel zu, ergriff die Riemen, die von den Zeltstangen hingen, und begann den Schamanentanz – eine Pantomime, die zeigte, wie der Haupthilfsgeist in der Begleitung seiner Geisterschar dahinraste gemäß dem Befehl des Schamanen. Der Trommelschlegel in der geschickten Hand des Helfers drasch in wildem Geknatter drauflos, seine Begleitung erreichte ein Furioso. Stimmen ertönten, Tiere knurrten, allerlei Geräusche ließen sich hören im Zelt. Unter dem hypnotischen Einfluß der schamanischen Ekstasis verfielen die Anwesenden in den Zustand einer mystischen Halluzination und empfanden sich als Mitwirkende in dem vom Schamanen dargestellten Geschehen.« –

13 Bogoras bei Friedrich-Buddruss S. 84.
14 Diószegi: *Tracing*, S. 262; Fazekas bei Edsman S. 105 ff.
15 Zusammengestellt nach Buddruss, S. 306, 309.

Mediumismus und schamanistischer Kulturstil

1 Kraepelin, Emil: *Einführung in die Psychiatrische Klinik*, 3. Aufl., Leipzig 1916, S. 182.
2 Schleich, Carl Ludwig: *Die Hysterie – ein metaphysisches Problem*. In seinem Buch *Vom Schaltwerk der Gedanken. Neue Einsichten und Betrachtungen über die Seele*, Berlin 1916, besonders S. 255 f., 236.
3 Moser: Bd. I, München 1935, S. 245 f., 249.
4 Harva: S. 457.
5 Zitiert bei Nioradze: S. 96.
6 Dyrenkova: S. 275 f.
7 Bozzano: a. a. O., S. 97; (Steinregen); ebenda: S. 20–23 u. S. 242–244 (Bewegungen ganzer Zelte). – Moser, Fanny: *Spuk. Irrglaube oder Wahrglaube. Eine Frage der Menschheit*, Baden bei Zürich 1950, S. 163.

8 Vgl. das Kapitel *Astralleib, Abspaltung, Wanderung des Astralleibes* bei Bozzano: a. a. O., S. 209–229.
9 Buchner, Eberhard: *Von den übersinnlichen Dingen. Ein Führer durch das Reich der okkulten Forschung*, Leipzig 1924, S. 315 ff.
10 Oesterreich, Traugott Konstantin: *Die philosophische Bedeutung der mediumistischen Phänomene*, Stuttgart 1924, S. 46.
11 Mit dieser Bezeichnung sind, wie man sieht, ekstatische bzw. trancebedingte Zustände gemeint.
12 Zitiert bei Danzel: *Der magische Mensch*, Potsdam/Zürich 1928, S. 77.
13 Über die Bedeutung der mediumistischen Tatsachen für das Raum-Zeitproblem handelt kurz K. T. Oesterreich: a. a. O., S. 5–11.
14 Walther, Gerda: *Spontane und experimentelle Prophezeiungen und ihre Erforschung*. – Neue Wissenschaft I, Heft 6, Baden/Schweiz, Jg. 1950/51, S. 16–25.
15 Mattiesen, Emil: *Das persönliche Überleben des Todes. Eine Darstellung der Erfahrensbeweise*, 3 Bände, Berlin und Leipzig 1936; Bd. III 1939.
16 Vgl. die ausgezeichneten Untersuchungen dreier Kulturstile (Puebloindianer, Dobuer und Kwakiutl) bei Ruth Benedict: *Kulturen primitiver Völker*, Stuttgart 1949.

ZWEITER TEIL

1. Séance am Felsenkap

Quelle: W. G. Bogoras: *Tšukotskie Razskazy (Tschuktschische Erzählungen)* Bd. 1, *Na kamennom mysu (Am Felsenkap)*. Übertragen von Hans Findeisen und Ludwig Sauer.
Die Episode ist zwar in einer Dichtung veröffentlicht worden, doch hält Hans Findeisen dafür, daß der große Asienkenner sie so erlebt hat, und sie macht in der Tat den Eindruck der Echtheit.
Die Tschuktschen, im äußersten Nordosten Asiens beheimatet, gehören keiner der drei großen sibirischen Sprachgruppen an, also nicht zur ural-altaischen, tungusischen oder mongolischen. Sie werden den Paläoasiaten zugezählt. Der Schauplatz der Erzählung ist das Binnenzelt, der Polog, eines großen Tschuktschenzeltes. Die Teilnehmer sind der Händler Kitelkut, dessen Tochter Janta, um die der junge Korawija wirbt, und sein jugendlicher Sohn, Nuwat, bereits ein großer Jäger, der ein Jahr zuvor die Berufung zum Schamanen erhalten hat. Zunächst schamanisiert Ukwun, ein bejahrter Nachbar, von dem wohlhabenden Kitelkut abhängig; seine Frauen sind Anjeka, aus einer Gruppe der Korjaken, den Kerek, und Welwuna, die zweite Frau, die eine Art Sklavendasein im Haushalt ihres Man-

nes führt. Als Gast weilt in Handlungsgeschäften bei Kitelkut der Tschuktsche Jajak.

Erläuterungen vom Autor (B) und vom Übersetzer (F):

1 Die gemeinte Stelle ist die Beringstraße. B.
2 Nach der Vorstellung der Tschuktschen [und anderer Völker] müssen die Zugvögel zweimal im Jahre eine enge Öffnung zwischen Erde und Himmelsgewölbe durchfliegen, die in der Art einer riesenhaften Schlagfalle unaufhörlich auf- und zugeht. Die Erzählungen über diesen Fels erinnern [an die Symplegaden der antiken Überlieferung]. B.
3 Uwyryt = Seele bzw. das Prinzip der uranfänglichen schöpferischen Bewegung, die alle beseelten und unbeseelten Gegenstände durchdringt. B.
4 Die in der Arktis gelegentlich auftretenden Nebensonnen werden als die Fausthandschuhe der Sonne gedeutet, während die Korona als ihre Kopfbedeckung angesehen wird. B.
5 Eigentlich: das Barmherzige Sein. Es handelt sich dabei um eine der üblichen Bezeichnungen für die oberste Gottheit der Tschuktschen. B.
6 Den tschuktschischen Vorstellungen entsprechend, besitzt jeder Mensch mehrere, höchstenfalls fünf verschiedene Seelen. B.
7 Der Kosmos oder das Weltall als höchste Gottheit in der Auffassung der Tschuktschen. F.
8 Die Vision Nuwats wird später – und damit kennzeichnet Bogoras solche Erscheinungen im schamanischen Bereich als Realitäten – zu grausiger Wahrheit, indem Kitelkut, dessen Frau und der kleine Kaimen von Jajak ermordet werden. F.

2. Die Schwanfrau als Stammutter der burjatischen Schamanen

Quelle: Aufzeichnung von Hans Findeisen 1927/28 nach dem Diktat eines burjatischen Schamanen aus dem Echirit-Bulagatschen Aimak, einem Verwaltungsgebiet der Gegend um Irkutsk, der in das Land am unteren Jenissej verbannt war. Übertragung Findeisen, Dokumente 54.

Die Burjaten sind ein mongolisches Volk, das im Umkreis des Baikal-Sees lebt. – Dazu Hans Findeisen: Mensch und Tier als Liebespartner .., Abhandlungen ..., Nr. 35, Augsburg 1956. – Die Erzählung von der Ehe eines menschlichen Mannes mit einer Schwanin, für die auch ein anderes Vogelweibchen eintreten kann, Gans, Kranich, Storch, Geier, ist weltweit verbreitet; bei den Burjaten erscheint sie als Mythos vom Ursprung eines mächtigen Schamanengeschlechts. Auch bei uns ist die Erzählung wohlbekannt, und zwar als Märchen vom Typ AT 400 mit der Suchwanderung des Mannes, die sich regelmäßig an die Entweichung des Weibes anschließt, mit einer Erprobung beim Schwiegervater, in der »oberen Welt«, die auch bei uns meist deutlich erkennbar wird, und mit der Rückkehr zu einem gemeinsamen Leben auf der Erde. Vgl. dazu auch unten Nr. 11.

3. Der Adler bringt Lebenskraft und Allweisheit auf die Erde

(Burjaten). Quelle: Baldunnikov. Übertragung Findeisen, Dokumente 55
– Dazu Hans Findeisen: *Der Adler als Kulturbringer im nordasiatischen Raum und in der amerikanischen Arktis*. Abhandlungen .., Nr. 40, Augsburg 1956. In dieser Arbeit ist Findeisen der kulturgeschichtlichen Sinngebung des Adlers nachgegangen, vor allem aber auch dem seelischen Erlebnis des Adlermäßigen. Bei uns geht mit der Ausrottung der Adler die Erinnerung daran verloren. Aber noch William Blake schrieb, ganz im Sinne der großartigen Offenbarungen, die wir bei Burjaten, Jakuten, Eskimos finden: Wenn du einen Adler erblickst, ein Stück Genius schaust du dann, – erhebe dein Haupt!

4. Der Sohn des Armen und die Tochter der Sonne

Quelle: Popov. Übertragung Findeisen, Dokumente 26.
Die Dolganen, bei denen dieses Märchen aufgezeichnet wurde, sind ein tungusisch-jakutisches Mischvolk in Nordsibirien. – Unser Märchen ist europäischen Ursprungs und gehört zum Typus AT 531, Treu und Untreu. Hier begegnet es uns in schamanistischer Umwandlung durch einen hochbegabten sibirischen Erzähler. Eine Spur der Umdichtung ist noch deutlich zu erkennen in der anfangs schwankenden Benennung des Fürsten, der eingangs als sibirische Honoratiorengestalt, als Kaufmann, auftritt. Die schamanischen Züge, die auch das europäische Märchen noch enthält, hat der Sibirier in großartigen Bildern ausgestaltet: die Weltwanderung, die helfenden Tiere am Ende der Erde, auch am inneren Ende der Erdwelt, das Erscheinungsbild dieses »Endes«. Vor allem hat er die hohe Braut, die in unseren »eindimensionalen« Märchen oft zur Königstochter profaniert ist, wieder zu einer Himmlischen erhoben. Bedeutungsvoll ist auch seine Erfindung, die Mutter zur Wegebahnerin zu machen, – durchaus nicht widereuropäisch, da auch Faust den Weg zur hohen Braut mit Hilfe der Mütter beschreitet.

5. Wiedergeburt aus dem Schamanenbaum

Quelle: Ksenofontov II. Übertragung Findeisen, *Dokumente* 110.
Schamanensage der Jakuten. Diese sind ein turksprachiges Volk, das sich von seinen früheren Sitzen am Baikal-See weit in den sibirischen Norden ausgebreitet hat. Ein Beispiel für die Gründung der schamanischen Existenz und Kraft im Werdegang auf dem Weltenbaum.

6. Der tote Schamane hilft den lebenden Gesippen

Quelle: Ksenofontov II. Übertragung Findeisen, *Dokumente* 112. Schamanensage der Jakuten.

7. Das Geburtsgeheimnis des Schamanen

Quelle: Ksenofontov I. Übertragung Findeisen, *Schamanentum* (1. Fassung dieses Buches) S. 38–42. Schamanensage der Jakuten.

8. Der Schamanenbaum des Fuchses

Quelle: Vasil'ev. Übertragung Findeisen, *Dokumente* 40, Auszug S. 96 f. Tiergeschichte der Tungusen, nach dem eigenen Namen jetzt meist Evenken genannt. Nordsibirisches Volk, nach dem die eine der großen Sprachgruppen genannt ist. Die Geschichte zeigt, wie der Fuchs den Schamanenbaum des Rituals benutzt, um dahin zu gelangen, wo für ihn in seiner Lage die »obere Welt« ist.

9. Die Heimholung des entrückten Kindes

Quelle: Waldemar Borgoras: *The Eskimo of Siberia*, The Jesup North Pacific Expedition VIII, 3, New York 1913. Übertragung Findeisen, *Dokumente* 113. Die sibirischen Eskimos, bei denen Bogoras diese Entrückungssage gehört hat, leben auf der Ostspitze der Tschuktschenhalbinsel. Von solchen Entrückungen hat man bei uns noch lange erzählt, besonders im Alpenraum. Eine vergleichbare Sage bei Richard Beitl: *Im Sagenwald*, Feldkirch 1953, Nr. 300, mit guter Bezeugung.

10. Der Kampf des Schamanen mit dem kälteverursachenden Stern

Quelle: Ksenofontov II. Übertragung Findeisen, *Dokumente* 27. Schamanensage der Jakuten, ein Beispiel für die mannigfachen Wirksamkeiten der Schamanen.

11. Die wundersame Erzählung vom Erdensohn und seiner Frau, der Himmelstochter

Quelle: Aufzeichnung von Hans Findeisen 1927/28 bei den Jenissejern. Übertragung Findeisen, *Dokumente* 75. Abermals ein Beispiel für den Märchentyp AT 400 mit der Entweichung des Weibes und der Suchfahrt des Mannes. Auch hier ist die Entweichende, bei uns regelmäßig eine »Königstochter«, ein Wesen aus der oberen Welt, und die Suchreise des Gatten kann daher nur als eine schamanische Fahrt ausgestaltet werden. Sie verläuft über Stationen, die durch alte Frauen charakterisiert sind. Die Stationen gibt es auch in unseren Märchen in mannigfaltiger Gestalt, mit Tierherren und Tierherrinnen, »Hexen«, Gestirns- oder Windmüttern. Es fehlt bei ihnen nur die Trommel, die in unserer ketischen Geschichte durch ihre wachsende Zahl den langsamen Aufstieg bezeichnet. Uns mag die Erzählung etwas eintönig erscheinen; sie ist es nicht, wenn ein begabter Erzähler oder eine Erzählerin sie mit der Trommel vortrüge – mit ständig stärkerem Spiel. Es ist nicht von ungefähr, daß diese Keten-Erzählung die Vermählung von Irdischem mit Himmlischem in eine mythische Urzeit verlegt.

12. Erzählungen vom Urschamanen Doch

Quelle: Aufzeichnung von Hans Findeisen 1927/28 bei den Jenissejern.
Übertragung Findeisen, *Dokumente* 109. Schamanensage der Jenissejer.
Dazu derselbe: *Reisen und Forschungen in Nordsibirien, Skizzen aus dem Lande der Jenissejostjaken*. Berlin 1929. – Ferner: V. I. Anučin: *Očerk šamanstva u Jenisejskich ostjakov*. Sbornik Muzeja . . . 2, 2. St. Petersburg 1914, S. 3 ff., 14, zitiert von Ivar Paulson bei Chr. M. Schröder, S. 35, 44 f.

Sibirische Märchen

Tungusen und Jakuten. Herausgegeben und übersetzt von Gerhard Doerfer. 288 Seiten mit 1 Karte

Die Märchen einer archaischen Rentierhirten- und Waldjägerkultur. Das Ursprungsland der Schamanen, der für Krankheit, Tod, Opferkult, Rituale, Zauberpraktiken zuständigen Priester.
Die herbe Landschaft hat das eigenartige Weltbild dieser Nordvölker geformt. Der Kosmos zerfällt in drei Welten: die obere, an der Quelle des Schamanenflusses Engdekit gelegen, Sitz des Weltherrn; die mittlere, der Fluß selbst, die Welt, in der wir leben; die untere im Norden an der Mündung, die Welt der Totenseelen.
Der Band enthält Mythen, Ursprungssagen, Zaubermärchen, Tierfabeln und Schwänke, bündige, bunte und musikalische Erzählkunst.

Über den Rand des tiefen Canyon

Lehren indianischer Schamanen. Herausgegeben von Dennis und Barbara Tedlock. DG 17, 240 Seiten mit 12 Abb. und Frontispiz

Religiöse Erfahrungen der Indianer: der Peyote-Weg, die Salzpilgerschaft der Papago-Indianer, die Weltsicht der Teton-Sioux, das Universum der Hopi – und was dem Schamanen der Iglulik-Eskimos während seiner Reise auf den Grund des Meeres widerfährt. Das Buch handelt von Dingen, die nur für den weißen Mann geheimnisvoll und übersinnlich erscheinen.

Frank Waters · Das Buch der Hopi

Nach den Berichten der Stammesältesten aufgezeichnet von Kacha Hónaw (Weißer Bär). 380 Seiten mit 91 Abb. und 2 Karten.
»Neun Welten gibt es für die Hopi, drei sind durchlebt, die gegenwärtige ist die vierte, die fünfte bricht an – und was auf der Erde wächst und am Himmel zu sehen ist, beweist ihnen die Richtigkeit der alten Prophezeiungen.« Süddeutscher Rundfunk

---

Eugen Diederichs Verlag